복음을 변증하는 17가지 성경이야기

가스펠 세븐틴

세움북스는 기독교 가치관으로 교회와 성도를 건강하게 세우는 바른 책을 만들어 갑니다.

가스펠 세븐틴

복음을 변증하는 17가지 성경이야기

초판 1쇄 인쇄 2023년 4월 25일
초판 1쇄 발행 2023년 4월 30일

지은이 | 변상봉
펴낸이 | 강인구

펴낸곳 | 세움북스
등   록 | 제2014-000144호
주   소 | 서울시 종로구 대학로 19 한국기독교회관 1010호
전   화 | 02-3144-3500
이메일 | cdgn@daum.net

교   정 | 김민철♥황은미
디자인 | 참디자인

ISBN 979-11-91715-75-0 (03230)

복음을 변증하는
17가지 성경이야기

가스펠 세븐틴

17
gos
pel

질문과 대답으로 성경의 기초를 세우는
신개념 변증 학습서

변상봉 지음

세움북스

추천사

냇가에 돌들을 이어 놓으면 징검다리가 됩니다. 가지런히 놓인 돌 징검다리를 통해 시냇물을 경쾌하게 건널 수 있습니다. 그런데 대하(大河) 같기도 하고 장강(長江) 같기도 한 성경 전체를 안전하고 경쾌하게 건널 수 있을까요? 물에 빠지지 않으면서도 흐르는 물소리와 시내 속에 노니는 작은 물고기들, 명상에 잠긴 왜가리들, 냇가에 핀 야생화와 갈대숲을 보며 생각하는 여유를 가질 수 있을까요? 예, 있습니다. 열일곱 징검다리 돌(Stepping stones)을 사뿐히 밟고 건너면 됩니다. 성경학자이며 목회자인 저자는 구약과 신약에서 열일곱 개의 징검다리 돌을 선택해 성경 전체에 흐르는 '창조-타락-구속'의 생명의 시내를 건널 수 있도록 도와줍니다. 저자는 이 일을 수행하기에 최적화된 사람입니다. 대학에서 문학과 언어학을, 신학대학원에서는 목회학을, 도미하여 유학 시절에는 성경해석학과 성경신학 및 구약학을 전공한 성경학자입니다. 학문적 자격을 넘어, 저자는 십수 년간 대학생들을 상대로 목회하고 전도하며 성경을 가르치는 현역 목회자이기에 더욱 그렇습니다.

핵심 징검다리 돌 위에서 저자는 문답 형식으로 독자들과 대화를 나눕니다. 지금 읽은 본문에서 나옴 직할 만한 질문을 던지고 친절하게 대답하는 소크라테스 방법(Socratic method)을 택합니다. '이해를 추구하는 신앙'을 함양하기 위한 방식이지요. 교회의 청년 대학생들이 질문할 수 있는 모든 문제를 솔직하게 받아들여 그들에게 설득력 있게 대답하는 과정에서 보여 준 저자의 진정성에 큰 울림이 있습니다.

이 책은 저술을 위한 저술이 아닙니다. 저자는 한참 지성적 갈망과 질문으로 가득한 젊은 세대의 대학생들을 전도하고 가르치면서 많이 고민했습니다. 어떻게 하면 지성적 방황에 놓인 청년 대학생들을 그리스도께로 돌아오게 할 수 있을까, 성경의 근원에 도달하게 할 수 있을까 고민하면서 쓴 책입니다. '알고-믿고-살게'하는 책입니다. 17개의 이야기로 전하는 복음 이야기입니다. '복음'으로 가는 도로가 17번입니다. 꼭 올라타시기를 바랍니다. 복음의 열정이 느껴지는 필체, 대화식의 친근한 글쓰기, 쉽게 따라갈 수 있는 가독성은 최고입니다. 교회의 청년 대학생들, 젊은 부부들, 성경 교사들, 지성적 제자도에 동의하시는 분들에게 이 책을 적극적으로 권합니다.

류호준 백석대학교 신학대학원 은퇴 교수

변상봉 목사님은 대학생성경읽기선교회(UBF)에서 오랜 시간 동안 청년들에게 복음을 전하고 말씀을 가르쳐 온 목회자요 양육자입니다. 그의 사역 경험에서 자라난 이 책은 구약 성경과 신약 성경의 핵심이 되는 본문 17개를 다루고 있습니다. 복음을 쉽게 설명하고자 하는 전도자 및 양육자들이 잘 이해할 수 있도록, 신앙의 기초가 되는 중요한 질문을 던진 후 그에 대해 친절하게 해설해 나가는 방식으로 본문을 풀어내고 있습니다. 성경의 중요한 내용을 풀이한 책들이 많겠지만, 이 책은 그중에서 매우 탁월합니다. 기독교의 진리를 처음 대하거나 성경을 잘 모르는 분들이 기독교 신앙 체계의 핵심이 되는 질문에 대하여 답을 얻을 수 있도록 누구나 이해할 수 있는 언어로 풀어내고 있기 때문입니다. 쉽고, 간결하고, 적실성 있고, 그러면서도 깊은 진리를 은혜로운 언어로 적어 내려가는 이 책은 독자들에게 큰 유익이 될 것이라고 확신합니다. 성경의 기초가 필요한 분들, 그 기초를 잘 설명하고 소개하길 원하는 분들께 진심 어린 마음을 담아 추천합니다.

김희석 총신대학교 신학대학원 구약학 교수

목회를 하다 보면, 교회 성도들의 삶의 변화에 많은 관심을 갖게 됩니다. 시간이 가면 성도들에게 외형상 목사, 장로, 권사, 집사, 청년회 회장 등 리더십의 타이틀이 주어집니다만, 연륜이 쌓인다고 저절로 신앙이 좋아지지는 않습니다. 삶의 변화도 약한 것이 사실입니다. 실제적 내면을 파고드는 말씀의 터치가 약함이 원인이었습니다. 깊은 내면의 결정적 변화는 하나님을 만나고 그 중심에 가치관의 변화에서 시작됩니다.

『가스펠 세븐틴』은 기독교 세계관, 즉 '창조, 타락, 구속'을 정확하게 성경적 관점에서 쉽게 설명하면서도 탄탄한 논리와 실제 신앙의 현장에 접목할 수 있는 탁월한 접촉점을 제시하고 있습니다. 무엇보다 우리와 같은 성정을 가진 성경의 인물들을 중심으로 풀어 가는 것은 우리의 마음에 와닿게 하는 이 책의 백미입니다.

신앙생활에서 삶의 구체적인 변화를 원하시는 분, 특히 성도들을 이끌고 성경공부를 인도하는 목회자, 평신도 리더, 청년 리더분들에게 일독을 권합니다. 이 책은 저부터 큰 도움이 되고 우리 교회 리더들에게 꼭 읽히고 싶은 책입니다. 목회와 구약과 성경해석학의 균형을 갖춘 변상봉 목사님의 책, 『가스펠 세븐틴』이 독자들에게 새로운 신앙의 지평을 열어 주리라 확신합니다.

김대조 주님기쁨의교회 담임 목사

추천사 | 7 |

들어가는 글

성경은 인류 역사상 가장 많이 읽힌 책입니다. 지난 50년만 해도 약 40억 권 이상이 판매되었다고 합니다. 성경이 어떤 책이기에 이렇게 인기가 있을까요? 세계 3대 종교 중 하나인 기독교의 경전이라는 사실이 주요한 이유일 것입니다. 뿐만 아니라 근대와 현대 세계에서 주도적 위치를 차지하는 서양 문명의 토대가 성경을 통해 형성된 것도 큰 이유일 것입니다. 서양 문명은 중세 시대 이후 오늘날에 이르기까지 오랜 기간 정치, 경제, 교육, 법, 역사, 과학, 문화, 군사 등 다방면에서 성경의 영향을 받았습니다. 그래서 서양 문명을 제대로 이해하기 위해서는 성경을 읽어 보지 않을 수가 없습니다.

성경은 인간의 희로애락을 풍성하게 담고 있습니다. 또한 삶과 죽음, 우주와 인류의 기원과 종말, 인간의 본성과 다양한 세계관, 죄와 벌, 구원 등 모든 인류가 보편적으로 알기를 원하는 주제들을 심도 있게 다루고 있습니다. 그래서 수많은 예술가들과 문학가들과 사상가들이 성경에서 영감을 얻어 위대한 작품을 만들고 찬란한 문화를 꽃피웠습니다. 그런 점에서, 성경은 우리가 살아가고 있는 이 세상의 많은 부분을 알기 위해서 누구나 한 번쯤은 꼭 읽어야 할 '고전'입니다.

그런데 성경은 한 명의 작가가 기록한 책이 아닙니다. 서로 다른 시대의 여러 사람들이 기록한 66권의 책을 하나로 묶어 놓은 것입니다. 성경 저자들은 B.C. 1500년경에서 A.D. 100년경까지 약 1600년의 시간 안에서 살다 간 왕,

왕자, 목자, 군인, 어부, 농부, 학자, 의사, 세금 징수원, 선지자, 제사장, 종교 지도자, 시민운동가 등 약 40여 명에 이릅니다. 이들은 다양한 문화적 배경에서 다양한 주제를 히브리어와 아람어, 헬라어 등으로 기록하였습니다. 전체 분량은 1,189장(구약 929장 / 신약 260장), 31,173절(구약 23,214절 / 신약 7,959절)로 상당히 방대합니다. 따라서 번역된 성경을 가지고 혼자서 그 내용을 제대로 파악하기란 쉽지가 않습니다.

그렇다면 어떻게 해야 성경을 처음 접하는 사람들이 성경의 대략적이고 핵심적인 내용을 쉽게 이해할 수 있을까요? 먼저 하나의 전체(as a whole)로서 성경의 숲을 보아야 합니다. 신기하게도 성경 안에 등장하는 수많은 이야기들과 사상들이 서로 조화를 이루면서 한 가지 핵심 주제를 드러냅니다. 그 주제는 '예수 그리스도가 창조주 하나님이 우리 인간들을 죄에서 구원하시기 위해 보내신 구주(Savior)'라는 것입니다. 이 중심 주제를 떠받치는 네 가지 기둥이 있습니다. '하나님의 천지 창조, 인간의 범죄(타락), 예수님의 구속(구원), 구속의 완성(예수님의 재림)'입니다. 성경에 등장하는 수많은 내용들이 이 네 개의 범주에 속해 있으며, 언급된 순서로 강물처럼 흘러갑니다. 그러므로 전체 주제와 네 가지 기둥을 성경의 숲으로 보면서 이 숲을 구성하는 주요 나무들을 살펴보면, 가장 쉽게 성경에 대한 전체적인 이해와 그 핵심에 도달할 수 있습니다.

필자는 주요 나무에 해당하는 것으로 17개의 성경 본문을 선택했습니다. 이 성경 본문들은 앞서 언급한 주제 중에서 '창조, 타락, 구속'의 세 가지 주제들을 가장 쉽고 명확하게 설명해 줄 수 있는 이야기들입니다. 이 책을 통해 성경을 가르치고자 하시는 분들은 17개 성경 본문이 의미하는 바를 가르쳐 주는 방식으로 이 책을 사용하실 수 있습니다. 이런 점에서 이 책은 성경을 처음 접하는 분들을 직접 도와주기보다 그들을 도와주고자 하는 분들을 위해서 고안되었습니다. 다시 말해 성경을 처음 접하는 분들이 이 책을 직접 읽으면서 성경을 이해하도록 하기 위한 것이 아니라, 그분들이 성경을 잘 이해하도록 하기 위해 그분들에게 성경을 가르쳐 줄 성경 교사들을 위한 교사용 성경 공부 교재입니다.

　이 책의 내용은 단순히 성경 지식만을 전달하기 위해 고안된 것이 아닙니다. 성경이 말하고자 하는 핵심 메시지인 복음(Good News)에 대한 체험적인 신앙을 나누는 것이 더 큰 목적입니다. 그러므로 이 책을 사용해 다른 사람들을 가르치길 원하는 분들은 예수님을 구주로 영접하고 제자로 살아가는 분들이어야 합니다. 이런 분들이 이 책으로 불신자나 초신자를 가르치기 위해 이 책을 읽고 연구하다 보면, 가르치기 전에 자신들이 먼저 성경의 전체적인 내용과 핵심의 명확한 이해와 정리에 도달하게 될 것입니다.

　복음 전도자들 중 많은 사람들이 짤막한 전도지를 사용합니다. 그 전도지의 내용은 성경의 핵심 구원 진리를 다루는 몇몇 성경 구절들과 교리 및 비유와 약간의 설명으로 이루어져 있습니다. 이러한 전도지를 사용하는 많은 분들이 처음 만난 사람들에게 대체로 10분이나 30분 이내의 짧은 시간에 복음을 설명하고 믿으라고 권합니다. 때로는 강하게 신앙적 결단을 촉구합니다. 그런데 전도를 받는 입장에서는 복음의 내용을 충분히 이해하지 못한 상태에서 그러한 결단을 강요받을 때 여간 부담스러운 일이 아닐 수 없습니다. 더구나 처음 만난 사람들에게 자신이 전한 복음을 받아들이지 않으면 지옥에 간다고 선언할 때, 전도를 받는 사람들 입장에서는 이만큼 무례하고 나쁜 경험도 없을 것입니다. 그들은 전도인의 일방적이고 공격적인 태도에 반감을 갖게 됩니다. 이것은 기독교에 대해 비우호적인 분위기를 만들고, 전도의 문이 닫히게 하는 역할을 합니다. 그리고 기독교가 깊이가 없고, 너무 막무가내로 맹목적인 신앙을 강요하는 종교라는 인상을 줍니다. 그렇게 되면, 다양하고 많은 지식에 열려 있는 지성인들을 기독교의 적으로 만들어 버립니다. 전도를 하고자 하는 것이 전도의 문을 막는 결과를 초래합니다. 더구나 오늘날 청년 대학생들 기독교인의 비율은 3%라고 합니다. 10대들의 비율은 더 낮다고 합니다. 흔히 기독교인 비율이 3% 이하일 때, 미전도 종족이라고 부릅니다. 우리는 한참 지적인 탐구열이 가득한 이 시대의 청년들에게 가장 적합한 전도법을 개발해야 합니다.

이 책은 총 17개 성경 본문을 일주일에 하나씩 약 4개월(대학생들에게는 한 학기)에 걸쳐 살펴보게 합니다. 이 기간에 여유를 가지고 대화하면서 우주와 나의 기원과 나는 누구이며 어떻게 살아야 하는지에 대해 충분한 고민과 성찰의 시간을 갖게 합니다. 그래서 신앙에 대해 진지하게 고민을 하게 한 후, 자발적인 의지로 신앙을 갖게 도와줍니다. 이 책은 성경 선생님들이 배우는 사람들에게 질문을 던지고 답변을 들어 본 후, 혹은 질문에 대해 생각해 보게 한 후, 그 질문에 대한 답을 가르쳐 주는 방식으로 구성되어 있습니다. 성경에서 답을 찾아 알려 주는 점에서 일방적일 수도 있지만, 기본적으로 어떤 문제를 던지고 상대의 의견을 들은 후 나의 의견을 말하고, 그것에 대한 반응을 서로 계속 주고받을 수 있기 때문에 이 책의 진행 방식은 대화입니다. 그런 점에서 카페에서도 즐겁게 대화를 나누는 방식으로 이 책을 이용할 수도 있습니다. 매주 만나서 공부를 시작할 때, 각 장의 첫 페이지 상단에 기록해 놓은 찬송가(아가페출판사 『새 찬송가』의 '장'을 표기했음)를 같이 부르고 시작하면, 마음을 여는 데 많은 도움이 됩니다. 그 후 성경 본문을 교사와 학생이 번갈아가면서 읽고 시작하면 됩니다.

필자는 오랫동안 대학생들을 비롯한 여러 지성인들에게 성경을 가르쳐 왔습니다. 지금도 대학생들에게 성경을 가르치고 있습니다. 그래서 기본적인 적용과 고려가 청년 대학생들에게 맞추어져 있습니다. 오늘날 청년 대학생들은 자신과 진리에 대한 깊은 성찰 없이 입시 위주의 공부를 하다가 대학에 들어온 경우가 많습니다. 이들은 대학생이 되고 나서야 나는 누구인지, 진리가 무엇인지, 인생의 의미와 목적은 무엇인지를 고민해 봅니다. 그러나 쉽게 답을 찾지 못해 방황합니다. 이들의 내면은 불안하고 우울합니다. 장래에 대한 희망이 없이 무기력하게 살아가고 있습니다. 거친 인격을 제대로 연마하지도 못한 채 육신의 소욕에 이끌리어 각종 향락을 즐기며 청춘을 허비하고 있습니다. 이 책 『가스펠 세븐틴』은 이러한 청년들에게 나음(healing)과 행복을 주고 더 나아가 미래에 대한 희망과 올바른 삶의 방향을 제시합니다.

이 책의 첫 번째 이야기는, 성실하게 살았지만 실패 속에서 우울해하고 좌절해 있던 시몬 베드로를 도운 이야기입니다. 시몬 베드로는 예수님을 통해 실패를 만회합니다. 이 과정에서 그는 예수님이 누구인지를 알게 됩니다. 그리고 예수님 앞에서 자신이 누구인지를 발견합니다. 이후 그는 무엇이 진리인지를 알게 되고, 예수님께서 계신 깊은 세계로 나아가 정말 마음 깊이 갈망하던 위대한 새 인생을 살게 됩니다. 이 시몬의 이야기는 오늘날 실패와 절망과 좌절 가운데 있는 이들에게 위로와 큰 희망을 줍니다. 하나님을 믿지 않는 사람들은 다 하나님을 떠나 죄 가운데서 실패와 절망과 좌절을 반복하며 삽니다. 세상에서 큰 성공을 거두었어도 언제 죽을지 모르는 그 영혼은 내세에 대한 확신이 없고, 그래서 마음에 평안이 없습니다. 양심을 거스르며 살아온 많은 행동과 생각들로 내면에는 실패감과 고통이 가득합니다. 이 책은 이러한 사람들에게 시몬이 체험한 예수님을 만나게 해 줍니다. 예수님 안에 있는 깊은 세계로 그를 인도해 줍니다. 우주와 나에 대한 창조의 진리와 하나님의 사랑, 인간의 타락과 예수님을 통한 구원의 진리를 알려 주고, 이러한 진리 속에서 '나는 누구인가? 내 인생의 목적과 의미는 무엇인가? 어떻게 살아야 하는가?' 등의 질문에 대한 명쾌한 해답을 제시해 줍니다.

이 책의 많은 내용은 필자가 속해 있는 대학생성경읽기선교회(UBF)에서 대학 시절부터 지금까지 배운 것이고, 동시에 많은 학생들을 가르치며 그들이 궁금해하는 것들에 대한 답을 끊임없이 찾아보며 고민하고 정리한 내용들입니다. 그리고 대학 시절부터 문학과 언어학과 신학(목회학, 구약학, 성경 해석학,

Biblical Theology)을 전공하면서 고민하고 검토하고 정리한 지식들이 같이 녹아 있습니다. 성경을 처음 접하거나 성경의 기초를 제대로 배우길 원하는 분들이 창조주 하나님과 예수 그리스도를 만나 구원을 얻고 새로운 인생을 살도록 돕는 데 이 책이 귀하게 사용되기를 기도합니다.

2023년 4월 관악산 아래에서
변상봉

차례

17

gospel

1부

창조와 타락

호수 깊은 곳에서 만난 주님

찬송가 302장 + 누가복음 5:1-11

본문은 지중해 옆에 위치한 이스라엘의 아름다운 게네사렛 호수를 배경으로 합니다. 게네사렛이란 말은 히브리어로 하프(harp)라는 뜻입니다. 호수 모양이 하프를 닮아서 붙여진 이름입니다. 잔잔한 물결, 수면을 유영하는 물고기들, 하늘을 나는 새들, 영롱한 태양, 시원한 바람, 푸른색의 호수. 바로 그 호수에서 오늘의 이야기가 펼쳐집니다. 2절에서 어부들이 그물을 씻는 것을 볼 때, 때는 영롱한 태양이 이제 막 떠오르는 아침이었습니다. 붉은 물결이 온 사방에 퍼지는 게네사렛 호숫가에 많은 사람들이 몰려들었습니다. 예수님은 이들에게 성경 말씀과 하나님 나라의 진리를 가르치셨습니다(1절). 사람들은 예수님 주변에 자리를 잡고는 예수님이 전해 주시는 말씀에 푹 빠져들었습니다.

💬 **사람들이 왜 이렇게 이른 아침부터 예수님께 몰려와서 예수님의 말씀을 듣고 있었을까요?**

이른 아침엔 보통 잠을 자거나 아니면 조간신문을 읽습니다. 학생들은 어서 아침밥을 먹고 학교로 가야 할 것 같습니다. 그런데 많은 사람들이 이른 아침부터 게네사렛 호숫가로 몰려들었습니다. 호숫가에 프로야구 한국 시리즈나 월드 시리즈라도 열린 것일까요?

💬 **아니면 BTS가 그곳에서 공연을 하였을까요?**

아닙니다. 그곳엔 예수님이 계셨습니다. 예수님이 그곳에서 진리의 말씀을 가르치셨습니다. 몰려든 사람들은 영적으로 갈급해 있었습니다. 그래서 목마른 사슴이 시냇물을 찾듯이 영혼의 갈급함을 만족시켜 줄 진리의 말씀을 듣고자 예수님께로 몰려온 것입니다. 그들은 예수님의 말씀에서 진리를 깨닫고, 천국의 기쁨과 평화를 누리게 되었습니다. 이 순간만큼은 세상의 고된 일상을 벗어날 수 있었습니다. 내면의 아픔이 치료되고, 고단한 삶에 대한 위로를 받았습니다. 그러자 뭔가 진리가 깨달아졌습니다.

💬 **말씀을 전하시다가 예수님은 무엇을 하셨습니까?**

2-3절을 보십시오. 예수님은 계속 밀려드는 사람들 때문에 호숫가에 빠질 지경이 되었습니다. 이때 근처에 시몬이라는 한 청년이 고기잡이 작업을 마친 후 예수님의 말씀에는 관심 없다는 듯 그물을 씻고 있었습니다. 예수님은 이 시몬의 배에 올라타셨습니다. 그러시고는 시몬에게 노를 저어 배를 육지에서 조금 떼 달라고 부탁하셨습니다. 시몬은 얼마 전 형 안드레의 소개로 예수님을 만난 적이 있었습니다(요 1:40-42). 그

리고 예수님께서 자신의 장모의 열병을 치료해 주신 적도 있었습니다(눅 4:38-39). 그래서 예수님의 부탁을 거절할 수 없었습니다. 예수님은 시몬의 협조로 무리에게서 약간의 거리를 두고 뱃머리를 강대상 삼아 계속 진리를 가르치셨습니다. 베드로는 본의 아니게 예수님의 말씀을 듣게 되었습니다. 더구나 수많은 사람들이 자신의 배 위에 탄 예수님을 바라보고 있었기 때문에 그들의 시야에 자신의 모습도 들어갔습니다. 그래서 졸고 싶어도 눈치가 보여 졸 수가 없었습니다. 밤새 물고기를 잡느라 피곤했지만, 허벅지를 꼬집어 가면서 집중해서 예수님의 말씀을 들었습니다(5절).

💬 **말씀을 마치신 예수님은 시몬에게 어떤 방향을 주셨습니까?**

4절을 보면, 예수님은 그물을 정리하고 집에 돌아갈 채비를 하고 있는 시몬에게 관심을 가지셨습니다. 시몬은 그물에 끼여 있는 해초와 쓰레기들을 정리하고 그물을 잘 포개어서 정리한 후 이제는 집에 가서 쉬고자 하였습니다. 그런데 예수님은 그에게 무슨 말씀을 하십니까? 예수님은 그를 바라보시며 이렇게 말씀하셨습니다. "깊은 데로 가서 그물을 내려 고기를 잡으라."

💬 **게네사렛 호수의 깊은 곳은 어떤 곳일까요?**

게네사렛 호수는 이스라엘 북쪽에 있는 담수호입니다. '둥근 원'이라는 뜻의 갈릴리 호수라고도 합니다. 근처의 도시 이름을 따 디베랴 호수라고도 불렀습니다. 호수이지만 저 멀리 수평선만 보이고, 한편에서 반대편이 보이지 않을 정도로 컸기에 유대인들은 '바다(sea)'라고 불렀습니다. 호수의 총 둘레는 약 53km입니다. 동서로 11km, 남북으로 21㎞입니다. 지중해 해수면을 기준으로 약 200m가량 아래에 위치하고 있으며 수심의 평균 깊이는 약 26m, 가장 깊은 곳은 43m라고 합니다. 이 호수 북쪽에 백두산(2,750m)보다 높은 해발 2,814m의 헐몬산이 있습니다. 1년 내내 눈이 쌓여 있습니다. 이 눈이 녹아서 갈릴리 호수로 흘러가 호수는 생물이 풍성합니다. 그래서 풍부한 수자원을 바탕으로 이곳 사람들은 조업을 하며 생계를 유지했습니다. 그런데 게네사렛 호수의 깊은 곳은 위험합니다. 북쪽의 헐몬산에서 불어오는 찬 기류가 남쪽 사막에서 불어오는 열 기류와 만나 종종 무서운 돌풍을 일으키기 때문입니다. 그러면 작은 고깃배들은 쉽게 전복되어 그 배에 탄 사람들은 목숨을 잃을 수도 있습니다.

💬 예수님은 시몬에게 왜 깊은 곳으로 가라고 하셨을까요?

호수의 얕은 곳은 밑바닥까지 속이 다 보여 물고기들이 숨을 곳이 없습니다. 그리고 바람이라도 불면, 얕은 곳은 속까지 다 휩쓸려 내려갑니다. 그래서 이런 얕은 곳에는 물고기들이 거의 없습니다. 특히 큰 물고기들은 이런 얕은 곳에서는 놀지 않습니다. 큰 물고기들은 큰물에서 놉니다. 큰물에서 놀려면 깊은 곳으로 가야 합니다. 예수님은 베드로가 큰 물고기들을 풍성하게 잡도록 도와주시고 싶었습니다. 그래서 베드로에게 깊은 데로 가라고 하신 것입니다.

그런데 5절을 보면, 시몬은 지난밤이 새도록 그물을 던졌지만, 물고기를 한 마리도 잡지 못했습니다. 어부들은 배에 오를 때 만선을 기대합니다. 그물을 던졌을 때 그물 가득히 물고기가 잡히는 꿈을 꾸면서 노를 저어 갑니다. 고기가 많이 잡힐 만한 곳에 도착하면, 힘차게 그물을 내립니다. 그런데 계속해서 빈 그물을 올리다 보면, 희망은 절망으로 바뀝니다.

그 실패감과 공허감은 이루 말할 수가 없습니다. 점점 피로감이 느껴지고 모든 것을 포기하게 됩니다. 내 마음대로 안 되는 세상을 저주하며 물고기까지 미워집니다. 시몬은 이러한 실패의 밤을 보냈습니다.

💬 **시몬은 실패의 밤을 보낸 자신에게 예수님께서 '깊은 데로 가라'고 하셨을 때, 어떻게 하였습니까?**

어부로서 밤새 그물질을 하고도 고기를 잡지 못한 것은 창피하고 자존심 상하는 일입니다. 그럼에도 시몬은 지난밤 자신의 실패를 솔직하게 고백합니다. "선생님, 우리들이 밤이 새도록 수고하였으되 잡은 것이 없었습니다." 시몬은 밤새 어부로서 자신의 모든 전문 지식과 힘을 다 동원하여 물고기를 잡으려 했음에도 한 마리도 잡지 못했습니다. 이런 상황에서는 누가 뭐라 해도 다 그만두고 잠이나 자고 싶습니다. 더구나 예수님은 목수의 아들로서 목공소에서 일하시던 분입니다. 이곳 호수는 어부인 자신이 더 잘 알지, 예수님이 남의 전공 분야에 와서 이래라 저래라 할 형편이 못 됩니다. 그래서 예수님의 일방적인 명령이 기분 나쁠 수 있었습니다. 자존심이 상했을 것입니다. 뿐만 아니라 어부로서 가진 지식에 기초해 볼 때, 현재 베드로의 작은 배로 깊은 곳에 있는 물고기를 잡기는 어렵습니다. 더구나 호수 깊은 곳까지는 자신의 그물이 닿을 리도 없었습니다. 그럼에도 불구하고 시몬은 예수님의 말씀에 순종합니다. 예수님이 말씀하신 대로 '깊은 데로 가서 그물을 던져 보겠다'고 대답한 후 그렇게 합니다.

💬 **시몬이 어떻게 예수님의 말씀에 순종할 수 있었을까요?**

그가 자신의 경험과 합리적인 이성보다 예수님을 더 믿었기 때문입니다. 경험과 이성에 기초해서 생각해 보면, 밤새도록 어부로서 자신의 실력을 다 동원해도 안 되었기 때문에 안 되는 것입니다. 더구나 어부의 상식으로는 해가 뜨면 호수에서 물고기를 잡기가 더 어렵습니다. 그러나 그는 자신의 경험과 이성의 합리적 사고보다 예수님을 더 믿고 신뢰하였습니다. 그래서 이성을 따르기보다 예수님의 말씀에 순종해 보기로 하였습니다. 17세기 지성의 왕자 블레즈 파스칼도 『팡세』에서 이성(지성)을 내려놓았을 때, 진리의 세계를 보았다고 했습니다. 그때 그는 자신의 이성으로 감히 접근할 수 없었던 구원의 세계가 열렸다고 고백하였습니다.[1] 시몬에게는 바로 지금이 그 순간이었습니다. 그는 밤새도록 해도 안 되었지만, 이 순간만큼은 자신의 경험과 이성을 내려놓고 오직 예수님의 말씀에 의지하여 순종해 보기로 결심한 것입니다.

💬 그런데 시몬이 어떻게 자신의 경험과 합리적 사고보다 예수님을 더 신뢰할 수 있었을까요?

로마서 10:10을 보면, 믿음은 들음에서 난다고 하였습니다. 본의 아니게 근처 모래사장의 수많은 인파들과 더불어 예수님의 말씀을 듣게 된 그는 처음에는 온통 도망간 물고기 생각에 예수님의 말씀이 들어오지 않았습니다. 그러나 점차 예수님의 부드럽고 은혜로운 말씀이 그의 심령에 가랑비처럼 내리기 시작하였습니다. 그는 자기도 모르는 사이에 모래사장의 수많은 인파들처럼 예수님의 말씀에 빨려 들어갔습니다. 과연 예수님께는 수많은 사람들을 아침부터 몰려오게 할 만한 힘과 신비한 매력이 있음을 알게 되었습니다. 예수님의 말씀은 결론에 도달했습니다. 이제

---

1 블레즈 파스칼, 『파스칼의 팡세』, 조병준 역(서울: 샘솟는 기쁨, 2019), 253-254.

사람들은 모두가 흡족한 얼굴로 돌아가기 시작하였습니다. 바로 이때 예수님께서 시몬에게 관심을 가지셨습니다. 그리고 그에게 이렇게 말씀하셨습니다. "깊은 데로 가라."

그는 예수님의 말씀을 본의 아니게 듣게 되었지만, 계속 듣다 보니 예수님께 대한 믿음이 생겼습니다. 이분은 세상과 인생에 대해서 뭔가를 잘 아셨고, 이분 말씀을 따라 살면 다 잘될 것이라는 생각이 들었습니다. 이렇게 예수님께 대한 믿음이 생겼습니다. 예수님이 "깊은 데로 가서 그물을 내리라"라고 하시자, 그는 거부할 수가 없었습니다. 왠지 이 말씀이 자신의 마음을 잡아당겼습니다. 심장이 뛰었습니다. 지금까지 내 능력으로는 안 되었지만, 이 말씀에 순종하면 이번에는 될 수도 있겠다는 소망이 생겨났습니다. 시몬은 이렇게 피로와 자존심과 자신의 경험과 이성을 극복하고, 예수님의 말씀에 순종하였습니다.

💬 **시몬이 예수님의 말씀에 순종했을 때 어떠한 일이 일어났습니까?**

6절을 보십시오. 대박이었습니다! 간밤에는 그림자도 보이지 않던 물고기들이 베드로의 그물망에 한꺼번에, 경쟁적으로 돌진하는 기이한 현상이 일어났습니다. 이렇게 잡은 물고기들을 배에 실었더니 배가 잠길 정도였습니다. 갈릴리 수산업계 역사상 전무한 기록이었습니다. 전설로 회자될 만한 일이었습니다. 시몬의 어부 인생 최고의 쾌거였습니다. 예수님은 시몬의 지난밤 실패를 알고 계셨습니다. 그의 실패감과 이루 말할 수 없는 깊은 상심을 이해하셨습니다. 예수님은 이런 그를 외면하실 수 없었습니다. 그의 실패를 만회시켜 주시고 그의 텅 빈 배와 그의 텅 빈 영혼을 가득 채워 주고자 하셨습니다.

💬 **어부가 가장 기뻐하는 순간은 언제일까요?**

만선의 때입니다. 직장인들도 월급날에 가장 기분이 좋습니다. 대학생들이 가장 기뻐하는 순간은 성적표에 올 A를 받았을 때입니다. 예수님은 시몬에게 그가 그토록 바라던 만선의 기쁨을 주고자 하신 것입니다. 예수님은 우리 인생들에게 이러한 승리와 기쁨을 주기 원하십니다. 그래서 내가 거듭된 실패와 깊은 절망에 빠져 있을 때, 못 본 척 외면하지 않으십니다. 깊은 관심을 갖고 찾아와 사랑으로 도와주십니다. 내가 바라는 그 기쁨과 승리를 얻게 해 주십니다. 우리의 빈 그물을 보시고 안타까움을 느끼십니다.

💬 **시몬은 평소 어떤 생각을 하고 살았을까요?**

그는 평소 직장에서 자신의 능력을 믿고 열심히 일을 하다 보면 다 잘 될 것이라고 생각했습니다. 어젯밤도 그런 생각으로 만선의 꿈을 안고 배에 올랐습니다. 그리고 밤새도록 그물을 내렸습니다. 그러나 어젯밤 자신의 능력으로 최선을 다했으나, 처절한 실패를 맛보았습니다. 돌이켜 보면 인생은 나의 능력으로 안 될 때가 많았습니다. 나의 노력으로는 '넘사벽'일 때가 참 많았습니다. 그런데 놀랍게도, 물고기 잡이에 대해 전혀 모를 것 같은 예수님의 말씀에 순종했더니 대박이 터졌습니다. 그는 예수님을 통해 새로운 세계가 있음을 알게 되었습니다. 그는 예수님의 말씀에 순종하면, 자신이 생각하는 것 이상을 체험할 수 있음을 알게 되었습니다. 새로운 인생을 발견한 것입니다.

💬 **만선을 경험한 직후 시몬의 반응은 어떠합니까?**

기쁨의 환호성을 지르며 예수님을 꽉 붙들어야 하지 않을까요? 영원히 자기 배에 모시고 날마다 많은 물고기를 잡게 해 달라고 간구해야 할 것 같습니다. 이런 분을 놓치면 땅을 치고 후회할 것입니다. 그에게 사업가적인 기질이 있다면, 예수님을 비즈니스 파트너로 모셔야 할 것 같습니다. 동업을 제안해야 할 것입니다. 배, 그물 등 장비와 시설 투자 및 갈릴리 유통 시장은 자신이 책임지고, 예수님은 물고기 정보만 제공해서 5대 5로, 아니면 예수님 7, 자신은 3으로 나누자고 해야 할 것 같습니다. 그러나 시몬은 어떻게 하였습니까? 시몬은 예수님께 자신을 떠나 달라고 호소했습니다(8절). 그리고 자신은 죄인이라고 고백합니다. "나는 죄인이로소이다(I am a sinful man.)."

🗨 시몬은 왜 이런 반응을 보였을까요?

지난밤 그는 깊은 흑암 속에 있었습니다. 예수님은 무리들에게 말씀을 전하시며 다른 한편으로는 시몬의 어두운 마음을 밝히고 계셨습니다. 이를 통해서 볼 때 예수님이 시몬에게 배 좀 태워 달라고 하신 것은 도움이 필요해서가 아니라, 그를 도우시기 위함이었습니다. 예수님은 깊은 패배감에 빠져 있는 그의 마음을 헤아리셨습니다. 그래서 그가 오히려 남을 도와줄 수 있는 위치에 서게 하심으로 그의 자존심을 세워 주셨습니다. 대신 예수님은 겸손히 그의 도움을 받으시며 시몬이 당신의 사랑을 받을 수 있는 마음 상태가 되도록 준비를 시키신 것입니다. 시몬은 푸른 호수 위로 빛나는 영롱한 아침 태양을 보고도 내면의 어두움을 극복할 수 없었습니다. 그런데 빈 그물, 공허한 심령을 채워 주시는 예수님이 그에게 큰 빛, 생명의 빛으로 다가왔습니다.

💬 **이분은 물고기가 깊은 곳, 그 지점에 있는 것을 어떻게 아셨을까요?**

여태껏 호수에서 먹고 자란 베테랑 어부도 모르는 사실을 예수님은 어떻게 아셨을까요? 예수님은 전지전능한 하나님이셨습니다. 하나님이 아니고서는 알 수 없음을 베드로는 어부로서의 오랜 경험을 통해서 알 수 있었습니다. 이로써 세상을 만드시고 주관하시는, 우주보다 크신 하나님과 한 인간의 만남이 이루어진 것입니다.

💬 **시몬은 이때 고기 잡힌 것으로 말미암아 놀랐다고 했습니다. 그런데 고기 잡힌 것으로 놀랐다고 해서 왜 자기를 죄인이라고 할까요?**

고기를 많이 잡았으면 기뻐서 놀라야 하는 것 아닙니까? 여기서 놀랐다는 것은 하나님의 임재를 느낄 때의 경이감과 충격을 의미합니다. 그가 체험한 기적은 단순한 기적이 아닌 신을 체험한 것입니다. 단지 선생님인 줄로만 알았던 예수님이 천지를 창조하시고 만물을 다스리시는 하나님이신 것을 알게 되었습니다. 그런 예수님이 인간의 몸인 육신을 입고 이 땅에 오셔서 무엇보다 자기 배에 타고 자기 앞에 계셨습니다. 그는 이렇게 같은 배에 타고 있으면서도 물고기를 많이 잡기 전까지는 예수님을 몰라봤습니다. 아! 나는 얼마나 무지한 죄인인가!

지나온 인생을 돌아볼 때, 그는 하나님께 감사하거나 그분을 영화롭게 하는 삶을 살지 않았습니다. 오로지 가문의 영광을 위해, 가족들의 안위와 자신의 유익을 위해서만 살아왔습니다. 그리고 정욕과 욕심 등 타락한 본성에 이끌려 살아왔습니다. 자신을 만드신 자기 인생의 주인이신 예수님과 아무 상관없이 살아온 자신을 생각할 때, 시몬은 자신이 죄인임을 인식하게 되었습니다. 그래서 그는 자신을 '죄인'이라고 고백한 것입니다. 예수님은 시몬과 바로 이러한 만남을 위해 그를 깊은 곳, 아무도

가스펠 세븐틴

없는 둘만의 은밀한 곳으로 그를 데려오셨습니다. 시몬 베드로는 자기의 작고 누추한 배에서 창조주 하나님을 만났습니다.

🗨 시몬이 이 만남을 감당할 수 있었을까요?

조금 전 성경을 잘 가르치는 유대인 청년 정도로만 알았을 때는 예수님과 함께 그 배에 타고 있을 수 있었습니다. 그러나 지금 보니 물고기까지도 움직이시는 창조주 하나님이 아닙니까? 배 뒤편의 영롱한 아침 태양보다 더 밝은 예수님이 자신의 어둡고 혼돈스럽고 텅 빈 내면을 비추시는데, 시몬은 그 빛을 감당할 수 없었습니다. 우리라도 그렇지 않겠습니까? 우리가 있는 작은 방에서 예수님과 내가 단둘이서만 만나게 된다면, 얼마나 감당하기가 어려울까요?

시몬은 자신의 누추한 배로 우주의 통치자 예수님을 모시고 있는 것입니다. 그는 더 이상 모시기 어려웠습니다. 하나님을 감당할 수가 없었습니다. 너무나 무서웠습니다(10절). 그래서 그는 이렇게 고백할 수밖에 없었습니다. "주여 나를 떠나소서 나는 죄인이로소이다."

🗨 예수님은 자신을 죄인이라고 고백하는 시몬에게 먼저 무슨 말씀을 하셨습니까?

"무서워하지 말라"고 하시며, 그의 죄를 문제 삼지 않으시고 용서해 주셨습니다. 사실 예수님은 애초에 시몬을 정죄하실 마음이 없었습니다. 예수님은 그의 창조주시고, 그의 인생을 지금까지 지켜보셨습니다. 그래서 그가 예수님도 몰라보고 얼마나 예수님과 상관없이 이기적으로 살았는지 다 알고 계셨습니다. 그러나 예수님은 그의 과거에 대해 조금도 묻지 않으셨습니다. 예수님은 그를 용서하시고, 그가 안심하도록 위로하셨습니다. "Don't be afraid."

예수님은 시몬의 미래에 대해 어떤 예언의 말씀을 하셨습니까?

"from now on you will fish for people." "이제 후로는 네가 사람을 취하리라." 예수님은 시몬을 사람을 취하는 영적 어부로 불러 주셨습니다. 이제 시몬을 고기잡이보다 더 깊은 차원의 세계로 인도하십니다. 물고기를 잡아서 생업을 꾸려 나가던 시몬을 사람들을 취하는 영적 어부로 변화시키고자 하셨습니다.

사람을 취한다는 것이 무엇을 뜻할까요?

'사람을 취한다'는 것은 나의 아름다운 영향력 아래에서 다른 사람들이 죄악 된 삶에서 벗어나는 것입니다. 그래서 죽은 영혼이 살아나 행복한 삶을 살고 영원한 생명을 누리는 것입니다. 성경에 따르면, 한 생명은 그 사람에게 온 천하보다도 귀합니다(눅 9:25). 그래서 예수님은 온 천하보다 귀한 자신의 생명을 우리 한 사람 한 사람을 구원하시기 위해 십자가에 내어 주셨습니다. 이렇게 볼 때, 사람의 생명, 특히 불멸의 영혼을 살리는 것보다 더 가치 있는 일은 없다고 해도 과언이 아닙니다. 세상의 어떤 성공보다, 돈을 1,000억 버는 것보다 더 귀한 삶입니다. 천하를 1,000억으로도 살 수 없습니다. 1,000억으로 강남의 동네 하나도 살 수 없습니다. 그런데 사람을 취한 삶은 1,000억을 넘어 온 세상보다 더 위대하고 가치 있고 아름답습니다. 그러므로 세상에서 이렇게 사람을 취하여 돕는 일보다 가치 있는 일은 없습니다. 그래서 돈을 많이 벌어 성공한 사람들이 인생 마지막에 관심 갖는 것이 사람을 돕는 입니다. 그들은 장학 재단을 세우고 학교를 세웁니다. 그러나 장학금과 학교가 사람을 다 훌륭하게 만들어 주는 것은 아닙니다. 장학금과 학교로 말미암아 그 사람이 높은 자리에 올라가서는 많은 죄를 지어 사회에 큰 악을 끼치는 경우도 있습니다. 차라리 장학금을 주지 말고 학교 교육도 시키지 않았으면 그런 자리에 올라가지도 않았고, 사회에 그리 큰 악영향을 주지 않았을 수도 있습니다. 돈과 교육만으로 사람을 제대로 도울 수는 없다는 것입니다.

💬 **그렇다면 어떻게 해야 사람을 제대로 도울 수 있을까요?**

시몬은 예수님의 부르심을 좇았습니다(11절). 이때 그의 동업자들도 같이 따라나서셨습니다. 시몬이 이 순종을 통해 일개 어부에서 많은 사람들의 추앙을 받는 영적 어부가 됩니다.

💬 **우리의 그물은 어떻습니까?**

물고기가 가득 차 있습니까? 아니면 빈 그물입니까? 어떤 분들은 성적표에 A가 하나도 없습니다. 생각보다 전공 공부가 어렵고 대학 교양 과목조차도 쉽지가 않습니다. 외국에서 온 학생들은 생각보다 언어가 어렵고 문화적으로 적응하기도 어렵습니다. 성적은 잘 나와도 그것만으로는 그물이 다 채워지지가 않습니다. 피상적이고 감정 소모가 심한 인맥 관리가 어렵습니다. 뛰어난 동기들을 바라보며 비교 의식 등으로 말미암아 내 마음이 텅 비어 버리고 채워지지가 않습니다. 모든 것이 내 뜻대로 쉽게 되지 않는 현실에 실패감과 좌절감을 느끼기도 합니다. 영혼이 텅 빈 느낌입니다. 그래서 공부가 안 되어 휴학하고 자퇴합니다. 건강 문제가 있는 분들도 있습니다. 소화 불량에 걸리고, 식이 조절이 안 됩니다. 위염, 우울증, 신경성 두통에 시달립니다. 아프지 않았을 때는 천하무적이라 생각했는데, 아프고 나니깐 완전히 혼이 나간 느낌입니다. 명문대생들은 다들 실패와는 거리가 먼 것 같습니다. 외적으로는 이력서를 보면 그렇게 보일 수도 있을 것입니다. 그러나 하루하루 살아가는 내면에는 수많은 좌절, 경쟁에서 뒤지며 느끼는 열등감 등을 느낍니다. 그들도 많은 실패에서 예외가 아닙니다. 명문대 좋은 학과 나왔다고 예전만큼 쉽게 좋은 직장을 잡거나 많은 돈을 끌어모을 수 없습니다. 부귀영화가 쉽게 오지 않습니다.

💬 **그러면 빈 그물인 우리는 어떻게 해야 할까요?**

우리가 우리의 실패를 만회시켜 주시는 예수님을 믿고, 예수님의 말씀에 순종하면 됩니다. 그렇게 하면 예수님은 나의 실패를 만회시켜 주시고, 많은 물고기들을 잡을 수 있는 곳으로 인도하십니다. 내가 실패한 것, 그것만 만회하면 내 인생이 정말 행복할 것 같은 곳으로 인도해 주십니다. 그런데 막상 그 실패가 만회되어도, 그것은 얕은 세계일 수 있습니다. 단지 잘 먹고 잘살고 세상에서 성공하는 것입니다. 예수님은 그것보다 더 깊은 세계로 나를 인도하기 원하십니다. 그 깊은 곳은 나와 예수님만이 있게 되는 지점입니다. 그 지점은 성경 말씀입니다.

💬 **성경 말씀을 통해서 잡을 수 있는 물고기들은 어떤 것들이 있는가?**

깊은 곳은 겉보기엔 검푸른 물결만 보입니다. 물속에 무엇이 있는지 아무것도 보이지 않습니다. 물결이 출렁이기라도 하면 무섭습니다. 그러나 깊은 곳은 아무리 거센 바람이 불어도 잘 보존됩니다. 이 깊은 곳에는 우리가 알지 못하는 아름다운 세계가 펼쳐져 있습니다. 많은 지하자원이 있고 풍성한 해조류가 있습니다. 완전 별천지입니다. 그래서 물속 깊은 곳의 아름다움을 한번 체험해 본 해녀는 평생 잠수를 포기하지 못한다고 합니다. 성경은 이러한 깊은 세계입니다. 우리는 성경을 공부함으로써 우주의 기원, 인생의 의미와 목적, 영원불변의 진리, 인격의 변화, 무엇보다 영혼의 구원과 영원한 생명 등을 얻을 수 있습니다. 이런 물고기들을 잡아야 진정한 만선의 인생이 아니겠습니까? 좋은 학교 입학, 좋은 학점, 이성 친구, 취업 등의 물고기와는 비교할 수 없는 굵직굵직하고 아름답고 고상한 고기들입니다.

우주의 기원

💬 창세기는 어떤 책일까요?

창세기는 '시작의 기록'이란 뜻으로 우주와 생명의 기원, 우리 인간의 기원, 죄와 복음의 기원, 언어와 문화의 기원 등 이 세상에 존재하는 모든 것의 시작을 다룹니다. 특히 창세기 1장은 천지 만물은 어떻게 존재하게 되었으며 이 천지 만물을 창조하신 창조주 하나님은 어떤 분이신가를 가르쳐 줍니다. 이것은 인류와 나의 존재의 기원과 나의 인생의 의미와 목적과 밀접한 관련이 있습니다. 때문에 내가 어떻게 살아야 할지를 알기 위해서는 반드시 공부해야 하는 책입니다.

💬 우선 창세기 1장을 어떻게 읽어야 할까요?

문학에서 사용하는 언어나 글은 과학에서 사용되는 것들과는 그 문법이 다릅니다. 각자 고유한 문법을 가지고 있습니다. 특히 사용하는 언어적 특징에서 큰 차이를 보입니다. 언어를 분류하는 방식은 여러 가지가 있습니다. 그중에서 어떤 대상이나 주제를 표현하는 방식에 따른 분류법으로 대표적인 것이 묘사적 언어(descriptive language)와 선포적 언어(proclamative language)로 나누는 것입니다(류호준, 『장막치시는 하나님을 따라서』, 서울: 이레서원, 2007, 1장 창조 참고). 예를 들어, 꽃과 관련하여 색깔의 원리나 광합성에 대한 분석 글을 쓴다면, 이것은 묘사적인 언어입니다. 반면 김춘수 시인의 시 『꽃』에 나오는 표현인 "그는 나에게로 와서 꽃이 되었다"처럼 꽃의 내면세계나 사회적, 철학적 의미를 함축적으로 그려 낸다면, 이것은 선포적인 언어입니다. '내 마음은 호수다'라고 하면, 이 역시 선포적인 언어입니다. 대신 마음에 대한 과학적인 글이나 정신 분석학적 글을 쓰면 그것은 묘사적 언어입니다.

창세기 1장은 어떤 글일까요?

창세기 1장은 문학적인 글입니다. 그 목적은 과학적 지식을 전달하는 것이 아닙니다. 일차적으로는 이집트(애굽)에서 피라미드를 지으며 노예 생활을 하다가 탈출한 이스라엘 백성들이 자신들을 창조하고 구원한 하나님을 알게 하고 믿도록 하기 위한 글입니다. 따라서 창세기 1장은 묘사적 언어가 아니라 선포적 언어를 사용합니다. 선포적 언어는 차갑지 않고 뜨거우며 표현의 정확성보다는 웅변적인 특징을 가지고 있습니다. 사전과 다른 논문을 찾아보며 분석할 언어가 아니라, 상상력과 신앙과 감정을 통해서 접근해야 할 언어입니다. 그래서 단어의 피상적 의미보다는 그 속에 숨겨진 전혀 새로운 차원의 신비와 눈에 보이는 것 이상의 본질적인 의미와 신적 메시지를 찾아내야 합니다. 그러므로 본문을 과학적으로 분석하려는 접근법을 사용해서는 안 됩니다. 저자가 무엇을 선포하고 자 하는지, 그 선포적인 언어가 무엇을 선포하고 있는지 우리의 지성뿐 만 아니라 감정과 문학적 상상력을 함께 사용하여 살펴보아야 합니다.

🔍 창세기 1장의 배경과 저자의 기록 의도는 무엇일까요?

어떤 글이든 그 글의 방식이나 특징뿐만 아니라 배경 및 저자의 의도 를 알아야 합니다. 창세기 1장은 기원전 15세기경 이스라엘의 지도자 모 세(전 이집트 왕자)가 이스라엘 백성들을 이집트(애굽)에서 구출한 후 쓴 글입 니다. 이 글의 수신자는 이집트에서 노예살이를 하다가 탈출한 이스라엘 백성들입니다. 이들은 초등학교도 나오지 않은 사람들입니다. 그래서 오 늘날의 진화론이나 빅뱅 이론 같은 현대 과학 지식을 전혀 모르는 사람들 입니다. 스마트폰이나 유튜브도 전혀 사용해 본 적이 없는 백성들입니다.

당시 중동 지역에는 해와 달과 별 등 천지 만물에 대한 우상 숭배가 만 연해 있었습니다. 창세기 1장은 이러한 주변 국가들의 문화를 염두에 두 고 있습니다. 그래서 우상 숭배를 배격합니다. 그들이 숭배하는 모든 것 들은 하나님이 만드신 창조물에 지나지 않는다고 선포합니다. 창세기 1 장은 무엇보다 하나님께서 이스라엘 백성을 포함한 온 우주 만물의 창조 주이심을 선포하기 위해 기록되었습니다. 그러므로 창세기 1장은 해와 달, 권력을 가진 사람 등 피조물을 두려워하고 섬기는 사람들을 해방시켜 주고 그들에게 자유와 구원을 선포하는 글입니다. 저자 모세는 모든 이스 라엘 백성들이 창조주 하나님을 알고 이 하나님을 찬양하며 섬기도록 하 기 위해서 창세기 1장을 선포적 언어(하나님이 천지를 창조하셨다는 선포와 하나님 이 창조주라는 선포)로 기록하였습니다. 이를 통해 그의 백성들이 이 하나님 안에서 그들의 존재 의미와 목적을 알고 살아가게 하고자 하였습니다.

🔍 우주는 어떻게 존재하게 되었을까요?

우주의 기원에 관한 오늘날 가장 유력한 주장은 빅뱅이론입니다. 이 이론에 따르면 오늘날 우주는 대폭발(big bang)이 일어난 후 오랜 기간 수많은 물리적, 화학적 작용을 통해 오늘날의 우주가 형성되었고, 우주와 지구에 존재하던 원자들이 우연히, 그리고 복잡한 결합을 통해 오늘날의 생명체들과 우리 인간이 만들어졌다는 것입니다.

이러한 이론이 일부 과학적인 실험으로 증명이 되기도 했지만, 현재의 우주와 생명체의 존재 기원을 충분히 다 설명해 주는 것은 아닙니다. 기본적으로 인간이 상상하기 힘들 정도인 오랜 시간과 극히 희박한 확률을 가정해서 이야기합니다. 때문에 많은 추측과 과학이 아닌 믿음의 영역을 상용합니다. 천체 물리학자들은 스스로 자신들이 아는 것보다 모르는 것이 더 많다고 합니다. 무엇보다 그들은 자신들이 무엇을 모르는지조차 모른다고 합니다. 그래서 천체 물리학자들은 자신들이 알고 있던 것이 틀리면 아주 좋아한다고 합니다. 왜냐하면 자신이 모르는 것을 알게 되었기 때문입니다. 그래서 그들이 발견했고, 주장하는 이론들에 대해서는 열린 자세를 가지고 있습니다. 그런데 일반인들은 그들의 열린 이론을 오히려 과감하게 믿는 경향이 있습니다.

현실적으로 과학자들의 주장 외에는 인류의 기원에 대한 합리적 견해가 존재하지 않기 때문에 성경을 믿지 않는 대부분의 사람들, 특히 지성인들은 우주의 기원을 이러한 빅뱅, 진화론에 기초해서 믿고 살아갑니다. 빅뱅 및 진화론의 일부 주장이 맞고 일부는 믿을 수 있지만, 그렇다고 모든 이론이 다 증명된 것이 아님에도 믿음을 전체적으로 확장한다는 것입니다. 이런 점에서 빅뱅이나 진화론도 순전히 과학의 영역인 것만은 아닙니다. 일반 사람들에게는 많은 부분이 믿음의 영역입니다. 다시 말해 빅뱅이나 진화론은 과학적 발견 및 자연법칙 몇 개를 제시한 후 다시 추측을 거쳐 믿음의 영역에서 과학자들이 이야기하는 것입니다. 인간은 상상할 수 없을 정도로 오랜 기간 속에서는 이런 일이 일어날 수도 있다는 추측 속에서 믿음을 가집니다. 이것은 과학의 영역을 벗어난 사고방식입니다. 현실에는 과학적으로 입증해야 할 부분이 아직 더 많이 있고, 입증할 수 없는 부분도 많아 보이고, 사실은 너무나 많은 미지의 영역을 가지고 있습니다. 참고로 오늘날 최고의 과학자들이 관찰할 수 있는 우주는 실제 존재하는 우주의 지극히 작은 부분입니다. 우주의 약 70%나 차지하는 보이지 않는 암흑 물질에 관해서는 현대의 과학자들이 감조차 잡지 못한다고 합니다. 거의 모든 과학자들이 동의할 정도로 발견한 객관적인 사실은 우리가 받아들일 수 있으나(그마저도 틀릴 가능성은 있습니다), 일부 과학적 이론과 법칙을 가지고 우주 전체를 논하고 그 기원과 종말까지 말하는 것은 실제로는 코끼리 뒷다리를 만지면서 코끼리가 이렇게 생겼다고 말하는 격입니다. 그것은 추측이고, 미지의 땅이며, 믿음의 영역입니다.

그런데 일부 과학을 신봉하는 사람들은 기존에 알려진 성경 해석 및 그들의 성경 이해와 자신들이 발견한 과학적 발견이 다르다면서 성경에서 말하는 것이 사실이 아니라고 주장하기도 합니다. 그래서 성경에서 말하는 하나님도 가짜라고 합니다. 그러나 이것은 성경에 대한 오해와 잘못된 해석에서 비롯된 것들입니다. 앞에서도 지적했듯이 성경을 고유 목적과 언어적 특징을 무시하고 과학책과 동일 선상에 놓고 이해했거나, 성경을 자신의 상식과 선입관에 기초해서 이해하려다 성경의 참뜻을 왜곡한 것입니다. 그리고 자기 생각을 덧붙여서 나온 것들과 과학적 발견 사이의 불일치에서 나오는 것들입니다. 성경은 과학적인 글이 아닙니다.

그렇기에 현대 과학자들의 의견을 부정하려는 의도로 기록되지도 않았습니다. 오늘날 현대의 발달된 과학적 지식을 접해 본 적이 없는 당시의 독자들에게 초점을 맞추어 성경의 고유 목적으로 기록했을 뿐입니다.

💬 그렇다면 성경은 우주의 기원을 어떻게 말합니까?

창세기 1:1을 보면, 우주의 기원과 관련하여 놀라운 선포를 하고 있습니다. "태초에 하나님이 천지를 창조하시니라." 이 선포는 이 세상에 존재하는 모든 것들이 원래부터 당연히 있었던 것이 아니라는 말입니다. 우연히 만들어진 것이 아니라 하나님이 계획을 가지고 의도적으로 만드셨다는 말입니다. '태초'는 영어로 'In the beginning', '맨 처음'입니다. 다시 말해 천지를 창조한 시간의 출발점을 의미합니다. '천지'는 영어로 'the heavens and the earth'로 광대한 우주 공간과 지구를 가리키는데, 그 안에 존재하는 모든 만물을 포함합니다. 그러므로 하나님께서 태초에 천지를 창조하셨다는 말은 태초 이전부터 계신 하나님께서 시간과 하늘과 땅이라는 우주 공간 및 그 공간 속에 있는 모든 것을 창조하셨다는 말씀입니다. 여기서 '창조'는 히브리어 '바라'로 무에서 유를 창조하는 신적 행위에만 사용되는 단어입니다.

💬 무에서 유를 창조하신 하나님은 어떤 분이실까요?

출애굽기 3:14을 보면, 하나님은 당신이 누구인지를 묻는 모세에게 "나는 스스로 있는 자이니라"라고 답변하십니다. 히브리어 원문을 정확하게 영어로 번역하면 "I am who I am."입니다. 우리말로 직역하면 "나는 있음이다", "나는 존재다"입니다. 여기서 나온 이름이 '여호와'('존재하다'라는 의미를 가진 '하야' 동사의 3인칭 사역형 미완료 상(aspect, 모음 표기만으로 하면 '야

웨'라고 발음)인데, 그 뜻은 "그는 있다", "그는 존재한다", "그는 존재하게 한다"입니다. 이 말에는 스스로 존재하는 자존성과 시간을 초월하는 영원성 및 창조주로서의 전능성이 내포되어 있습니다. 그래서 이 하나님은 전능하시고 영원하시며 모든 것의 기원이자 모든 존재물이 존재하는 바탕 – 우주의 시작 – 이 되시고, 이 세상의 모든 것을 만들어 내실 수 있는 창조주라는 말입니다. 그러므로 모든 존재는 하나님 안에서 존재를 부여받아 존재합니다. 따라서 하나님은 우주마저 당신 안에 포괄하시며, 무소부재하십니다. 원래 세상이 만들어지기 전 존재는 하나님이 유일합니다.

한편 '하나님'이 히브리어로는 '엘로힘'이라는 복수로 되어 있는데, 의미상으로는 단수여서 동사('바라〈창조하시니라〉')가 단수로 되어 있습니다. 여기서 우리는 성부와 성자와 성령, 세 인격 – 인격이라는 단어는 인간 편에서 인간이 상상할 수 있는 신의 격을 표현한 용어로 우리 인간과 같은 인격체라는 의미 – 을 가지고 있으나 한 본질을 공유하고 계시는 하나로서의 하나님, 곧 삼위일체 하나님을 생각해 볼 수 있습니다. 이 하나님은 영존하시는 분으로서 우주와 인간의 역사에 현재적으로 항상 개입하셔서 그 주권을 행사하십니다. 이 하나님은 세상을 창조하신 분으로서 전능한 하나님이시며 만드신 세상에 대해 절대 주권을 가지신 주권자가 되십니다. 그러므로 인간과 세상의 모든 만물은 이 하나님의 주권에 따라 움직입니다.

💬 **그러면 성경이 말하는 천지 창조를 우리는 어떻게 알 수 있습니까?**

하나님께서 천지를 창조하셨다는 선언을 무신론적 빅뱅이론이나 무신론적 진화론에 기초한 과학적 사고를 가진 사람으로서는 받아들이기 어렵습니다. 왜냐하면 그들은 근거 없이, 혹은 성경에 대한 오해를 기초로

신이 없다고 믿기 때문입니다. 이러한 믿음이 과학적인 것 같지만 사실은 이 역시 비과학적입니다. 왜냐하면 신이 없다고 과학적으로 증명되지 않았는데 없다고 믿기 때문입니다. 이렇게 보면, 과학이라고 주장하는 것도 그 근본에는 신앙적 행위가 있습니다. 창세기 1:1의 선언은 이러한 무신론적 진화론의 신앙을 배척하는 선언입니다. 그러면서 신앙으로 창조주 하나님을 받아들일 것을 요구하는 선언입니다.

🗨 우리는 어떤 신앙을 가져야 할까요?

우리는 누구나 신이 존재하든지, 존재하지 않든지, 이 두 가지 신앙 중 하나를 선택해야 하는 입장에 서게 됩니다. 우리가 창조주 하나님의 존재를 받아들인다고 해서 증명된 진화의 과학적 발견을 부정해야 하는 것은 아닙니다. 진화의 과학적 발견들이 명백한 사실이라면, 우리는 창조주 하나님이 진화의 법칙을 만드시고 그 진화가 이루어지게 하신 것으로 받아들일 수 있습니다. 빅뱅도 사실이라면 하나님이 일으키신 것이라고 믿을 수 있습니다. 빅뱅 및 진화론에 존재하는 많은 작용과 질서도 다 전능하신 절대자 하나님이 하신 것이라고 믿으면 됩니다. 다만 그들의 무신론, 창조주 하나님이 없다고 믿는 그들의 불신앙을 거부하는 것입니다. 이렇게 신앙과 과학이 양립할 수 있습니다. 과학은 자연법칙을 연구하고, 창조주는 이 자연법칙을 창조하신 존재입니다. 뉴턴은 만유인력의 법칙을 정리하며 이렇게 말했습니다. "참으로 아름다운 태양과 행성과 혜성의 체계는 지혜와 힘으로 충만하신 창조주의 계획과 지배로부터만 태어날 수 있다."[2]

---

2 와다나베 마사오, 『과학자와 기독교』, 오진곤 역(서울: 전파과학사, 1988), 100.

💬 우리는 부모가 자신을 낳은 것을 어떻게 압니까?

유전자 검사를 해 보고 아는 것일까요? 유전자 검사를 안 해 봤지만, 부모님의 말씀을 믿고 아는 것입니다. 나의 생일도 마찬가지입니다. 내가 언제 태어났는지, 과학적인 능력으로 정확하게 그 시점을 아는 것이 아닙니다. 우리 대부분은 부모님이 낳은 시점을 이야기해 줄 때, 그것을 믿음으로 압니다. 그 외 세상의 많은 것들도 과학보다는 학교나 사회에서 만나는 선생님, 교수님, 인생 선배들의 말을 듣고 그 말을 신뢰하고 믿음으로써 알게 됩니다. 당장 다 완벽하게 몰라도 믿고 지내다 보면, 많은 것들을 사실로 확인하게 됩니다. 인간의 무지와 실수와 기타 이유로 일부 사실이 아닌 것도 있을 수 있지만, 믿음을 통해 우리는 과학이 알려 주지 않는 많은 것을 알 수 있습니다. 유전자 검사와 같은 것으로 나중에 과학이 사실로 증명해 줄 수 있는 것들이 많지만, 과학이 증명해 주기까지 기다려야 한다면, 그 전에 우리는 죽어서 알 기회를 얻지 못할 수도 있고, 그것을 알기까지는 사실에 입각한 삶을 살지 못합니다. 반면 믿음을 가지면, 과학적으로 확실한 지식에 이르기 전에도 부모와 자녀의 관계와 같은 사실이 주는 혜택을 미리 다 누릴 수 있습니다. 과학적 확인이 별 의미 없는 경우가 많습니다. 마찬가지로 하나님의 창조도 그분의 말씀에 대한 믿음으로 알 수 있습니다. 그래서 히브리서 11:3에 따르면 우리는 믿음으로 모든 세계가 하나님의 말씀으로 지어진 줄을 알 수 있습니다.

💬 하나님을 믿지 않을 때 어떤 삶을 살게 됩니까?

하나님이 없다고 하는 자들은 하나님 없이 마음대로 살기 위해 고의로 하나님의 존재를 부인합니다. 성경에 따르면, 이런 자들을 가리켜 어리석은 자라고 합니다(시 14:1). 너무나 당연한 사실을 인정하지 않는 것입니다. 뿐만 아니라, 예컨대 100년을 연구해서 하나님이 천지 창조를 하신 것이 맞구나 하는 생각이 들었을 때, 그때 믿겠다고 하는 사람이 있다면, 그 사람은 100년 후 알게 된다 해도 그때는 알기만 하고 그것을 앎으로 말미암아 누리지는 못할 것입니다. 이제는 죽어야 하기 때문입니다. 그 이전까지는 하나님을 창조주로 믿지 않았기 때문에, 믿었다면 누릴 수 있는 많은 축복과 혜택과 유익을 하나도 얻지 못합니다. 또한 마땅히 순종해서 살았어야 했는데, 오랜 세월 믿지 않음으로 말미암아 하나님 앞에서 올바른 삶을 살지 못합니다. 그래서 이에 대한 대가를 치러야 합니다. 믿음으로 살다 보면, 체험적으로 알게 되고 하나님 앞에서 전 인생을 올바르게 살 수 있었는데, 과학적 연구를 통해서 알고 나면 믿겠다고 하다 보니, 알기 전까지의 그 많은 시간 동안 잘못된 인생을 산 것입니다. 뒤늦게 진리를 알았지만, 그 진리에 기초한 삶을 살 시간이 없습니다. 연구하면서 보내 온 시간 동안 사실은 쉬운 길을 두고 어려운 길을 걸어온 것입니다. 그리고 많은 시간을 허비한 것입니다.

💬 존재(존재하는 것)와 본질(존재의 목적) 중 어느 것이 앞설까요?

20세기 초 유럽을 지배했던 무신론적 실존주의 사상은 '존재가 본질(존재의 목적)에 앞선다'고 주장했습니다. 존재하니까 나름대로 목적을 찾아보자는 것입니다. 그들은 산에 있는 돌이 무슨 목적 가운데 태어났겠느냐고 주장합니다. 존재하고 있으니 집을 짓는 등 목적을 찾아서 사용한다는 것입니다. 이러한 사상을 문학으로 널리 유포시킨 이들이 카뮈와 사르트르, 보부아르 등입니다. 카뮈의 소설 『페스트(흑사병)』에서 주인공 리유는 흑사병과 싸우다가 마침내 흑사병이 물러가자 이렇게 말합니다.

"흑사병은 또 올 것이다. 그러면 우리는 또 싸워야 한다."[3] 흑사병이 오면 처절하게 싸우고, 물러갔다가 언젠가 다시 오면 또다시 싸워야 하는 것이 인생이라는 말입니다. 그의 『시지프 신화』도 같은 사상입니다. 산 위로 바위를 굴려서 올려놓았다가 다시 굴러 떨어지면 그 일을 무한 반복해야 하는 것이 인생이라는 말입니다. 이런 사상의 핵심은 허무함입니다. 우연한 존재이기 때문에 절대적인 의미가 없습니다. 망망대해 바다에서 뗏목을 부여잡고 어떻게 살아야 하는지 모르겠지만, 살기 위해서는 몸부림을 쳐야 한다는 것입니다. 우리의 인생이 이런 것일까요? 정말 인생을 이렇게 살아야 할까요?

하지만 성경은 본질이 존재에 앞선다고 주장합니다. 모든 존재는 그 존재 목적(본질)을 가지고 태어난다고 합니다. 즉, 하나님이 특별한 목적 가운데 나를 포함한 이 우주 만물을 만드셨습니다. 이 우주 만물은 모두 하나님의 영광을 위해 만들어졌습니다. 우리 인간은 하나님의 특별한 뜻 가운데 만들어졌습니다. 창조란 단어는 반드시 계획과 목적을 전제로 사용됩니다. 하나님께서 모든 인간에게 그 인생에 두신 뜻이 있습니다. 심지어 풀 한 포기, 나뭇잎 하나에도 뜻이 있습니다. 그러므로 하나님의 창조 안에는 운명이나 허무나 우연이 없고 필연적인 뜻이 있습니다. 하나님께서 필연적인 뜻 가운데서 나를 포함한 세상을 창조하셨음을 영접할 때, 그 인생은 완전히 달라집니다. 모든 삼라만상에 하나님의 뜻이 있고 내 인생에도 절대적인 신의 뜻이 있습니다. 이때 우리는 더 이상 허무나 운명에 시달리지 않고 감사와 확신에 찬 인생을 살 수 있습니다.

---

3   알베르 카뮈, 『페스트』, 김화영 역(서울: 민음사, 2022), 401-102.

💬 나의 존재 의미와 목적은 어디에 있습니까?

만약 우리 인간이 그냥 툭 던져진 존재라고 한다면, 툭 던져졌기에 던져진 이유도 없고 목적도 없습니다. 질서를 지켜야 할 이유가 없고, 사회적 권위를 인정할 이유도 없습니다. 모든 것을 저항하고 무시해도 됩니다. 이런 생각을 가지면, 나를 향한 하나님의 뜻과 섭리, 하나님의 계획을 받아들일 수 없습니다. 인간은 스스로 존재하는 자이기를 원하고 자신이 신이기를 바랍니다. 그러나 실상은 신이 아니고 스스로는 자신의 손가락 하나 만들지 못한 존재입니다. 스스로 존재하는 분은 오직 하나님이십니다(출 3:14). 그 외 모든 것은 만들어진 존재요, 창조주에게 의존해야 하는 존재입니다. 헤르만 헤세는 『데미안』에서 이렇게 말했다고 합니다. "한 사람 한 사람의 삶은 자기 자신에게로 이르는 길"이다. "더러는 결코 사람이 되지 못한 채 개구리에 그치고 말며, 도마뱀에 개미에 그치고 만다. 그리고 더러는 위는 사람이고 아래는 물고기인 채로 남는 경우도 있다."[4] 나를 창조한 하나님에게서 나를 찾지 않을 때 이렇게 됩니다. 나의 정체는 나의 기원인 하나님에게서 찾아야 합니다. 이를 위해 우리는 그 하나님을 만나야 합니다.

---

4 헤르만 헤세, 『데미안』, 정영애 역(서울: 믿음사, 2022), 11.

천지를 창조하신 하나님

찬송가 79 + 창세기 1:2-25

💬 **2절에 나오는 땅은 무엇을 가리킬까요?**

땅은 영어로 'the earth'로서 지구를 가리킵니다. 당시 이 책의 독자인 이스라엘 백성들에게 우주의 기원과 관련하여 최대 관심은 무엇이었을까요? 그들이 살고 있는 지구가 어떻게 생겨났는가 아닐까요? 그들은 우주에 관한 지식이 거의 없었습니다. 그들에게 우주는 그들이 발을 딛고 살고 있는 지구 외엔 눈에 보이는 해와 달과 밤하늘에 빛나는 별 정도였습니다. 눈에 보이는 것만큼에만 관심이 있었기에 그 관심은 미약했습니다. 천지 창조에 대한 그들의 관심은 주로 그들 삶의 거주지인 지구에 관한 것이었습니다. 그래서 저자 모세는 지구에 초점을 맞추어 주로 지구와 관련한 하나님의 창조를 설명합니다.

💬 '혼돈하고 공허하며'는 무슨 뜻일까요?

먼저 '혼돈하다'는 말은 히브리어로 '토후'입니다. 이 말에는 두 가지 의미가 있습니다. 첫째는 일정한 형태가 없이 거칠고 무질서한 상태(chaos)를 뜻합니다. 둘째는 아무것도 없는 황량한 사막처럼 황폐하다는 말입니다. '혼돈하고'라는 말은 뒤이어 나오는 '공허하며'라는 말과 짝을 이루는데, '공허'라는 말은 텅 빈 상태입니다. 이렇게 보면, '혼돈하고 공허하며'는 질서와 일정한 형태가 있는 것이 하나도 없다는 말입니다. 특히 풀도 없고 나무도 없고 사자와 곰도 없고 새도 없으며 우리 인간도 없는 그야말로 생명체가 전혀 없는 상태라는 말입니다.

1절과 연결해서 2절을 해석해 보면, 하나님은 무에서 천지를 창조하셨는데, 2절에 따르면 하나님은 일정한 형태와 생명체를 가진 지구의 모습을 무에서 바로 창조하신 것이 아니라 먼저 혼돈하고 공허한 지구부터 창조하신 후, 여기에 특정한 형태나 생명체를 추가하는 방식으로 창조하셨음을 알 수 있습니다. 마치 만두나 국수를 만들기 위해서 밀가루 반죽부터 하는 것과 같습니다. 그래서 2절 이하의 창조 이야기는 완전 무로부터의 창조 이야기가 아니라, 우주 창조가 어느 정도 진행된 이후의 지구 상태에 대한 설명과 그 이후의 이야기입니다.

💬 '흑암이 깊음 위에 있고'의 의미는 무엇일까요?

흑암이란 어둠을 가리키는데, 아인슈타인에 따르면, 과학적으로 어둠은 존재하는 물질이 아닙니다. 그래서 빛의 반대 개념도 아닙니다. 흑암은 빛의 부재를 뜻합니다. 여기서는 빛이 창조되기 이전 우주적인 암흑 상태를 가리킵니다. 특히 2절의 맥락에서는 지구가 이러한 어두움으로 뒤덮여 있었다는 말입니다. '깊음'이란 히브리어로 '테홈'인데, 이 단어는 '물결치다', '동요하다'는 뜻을 가진 '훔'이라는 단어에서 파생된 말입니다. 그래서 '깊음'이라는 말은 거대한 파도가 치며 아주 무질서한 방식으로 크게 흔들리는 (그래서 그 속이 황량한 사막처럼 황폐할 수밖에 없는) '끝을 알 수 없을 정도로 깊은 바다(심연)'를 가리킵니다.

💬 '하나님의 영은 수면에 운행하시니라'의 의미는 무엇일까요?

앞서 창조주 하나님은 삼위일체라고 했습니다. 창조주 하나님은 하나이지만, 세 인격으로 존재하십니다. 그 세 인격을 성부 하나님, 성자 하나님(예수님), 성령 하나님이라고 부릅니다. 세 인격이 다 동등한 창조주의 위치에서 전지전능한 하나님의 본질을 공유하고 있지만, 성부 하나님과 성자 하나님은 우리 인간으로 말하자면 아버지와 아들의 관계를 맺고 있습니다. 학자들은 원래 성부 하나님 안에 계시던 성자께서 밖으로 나오셨다고 말하면서, 원래부터 같이 계셨던 분이고, 나왔다고 해서 그것이 성부가 성자를 창조한 것은 아니라고 말합니다. 성경 전체적으로 볼 때, 성부 하나님이 계획을 세우시고 성자 하나님이 실행하는 방식으로 일을 하십니다. 뒤이어 보게 될 '말씀'으로 천지를 창조하시는 행위(3, 6, 9, 14, 20절)는 성자 하나님이신 예수님이 행하시는 행위입니다(요 1:1-3; 골 1:15-17). 성령 하나님은 성자 하나님의 사역과 함께하며 그 사역을 돕습니다. '하나님의 영(the Spirit of God)'은 바로 이 '성령 하나님'을 의미하고 일반적으로 성경에서는 짧게 '성령(the Holy Spirit)'이라고 부릅니다.

이 성령은 성자 하나님이신 예수님이 약 2천 년 전 이 땅에 오셨다가 다시 하늘로 돌아가신 후, 오순절날 이 땅에 급하고 강한 바람처럼 오셔서(참고로, 성령은 히브리어로 '루아흐'인데, '바람', '입김'이라는 뜻을 가지고 있습니다.), 예수님의 제자들을 영원한 생명을 가진 영생의 존재들로 변화시켰습니다

(행 2장). 여기서는 그 성령이 '운행'하고 있습니다. 운행이라는 말은 히브리어로 '라헤피트'로 '알을 품다', '날개를 치다', '움직이다', '흔들다' 등의 의미를 가지고 있습니다. 그래서 '하나님의 영이 수면에 운행한다'는 말은 '암탉이 새끼를 까기 위해서 알을 품는 것처럼 품어서 생명을 잉태하는 일이나 새끼 위에서 날개를 치면서 너풀거리는 모습'(신 32:11)을 연상시킵니다. 이렇게 보면, 하나님의 영이 운행하고 있다는 말은 성령께서 지구를 새가 날개 치며 그 새끼를 보호함같이, 혹은 알을 품듯이 품으며, 아직 일정한 형태도 없고 생명체도 없으며 빛도 없는 깜깜한 암흑 지구에 생명력을 불어넣는 활동을 하고 있다는 말입니다. 그래서 나무가 심기면 자랄 수 있고, 동물들도 살 수 있는 땅의 환경이 만들어지는 모습입니다. 요컨대, 성자 하나님이 성부 하나님의 뜻과 계획을 좇아 창조를 할 수 있도록 하나님의 영(성령)이 역사 환경을 만들고 있는 것입니다.

하나님은 만물을 구체적으로 어떻게 창조하셨습니까?

하나님은 가장 먼저 빛을 창조하셨습니다(3절). 빛은 앞으로 하나님이 창조하신 세계를 볼 수 있게 하는 시력이자, 생명체들이 살 수 있게 하는 에너지원입니다. 이 빛이 있을 때 비로소 식물은 살 수가 있습니다. 그리고 식물은 광합성을 통해 산소를 배출하여 동물이 살 수 있는 환경을 만들어 줍니다. 모세는 빛이 창조된 이날을 첫째 날이라고 부릅니다. 저녁이 되고 아침이 된다는 말은 이스라엘 사람들이 생각하는 '하루'에 대한 히브리적 표현법입니다. 히브리인들에게는 하루가 저녁에 시작됩니다.

둘째 날에는 궁창을 창조하십니다(6-8절). 궁창은 히브리어 '라키아'로 '펴다'(to spread out)라는 의미를 가지고 있습니다. 이것은 하나님께서 일정한 공간을 펼쳐 놓으셨다는 말입니다. 이 공간은 하늘의 창고, 즉 '대기

권'을 말합니다. 이 궁창에는 모든 생명체가 숨을 쉴 수 있는 공기가 있으며, 또 이 궁창은 태양에서 오는 살인 광선을 막고, 적당한 온도를 유지시켜 줍니다. 또한 매일 초속 30마일로 지구 위에 떨어지는 2천만 개의 운석들을 산화시켜 버린다고 합니다. 하나님은 이러한 궁창을 통해 지구상의 모든 생명체들과 자연환경을 지켜 주시고 보호해 주십니다. 특이하게도 궁창 아래의 바다뿐만 아니라 궁창 위에도 물이 있다고 하는데, 궁창 위의 물은 무엇일까요? 수분 함유량이 많았던 원시 대기를 가리킨다는 의견이 있고, 이 의견은 노아 홍수 이전에 인간이 오랫동안 살 수 있었던 근거로 이야기되기도 합니다. 노아 시대에 많은 비가 내려 지구가 잠겼다는 것을 생각해 보면, 이 물이 그때 지상으로 상당 부분 쏟아졌다고 볼 수도 있을 것입니다.

셋째 날에 하나님은 온 세상을 뒤덮고 있던 물을 한 곳으로 모으셔서 '바다'라 칭하시고 나머지 부분에는 물이 침범하지 못하게 하셨습니다(9절). 그래서 마른 육지(a dry ground)를 만들고 '땅'이라고 하셨습니다(10절). 이어서 땅에는 하나님이 풀과 채소와 열매 맺는 나무 등 온갖 식물이 생겨나게 하셨습니다(11-12절). 이로 말미암아 황량한 땅이 초록의 생명으로 뒤덮이게 되었습니다. 또한 고추, 부추, 상추, 시금치, 가지, 무, 고구마, 감자, 오이, 당근 등의 채소가 자라났습니다. 그리고 감, 살구, 앵두, 자두, 사과, 배, 복숭아, 대추, 포도, 밤, 무화과, 바나나, 망고, 파인애플 등 아름답고 싱그러운 과일들이 맺히게 되었습니다.

넷째 날에는 '해'와 '달'과 '별들'을 창조하셨습니다(14-19절). 하나님은 하늘의 궁창에 해와 달, 두 큰 광명을 만드셔서 각각 낮과 밤을 주관하게(to rule) 하셨습니다(의인화 표현). 밤하늘을 무수히 수놓은 별들은 그 숫자가 얼마나 많을까요? 그 별들 속에서 지구는 23.5도 기울어진 채로 자전과 공전을 하면서 태양을 돌고, 달은 지구를 따라 돕니다. 그리고 이것을 통해 징조와 사시와 일자와 연한(seasons and days and years)을 이루게 하셨습니다. 이로 말미암아 지구는 봄, 여름, 가을, 겨울 사계절을 해마다 겪고 계절을 따라 진달래, 벚꽃, 철쭉, 튤립, 코스모스, 해바라기, 국화, 매화, 동백꽃 등 화려하고 아름다운 꽃들로 시작해서 온 세상을 뒤덮은 초록의 향연을 거치고, 이후 눈부시게 찬란한 단풍들로 옷 입은 후, 온 세상을 감싸는 하얀 눈을 덮고 잠에 들기도 합니다.

다섯째 날에는 이제 하나님이 만드신 그 땅과 바다와 하늘에 온갖 다양한 생명체들을 채워 넣으십니다(20-23절). 텅 비어 있던 하늘의 궁창에는 날개를 펴면 무려 7~9m까지 되는 천둥새가 천둥 번개가 치듯 하늘을 날아올랐습니다. 뒤이어 최장 50일까지도 비행이 가능한 현존하는 가장 크고 가장 멀리 나는 새인 알바트로스가 하늘을 유유히 비행하였습니다. 또한 형형색색 아름다운 골든체리, 황조롱이, 킹피셔, 꾀꼬리, 붉은 잉꼬, 진홍앵무, 후투티, 개똥지빠귀와 세상에서 가장 작은 쿠바 벌새까지 드넓은 창공을 환상적으로 날아다녔습니다. 그 외에도 참새, 제비, 고니, 기러기, 청둥오리, 논병아리, 메추라기, 올빼미, 비둘기, 까치, 까마귀, 딱새, 꿩, 뻐꾸기, 뜸부기, 딱따구리, 종달새, 잉꼬, 펭귄, 휘파람새, 칠면조, 두루미, 가마우지, 백로, 타조, 제주 오목눈이, 군함조, 황새, 매, 독수리 등 온갖 새들이 하늘을 날아다녔고, 철새들이 서커스를 하면서 단체 비행을 하고, 홍학이 하늘을 뒤덮을 때는 그야말로 장관을 이루게 하였습니다. 텅 빈 바다에는 큰 바다 짐승들과 물에서 헤엄치며 살 수 있는 물고기를 작은 피라미부터 시작하여 멸치, 쥐치, 청어, 꽁치, 넙치, 가자미, 전어, 연어, 붕어, 잉어, 갈치, 고등어, 정어리, 장어, 복어, 조기, 꼴뚜기, 문어, 대구, 명태, 오징어, 참치, 가오리, 옥돔, 망상어, 철갑상어, 백상아리, 돌고래, 대왕고래에 이르기까지 그 종류대로 만드셨습니다. 그래서 새들과 물고기들이 하늘과 바다를 누비며 하나님의 영광을 아름답고 역동적으로 드러내게 하셨습니다.

마지막으로 여섯째 날에는 텅 빈 육지에 각종 개미, 잠자리, 나비, 벌, 매미, 메뚜기, 사마귀, 바퀴벌레, 무당벌레, 딱정벌레, 파리, 모기 등 곤충들이 생겨나고, 다람쥐, 단비, 고양이, 개, 여우, 양, 염소, 소, 사자, 곰, 호랑이, 하마, 코뿔소, 코끼리 등 작고 귀여운 동물부터 웅장한 덩치들까지 각종 짐승들이 저마다 자기 소리를 내며 뛰어다니게 하셨습니다(24-25절).

하나님의 창조 방식이 어떠합니까?

하나님께서 만물을 창조하심으로 말미암아 이 세상은 혼돈의 세계에서 질서의 세계로, 공허의 세계에서 생명체들이 충만한 세계로, 흑암의 세계에서 빛의 세계가 되었습니다. 우주가 얼마나 질서정연하게 서로를 끌어당기고 자전과 공전을 하면서 움직이고 있습니까? 생명체들의 공생 관계와 자연의 질서는 어떠합니까? 외롭던 이 땅과 하늘에 얼마나 좋은 친구들이 생겨났습니까? 흥미진진 그 자체입니다. 하나님의 존재와 창조물들로 세상은 눈부시게 밝아졌습니다.

첫째 날에서 여섯째 날까지 '6일'이라는 창조 시간은 문자 그대로 오늘날 우리의 시간 개념으로 24시간이 여섯 번 반복된 시간일까요?

오늘날 우리가 아는 과학적 지식은 우주가 약 150억 년 전에 탄생했다는 것입니다. 이러한 과학적 지식으로 보면, 문자 그대로의 6일 창조는 받아들이기 어렵습니다. 그런데 기독교는 비과학적인 주장을 그대로 받아들이거나 맹목적으로 믿고 있을까요?

그런 사람들도 있지만, 기독교 전통에서도 이 개념을 진지하게 연구한 학자들과 많은 신자들은 오래전부터 문자 그대로의 6일 개념이 아닌 다른 어떤 시간 단위로 생각하고 있기도 합니다. 실제로 '날'이라는 히브리어 단어에는 'day'라는 뜻만 있는 것이 아니라, 'age', 'era'라는 뜻도 있습니다. 다른 시간 단위라고 주장하는 의견들 중에서 과학과 일치하는 주장으로는 이스라엘 학자이자 전 MIT 교수인 제랄드 슈뢰더 교수가 자신의 저서에서 밝힌 것이 있습니다. 이 개념에 따르면 오늘날 우리가 사용하는 시간과 창세기 1장에 나타난 시간은 다릅니다. 그는 시간이란 중력과 속도에 따라 변한다는 아인슈타인의 상대성 원리를 사용합니다. 그의 계산에 따르면 창세기 1장의 첫째 날은 80억 년이고, 이후엔 우주가 팽창하면서 중력이 떨어지기 때문에 둘째 날은 40억 년, 셋째 날은 20억 년, 넷째 날은 10억년, 다섯째 날은 5억 년, 그리고 여섯째 날은 2억 5천만 년이 되어 여섯 날을 다 합치면 대략 150억 년 정도 됩니다.[5]

어떻게 이런 신기한 계산이 나오는지에 대해 서울대 물리학과를 졸업한 후, 예일대에서 물리학을 전공하고 현재는 서울대 물리학과 교수인 제원호 박사는 아인슈타인의 '특수 상대성 원리'를 가지고 다음과 같이 설명합니다. 이 이론에 따르면 시간은 절대적인 물리량이 아니라 '상대적'입니다. 제원호 교수는 이것을 기차 속에서 어떤 사람이 매일 정기적으로 고향으로 편지를 한 장씩 보낼 때, 보내는 사람은 24시간마다 보내지만, 받는 사람은 기차의 속력이 빨라질수록 우편배달부를 통해 편지를 받는 시간 간격이 벌어진다는 예를 들어서 설명합니다. 이런 논리

---

5 제랄드 슈뢰더, 『신의 과학』, 이정배 역(서울: 범양사, 2000), 제3장 우주의 나이, 제4장 창세기의 여섯 날들 참고)

로 1978년 노벨 물리학상을 받은 이론인 우주 배경 복사(cosmic background radiation)의 전자기파 주파수를 연구해 보면, 우주 대폭발 직후의 우주 온도는 현재 우리가 살고 있는 우주의 온도보다 1조 배 정도 높았기 때문에, 그때의 우주 시계는 지금보다 1조 배나 빠르게 움직여서 우주의 창조 당시 시간 1초는 오늘날 시간으로 환산하면 1조(1,000,000,000,000) 초 즉, 약 3만 년 정도가 된다고 합니다. 이러한 결과를 사용하면 하나님의 우주 창조 첫째 날의 하루(즉, 하루 24시간 = 24X60X60초)는 오늘날 우리가 일상생활에서 사용하는 시계로 환산하면 약 80억 년이 되고, 둘째 날의 하루 24시간은 약 40억 년, 셋째 날은 약 20억 년, 넷째 날은 약 10억 년, 다섯째 날은 약 5억 년, 여섯째 날은 약 2.5억 년 걸린 것이 되어, 우주 창조 첫날의 시작은 지금으로부터 약 157억 5,000만 년 전으로 나온다는 것입니다. 그래서 창세기 1장에서 말하는 6일 창조와 과학자들의 주장은 신기할 정도로 일치하는 셈입니다.[6]

그러나 성경은 과학책이 아닙니다. 다시 말해 성경은 그 의도와 방법에서 과학적인 증명의 목적으로 기록된 것이 아닙니다. 그렇기 때문에 이미 둘째 날과 셋째 날에 각각 지구의 대기와 바다와 육지 및 식물 창조 등이 언급되고, 태양과 달과 별들은 넷째 날 생겼다는 기록에 근거하여 '그렇다면 지구가 태양과 다른 별들보다 먼저 생겼다는 말인가?'와 같은 질문은 의미가 없습니다. 성경은 과학책이 아니고 과학적인 의도를 가진 것도 아니기에 과학적 발견을 배격하지도 않습니다. 빅뱅과 진화론이 하나님의 존재와 창조 사실을 부정하지 않는 범위 내에서 증명한 과학적 발견들은 성경을 믿는 사람들이 얼마든지 받아들일 수 있습니다. 빅뱅도

---

6 제원호, 『과학, 창세기의 우주를 만나다』(서울: 패스오버, 2021), 33-36.

하나님이 일으키신 것이고, 진화도 하나님의 창조 안에서 창조 이후 가능한 개념이 될 수 있습니다. 다시 말해 어떤 과학적 발견도 하나님의 존재와 창조를 부정할 수는 없습니다. 그것은 과학의 영역이 아닙니다. 그렇기에 과학적 발견이 객관적으로 입증된 것이라면, 그것을 받아들여도 성경의 진리에 모순되지 않습니다.

서론에서도 말했듯이 성경은 성경적인 시각, 학문적으로는 신학 및 문학적인 시각으로, 언어적으로는 선포적인 언어로 읽고 해석해야 합니다. 무엇보다 성경은 성령의 감동으로 쓰인 책이고, 우리의 신앙을 위한 영적인 책으로 주어진 것이기 때문에 신앙적으로 읽어야 합니다. 유명한 개혁주의 구약 학자이자 NIV 성경 편집자인 존 스텍은 그의 논문 「본격적인 창조 역사는 7일간 일어났다는 서술을 어떻게 이해해야 하는가?」에서 하나님의 창조 시간 7일을 인간 역사에서 나타나는 사건의 과학적인 기술로 읽어서는 안 된다고 하였습니다. 이것은 하나님이 하나님의 영역에서 행하신 신적 행위를 인간의 이야기 형식으로 서술한 것으로 은유(metaphor)로 보아야 한다고 했습니다. 스텍은 이 은유에 대해 이렇게 말했습니다. "인간 역사의 휘장 뒤에서 이루어진 일들을 인간이 감지할 수 있는 이미지로 전환시켜 준다. 이것은 마치 성경 기자가 하늘의 보좌에서 일어난 사건을 환상이라는 이미지로 우리에게 전달해 주는 것과 같다."[7] 이런 관점에서 볼 때, 창세기 1:1-2:3의 '날들'은 오늘날 24시간으로 이루어진 우리 인간들의 날들이 아니라 신적 영역에서의 시간 개념을 우리 인간이 이해할 수 있는 쉬운 용어로 은유의 형식을 빌려서 표현된 것이라 볼 수 있습니다. 어린아이에게 어른들이 이해하는 수준 높고 복

---

7 존 H. 스텍, 『구약신학: 본문과 해석』, 류호준 역(서울: 솔로몬, 2000), 249.

잡한 내용을 설명할 때 아이들의 수준에서, 그들의 언어와 그들의 세계에 대한 이해 속에서 가르치기 위해 은유나 비유를 들어 설명하는 것으로 이해할 수 있습니다.

스택은 또한 창조 기간인 7일과 관련해서 다음과 같이 이야기하였습니다. "고대 근동과 이스라엘에서 숫자 7은 오랫동안 충만, 성취, 완전의 상징이었습니다. 7일의 시간 구조는 (완전한 하나님의 활동을 표현할 때 사용하는) 이미 정립된 전통이었습니다. 창세기 1장의 창조 '날들'을 인간 역사 안에서의 시간과 연결, 또는 일치시키고자 하는 모든 시도는 ─ 그 7일을 인간 역사의 첫 7일인(예컨대 24시간 곱하기 7일, 즉 일주일) 것으로 아니면 지구 형성 과정으로 지나간 오랜 기간으로 인정하든지 ─ 성경 본문의 기본적인 이해의 부족에 기인합니다. 창세기 1장의 창조 사건들을 인간 역사의 시간으로 규정할 수 있다는 생각은 창세기를 기록한 고대의 서술 시각과 창조 기사를 기록한 신학적 초점을 오해한 결과로 생깁니다.[8] 그러므로 지질학의 많은 이론을 성경의 표현과 혼합하려는 노력은 타당하지 않습니다. 창세기에 나오는 연대나 창세기 인물들의 나이도 마찬가지입니다. 당시에 사용하던 60진법과 고대 근동의 숫자에 대한 의미 부여를 이해해야 합니다. 이것을 이해하면 오늘날 과학적 연대와 성경 인물들의 나이에 기초한 연대의 불일치에 대한 의문도 해소될 수 있습니다.

그러므로 신적 영역에서 이루어진 창조의 7일을 현재 우리의 시간 개

---

8 고대 중동에서 숫자 7은 오랫동안 충만, 성취, 완전의 상징이었으므로 7일의 시간 구조는 이미 정립된 전통이었다. … 고대인들과 현대인들을 막론하고 창조의 '날들'을 인간 역사 안에서의 시간과 연결, 또는 일치시키고자 하는 모든 시도는 ─ 그 7일을 인간 역사의 첫 7일인 것으로 아니면 지구 형성 과정으로 지나간 오랜 기간으로 인정하든지 ─ 성경 본문의 기본적인 이해의 부족에 기인한다. 창세기 1장의 창조 사건들을 인간 역사의 시간으로 규정할 수 있다는 생각은 창세기를 기록한 고대의 서술 시각과 창조 기사를 기록한 신학적 초점을 오해한 결과로 생긴다.

가스펠 세븐틴

념으로 파악하려고 하면, 오류가 생길 수밖에 없습니다. 우리의 시간 개념은 과거, 현재, 미래 혹은 봄, 여름, 가을, 겨울로 흐르는 것으로 '크로노스'라고 합니다. 그러나 하나님의 시간 개념은 이러한 크로노스가 아니라 크로노스를 추월하는 '카이로스'입니다. 카이로스는 질적인 시간으로 '임박한 때'의 개념으로 사용됩니다. 모세가 신적인 영역에서 펼쳐진 하나님의 창조 시간 개념을 인간들이 이해할 수 있는 크로노스 시간 개념으로 변환시켜서 비유적으로 설명한 것이라 생각해 볼 수 있습니다. 이 말은 모세가 진술한 7일에 걸친 창조 시간을 우리의 크로노스 시간의 시각으로 봐서는 이해할 수 없다는 의미입니다. 그리고 둘째 날의 빛과 넷째 날의 광명체(태양)의 창조를 크로노스 시간 개념에 기초하여 과학적으로 이해하려고 하면 모세가 당시 이스라엘 백성들에게 설명하려고 했던 창조 설명의 의도를 오해하게 되는 것입니다. 일례로 하나님이 첫째 날 "빛이 있으라"라고 말씀하시자 빛이 존재하게 되었지만, 그 빛이 하나님의 말씀이 떨어진 후 얼마 후에 만들어졌는지에 대해서는 성경은 침묵합니다.

💬 **창조된 만물을 보셨을 때 하나님의 마음은 어떠하셨습니까?**

피조물을 창조하신 후 하나님의 반응은 좋았습니다. 그래서 저자는 "보시기에 좋았더라"라는 표현을 사용합니다. 이 표현은 피조물에 대한 하나님의 사랑과 기쁨을 뜻합니다. 이 표현이 창세기 1장에는 총 7번 나옵니다(4, 10, 12, 18, 21, 25, 31절). 이 표현은 세상이 하나님께서 의도하신 대로 잘 만들어졌다는 의미이기도 합니다. 다시 말해 미흡하거나 부족한 점이 없이 만족스럽다는 의미입니다. 그러므로 세상의 그 어떤 것에도 실수가 없습니다. 다 완벽하게 만들어졌습니다.

그리고 '좋았더라'라는 표현은 우리가 볼 때 좋은 정도가 아니라 하나님이 보실 때 좋은 것입니다. 어린아이가 스마트폰을 보고 좋아하는 것과 스티브 잡스 같은 사람이 스마트폰을 보고 좋아하는 것은 의미가 다릅니다. "하나님이 보시기에 좋았더라"라는 말에는 신적인 만족과 기쁨과 감격의 벅찬 감정이 정말 숨을 멎게 할 정도로 가득 들어 있습니다. 그런 점에서 하나님이 창조하신 세상에는 우리 인간의 상상을 초월하는 신적 지혜와 영광과 신비가 담겨 있습니다. 그래서 시편 19:1은 다음과 같이 선포합니다. "하늘이 하나님의 영광을 선포하고 궁창이 그 손으로 하신 일을 나타내는도다." 그렇기에 세상은 하나님이 보시기에 좋습니다.

이렇게 볼 때, 피조물의 존재 목적은 하나님이 보시기에 좋은 것입니다. 모든 피조물은 하나님이 보시기에 좋으면 됩니다. 다른 사람이 뭐라고 하느냐가 중요한 것이 아니라 하나님이 보시기에 어떠하냐가 중요합니다. 우주와 지구라는 갤러리를 보고 즐기며 판단하실 수 있는 하나님이십니다. 그런 의미에서 모든 피조물은 하나님이 보시기에 좋은 방향으로 움직이고 그렇게 살아가야 합니다. 그러므로 우리가 피조물에 새겨진 하나님의 지혜와 영광을 잘 드러내는 방향으로 살면 됩니다. 우리 인간의 존재 목적도 여기에 있습니다.

🗨 이상에서 살펴본 천지를 창조하신 하나님은 어떤 분이십니까?

먼저, 빛의 하나님이십니다. 빛은 생명을 창조하고 어두움을 물리치며 인도자가 되고 따스함과 희망을 줍니다. 이 빛을 만드신 하나님은 바로 그 빛 자체이신 분입니다(시 104:2). 하나님이 비추시는 빛은 생명의 근원이 되는 빛으로 단순히 물리적이고 시각적인 빛뿐만 아니라 우리 내면에 있는 어두움을 몰아내는 영적인 빛도 있습니다. 우리 마음에 원치 않는 어두움의 요소(미움, 시기, 욕심, 음란, 불평, 불만, 운명주의 등)가 있습니까? 이러한 것들은 나의 힘과 의지로는 몰아낼 수 없는 영적인 세력입니다. 그러나 빛 되신 하나님께서 내 마음에 생명의 빛을 비추어 주실 때 내 마음에는 역사하던 모든 어두움의 세력이 물러가고 기쁨과 희망과 생명으로 가득 차게 됩니다.

둘째, 질서와 조화의 하나님이십니다. 만물이 창조되기 전 땅의 상태는 혼돈(Chaos)이었습니다. 그러나 하나님께서 창조 역사를 해 나가심에 따라 이 세계에서 빛과 어둠이 질서를 잡고 바다와 육지가 정돈되어 이 세계는 질서(Cosmos) 상태가 되었습니다. 하나님이 만드신 세계에는 하나님이 부여하신 창조 질서가 있습니다. 세계는 이 창조 질서대로 움직이고 있습니다. 광대한 우주 공간의 천체들이 질서정연하게 공전과 자전을 하고, 미세한 원자의 세계에서도 양자와 중성자들이 자전과 공전을 하면서 질서 있게 움직이고 있습니다. 우리는 이러한 질서를 자연법칙이라고 하는데, 하나님은 자연법칙으로 지금도 만물의 질서를 유지하고 계십니다(히 1:3). 이 하나님은 획일적이지 않고 놀랍도록 다양하고 조화로운 특성을 각 생물에게 부여하시며 종류대로 만드셨습니다(11, 12, 21, 24, 25절). 만물이 얼마나 다채롭습니까? 동물은 100만 종, 곤충은 80만 종(나비 1,500종, 개미 5,000종), 식물은 35만 종이나 되는데, 그 모양과 색깔이 참으로 다채롭습니다. 그러면서 그 모든 것을 모아 보면 훌륭한 조화가 보입니다. 하나님은 광대하시고 웅장하시고 그러시면서도 섬세하시고 다양하시고 인격적인 분, 실로 최고의 예술가이십니다!

셋째, 사랑의 하나님이십니다. 질서와 조화의 하나님에게서 우리는 사랑을 느낄 수 있습니다. 사랑이 없다면, 한두 개만 대충 무질서하게 만드셨을 것입니다. 사랑이 없이는 우주를 이렇게 영광스럽게, 섬세하게, 세세히 창조하실 수 없습니다. 온 천하 만물에는 하나님의 사랑이 가득가득 새겨져 있습니다.

무엇보다 하나님은 말씀의 능력자이십니다. 1장을 보면 "하나님이 이르시되"(3, 6, 9, 11, 14, 20, 24절)란 말과 "그대로 되니라"(7, 9, 11, 15, 24절)는 말씀이 반복되어 나옵니다. 이 하나님의 말씀은 단순한 문자나 소리가 아닙니다. 우리 인간의 말과는 달리 천지를 창조되게 하는 지혜와 권능을 가진 역사하는 힘입니다. 그러나 하나님이 "빛이 있으라"라고 말씀하셨을 때, 그 빛이 바로 존재하게 되었는지, 100만 년에 걸쳐서 존재하게 되었는지는 모릅니다. 성경은 그러한 과학적 진술에 대해서는 침묵합니다. 창세기 1:20-24에서 하나님은 새와 물고기와 육지 동물들도 말씀으로 창조하셨다고 하지만, 창세기 2:19에서는 흙으로 각종 들짐승과 공중의 새를 지으셨다고 기록하고 있습니다. 이것은 창조주의 말씀 행위 및 그 성취 시간이나 방법을 우리 인간의 차원으로 봐서는 안 된다는 것을 의미합니다. 중요한 것은 하나님의 말씀은 신적 차원의 말씀이고, 신적 차원에서

신적 시간을 사용하고 신적인 방식으로 성취한다는 것입니다. 말씀의 능력자가 되시는 하나님은 또한 피조물들에게 일을 나누어 주시고, 권한을 부여하시며 다스리십니다. 이 하나님은 모든 피조물이 복종해야 하는 주권자시요 통치자이십니다. 어떤 이론과 사상도 사람을 본질적으로 변화시킬 수 없고 생명을 줄 수 없지만, 이 하나님의 말씀이 내 영혼에 선포될 때 소우주와 같은 내 마음속에서도 놀라운 창조 역사가 일어납니다. 혼돈하고 공허하고 어두운 내 마음과 나의 삶에 질서와 생명의 열매들과 빛이 가득해집니다. 로마 백부장은 이 창조주의 말씀을 믿음으로 자신의 종의 병을 치료하기도 했습니다(마 8:5-9).

💬 **창세기 1장에 나타난 창조주 하나님을 믿을 때, 우리는 어떤 우주관, 어떤 세계관, 어떤 종말론을 가지고 살아갈 수 있을까요?**

대폭발(Big Bang)을 주장하는 천체 물리학자들은 또한 대붕괴(Big Crunch)를 주장합니다. 150억 년 전 대충돌을 야기한 두 개의 우주 – 최저 에너지 상태의 텅 빈 우주와 숨은 우주(명행 우주) – 가 멀어졌다가 다시 수축해 충돌함으로 우주가 500억 년 후에는 다시 대붕괴를 맞이한다고 합니다. 이 과학 이론이 어디까지 사실인지를 정확하게 알 길이 없으나, 현대 과학자들이 유력하게 주장하는 이론입니다. 만약 창조주 하나님 없이 이 과학적 이론을 신봉한다면, 이 우주는 얼마나 의미가 없고 허망한 것입니까? 거대한 폭발로 우연히 지구와 내가 만들어졌다는 것은 지구나 나나 그냥 툭 던져져 아무런 목적이나 의미나 방향 없는 존재라는 의미입니다. 더구나 마지막은 대붕괴로 끝이 나는 슬픈 결말입니다. 창조주 하나님을 인정하지 않을 때, 천재 과학자들이 발견한 이 과학 이론은 얼마나 허망하고 우리에게 큰 슬픔을 줍니까?

그러나 창조주 하나님께서 특별한 뜻 가운데 대폭발과 대붕괴가 일어나게 하신다면, 이 과학 이론도 다른 의미를 가지게 됩니다. 신에 의해 우주 대폭발이 일어나서 오늘과 같은 우주, 특히 이 지구가 만들어졌다면, 그 폭발도 놀라운 의미가 있습니다. 단순한 폭발이 아니라, 오늘날과 같이 천체들이 서로 충돌하지 않고 질서정연하게 서로를 돌며 아름다운 지구와 생명체 탄생을 가능하게 하는 신의 놀라운 지혜입니다. 이런 관점에서 보면, 대붕괴도 하나님의 말씀 안에서 뜻을 찾아볼 수 있습니다. 성경에도 종말에 천체가 충돌하고 우주가 흔들리는 대 심판이 예고되어 있습니다. 마태복음 24:29은 이 세상 종말의 때에 해와 달이 어두워지고 별들이 하늘에서 떨어지고 하늘의 권능들이 흔들릴 것이라고 예언합니다. 그러나 그것은 끝이 아니라 세상 만물, 온 우주를 재편하여 회복하기 위한 것이고, 새 하늘과 새 땅, 즉 영원한 하나님 나라가 우주에 새롭게 펼쳐지는 것입니다(계 21장).

창세기 1장이 말하는 창조주 하나님과 그분의 창조를 믿을 때, 우리는 매우 아름답고 희망찬 우주관을 가질 수 있습니다. 사랑이 많은 그분에게서 아름다운 결론을 기대할 수 있습니다. 우리는 창조주 하나님이 어떤 분이신지를 알고 제대로 믿으며 그분의 말씀에 귀를 기울일 때, 창조주 하나님의 말씀이 내 영혼에 놀라운 생명의 창조를 가져다주는 것을 체험할 수 있습니다. 그때 내 생각과 나의 삶에 질서가 잡히고 생명의 열매들이 충만해지고 빛이 가득해지게 됩니다. 그리고 나를 창조하신 하나님의 사랑을 느낄 수 있습니다. 또한 나에게 두신 하나님의 뜻, 즉 무엇을 위해 나를 만드셨는지, 내가 어떻게 살아가야 하는지를 알 수 있습니다. 무엇보다 하나님을 믿을 때, 진정한 아버지를 갖게 됩니다. 이 하나님을 믿지 않으면 고아처럼 살 수밖에 없습니다. 하나님이 나의 창조주라는 사실은 나를 좋은 아버지의 행복한 아들, 딸이 되게 합니다.

사람은 어떤 존재로 창조되었을까요?

찬송가 478 ✛ 창세기 1:26-30

🔍 본문은 어떤 내용일까요?

우리는 하나님이 천지를 창조하셨음을 배웠습니다. 하나님은 깊은 어두움을 찬란한 빛으로 몰아내셨습니다. 혼돈한 세상을 땅과 바다와 하늘로 질서정연하게 정돈하시며, 각각의 영역에서 무수한 생명체들이 왕성하게 삶을 영위하도록 하셨습니다. 하늘 너머 저 우주에는 해와 달과 별들을 총총히 박아 주시고 정교한 궤도를 한 치의 어긋남도 없이 돌게 하셨습니다. 날마다 창조의 일을 마치신 후엔 만드신 피조물들을 보시며 좋아하셨습니다. 하나님이 좋아하셨다는 것은 상상할 수 없는 신적 차원의 기쁨과 감격과 만족과 지혜를 의미합니다. 이러한 창조의 절정은 바로 만물의 영장, 즉 만물 중 가장 뛰어나고 영묘한 존재인 사람 창조입니다. 하나님은 이 사람을 당신의 형상을 따라 만드셨다고 합니다. 하나님의 형상이란 무엇일까요?

하나님은 사람을 만드신 후 세상을 보셨을 때, 좋았던 세상이 심히 좋았습니다. 인간의 존재로 말미암아 세상이 더욱더 아름다워지고 완벽해졌다는 것입니다. 우리 인간은 어떤 존재로 만들어졌을까요? 나는 누구이며, 내 인생의 존재 의미와 존재 목적은 무엇입니까?

🗨 하나님은 사람을 어떤 존재로 만드셨습니까?

26절과 27절을 보십시오. 하나님이 사람을 만드시기 전의 자연 세계를 창조하실 때는 특별한 준비 과정 없이 바로 명령만 하셨습니다. 하나님이 이르시되 "빛이 있으라" 하시니 그대로 되었습니다. 육지, 바다, 대기, 천체, 동식물 등에 대해서는 말씀만 하시자 그래도 창조되었습니다. 그런데 사람을 창조하실 때는 그 전과 달리 하나님께서 회의를 여셨습니다. 이는 사람이 특별한 목적을 지닌 존재요, 특별한 관심 대상이었다는 것입니다. 저자는 회의하시는 하나님을 표현하기 위해서 앞서 나온 표현들인 '있으라'라는 3인칭 사역형이 아니라, '하자'라는 1인칭 제안의 형식을 사용합니다. 그리고 여기서 하나님과 관련하여 '우리'라고 하는 복수를 사용합니다. 사실 창세기 1:1부터 하나님과 관련하여 히브리어 '엘로힘'이라는 복수를 사용합니다. 그런데 엘로힘과 함께 사용된 단어는 늘 단수였습니다. 이는 하나님이 성부, 성자, 성령, 세 인격으로 존재하시지만, 전지전능한 창조주 하나님, 곧 신으로서의 한 본질(substance)을 공유하는 한 하나님이라는 뜻입니다. 한 하나님이시지만 분명히 세 인격이 존재하기 때문에 이 세 인격은 서로 대화를 할 수 있고 각자가 자유 의지를 가지고 있습니다. 26절은 이 삼위일체 하나님이 인간을 만드실 때는 세 인격이 서로 의논을 하고 특별한 목적 가운데, 심혈을 기울여서 우리 인간을 만드셨음을 말해 줍니다. 회의의 주제는 두 가지였습니다. 첫째는 '사람을 어떤 형상으로 만들 것인가?'였습니다. 둘째는 '사람을 무엇을 위해서 만들 것인가?'였습니다. 첫째 결론은 성부와 성자와 성령이 공유하고 있는 하나님의 형상, 곧 영적인 형상을 따라 만드는 것입니다. 둘째 결론은 모든 생명체에 대한 통치권을 부여하여 다스리게 하는 것입니다. '우리의 형상'에서 '우리'는 복수이지만 '형상'은 단수인데, 이는 삼위 하나님이 모두 같은 형상을 가지고 있다는 뜻입니다.

🔍 하나님은 사람을 어떤 모양으로 창조하셨습니까?

27a절을 보십시오. "하나님이 자기 형상 곧 하나님의 형상대로 사람을 창조하시되." 하나님은 사람을 당신의 형상대로 창조하셨습니다. 이 말은 우리 인간이 하나님과 똑같은 존재로 만들어졌다는 것이 아니라 하나님보다는 못하지만(시 8:5a), 하나님을 닮은 존재로 창조되었다는 의미입니다. '하나님의 형상을 따라 하나님의 모양대로'라는 말에서 형상과 모양은 같은 의미를 조금 다르게 반복적으로 표현한 것입니다. 그래서 '형상'이라는 말로 대표할 수 있습니다. 우리의 육체가 하나님의 형상이라고 보는 사람들도 있는데, 하나님은 시간과 공간을 창조하신 분으로 우주에 충만하실 뿐만 아니라, 그 너머에도 계시는 초월적이고 무소부재하신 분입니다. 그러므로 우리는 형상을 눈에 보이는 모양으로 제한해서는 안 되고 시공간을 초월하는 영적인 모습까지 생각해 보아야 합니다. 성경은 곳곳에서 하나님의 형상을 묘사해 줍니다. 또한 바울은 골로새서 1:15에서 예수님을 가리켜 "그는 보이지 아니하는 하나님의 형상"이라고 했습니다. 그러므로 우리는 성경과 예수님을 통해 우리의 닮음의 대상인 하나님의 형상을 구체적으로 파악할 수 있습니다.

첫째, 우리 인간에게 주어진 하나님의 형상은 이성(지성)입니다. 이성은 언어를 사용하여 추리하고 분석하고 종합할 수 있는 지적 작용과 지적 능력인 지성을 가리킵니다. 26절에서 우리는 성 삼위 하나님께서 사람을 만드실 때 서로 머리를 맞대고 우리 인간들처럼 콘퍼런스를 열고 회의를 하시는 모습을 봤습니다. 이 하나님은 말하고 듣는 인격체이시며, 무엇보다 생각하는 지성을 가지신 분입니다. 하나님 안에는 실로 우리가 가늠하기 어려운 풍성한 지혜와 지식의 온갖 보화들이 가득합니다(롬 11:33). 이러한 하나님의 형상을 가진 우리 인간 역시 이성적 활동을 통해 세상의 이치와 하나님이 창조하신 자연 세계의 법칙을 알아냅니다. 하나님처럼 창조적 지성을 발휘하여 학문을 발전시키고 놀라운 과학 기술 문명을 태동시킵니다.

둘째, 감정(emotion)입니다. 성경에는 하나님의 희로애락이 풍성하게 나타납니다. 성경에 등장하는 하나님의 첫 번째 감정은 기쁨입니다. 하나님은 천지를 창조하시며 날마다 좋아하시고 기뻐하셨습니다. 아름다운 예술 작품을 창조하시는 것과 보시는 것을 즐기셨습니다. 성경을 보면, 하나님은 우리 인간들이 드리는 기도와 찬양, 그리고 싱스퍼레이션(찬양 예배)을 즐거워하십니다. 무엇보다 당신을 닮은 인간들과의 인격적인 교제를 즐기십니다. 하나님은 또한 불의를 보시면 포효하는 사자처럼 분노하십니다(암 1:2). 죄로 고통하는 영혼들에 대한 슬픔의 눈물도 흘리시는 분입니다. 하나님의 슬픔은 구약 시대 선지자들에게 부어져 그들의 마음에서 강같이 흘렀습니다(사 1:4).

셋째, 자유 의지(free will)입니다. 인간은 하나님처럼 자유롭게 생각하고 결정하고 행동할 수 있습니다. 이러한 자유로 하나님께서 주신 능력을 사용하고 하나님께서 만들어 주신 자연환경을 누릴 수 있습니다. 하나님께 인격적인 반응을 할 수 있고, 다른 인간과 서로 사랑할 수도 있습니다.

넷째, 의(righteousness)와 사랑입니다. '의'란 하나님과 올바른 관계성을 맺고 하나님 앞에서 바른 생각과 바른 행동을 하는 것입니다. 하나님은 이를 위해 우리 인간에게 양심과 도덕성을 주셨습니다. 그리고 성경은 하나님을 사랑 그 자체로 표현합니다. "하나님은 사랑이시라"(요일 4:16). 다시 말해 사랑이 하나님의 이름입니다. 여기서 말하는 사랑은 그리스어로 '아가페'입니다. 자기를 희생하여 타인을 살리는 것입니다. 이러한 사랑은 다른 인격체와의 관계성을 전제로 합니다. 성부, 성자, 성령, 세 인격의 하나님이 서로를 사랑하시듯이 인간도 다른 인간과 그러한 사랑의 관계를 형성할 수 있는 형상을 가졌습니다.

다섯째, 통치 능력입니다. 우리 인간은 이 세상이 하나님의 계획과 의도에 따라, 그리고 지음 받은 목적에 따라 존재할 수 있도록 인도할 수 있습니다. 이것은 하나님이 하시던 것인데, 하나님은 이런 통치 능력을 우리 인간에게 주셔서 당신을 대신하여 이 세상을 다스리고 지키게 하셨습니다. 앞서 언급한 하나님의 형상들도 결국은 이것을 위한 것들이고 이 통치 형상에 다 수렴됩니다.

여섯째, 영혼 불멸입니다. 영원하신 하나님은 우리 인간의 영혼을 영원한 존재로 만드셨습니다. 잠시 존재하다가 없어지는 존재가 아니라는 것입니다. 다시 말해 육체가 죽고 썩어도 영혼은 없어지지 않게 하셨습니다.

요컨대, 우리 인간은 지성을 움직여 목표와 계획을 세우고 설계하며, 보고 듣고 느끼는 감각과 육체를 사용하여 자유롭게 실행에 옮기며 그 가운데서 풍성한 감정을 즐깁니다. 다른 존재를 기뻐하고 아껴 주며 통치를 통해 필요를 채워 주는 가운데, 밋밋하고 휑한 곳을 조화와 아름다움과 질서와 생명으로 채워 줍니다. 결코 잠시 존재하다가 안개처럼 사라지지 않고, 영원하신 하나님과 영원토록 관계를 가집니다. 이러한 형상을 받은 인간은 하나님을 닮은 특별한 존재입니다.

하나님의 형상대로 만들어진 우리 인간은 얼마나 존귀한 존재입니까? 시편 8:4-5은 이렇게 말합니다. "사람이 무엇이기에 주께서 그를 생각하시며 인자가 무엇이기에 주께서 그를 돌보시나이까 그를 하나님보다 조금 못하게 하시고 영화와 존귀로 관을 씌우셨나이다." 하나님은 사람에게 영화와 존귀(glory and honor)로 관을 씌우셨습니다. 하나님은 영광의 주님이시고 존귀한 신이시기 때문에, 이러한 영화와 존귀는 하나님에게서 온 것입니다. 이런 점에서 칼뱅(Jean Calvin)은 하나님의 형상을 영광, 즉 'glory'라는 단어로 번역하였습니다. 즉 하나님의 형상은 아주 영광스러운 것입니다. 칼뱅에 따르면, 하나님의 영광은 온 우주 만물에서 빛나지만 인간에게서 가장 밝게 빛나는데, 특히 인간 영혼의 좌소에서 가장 찬란한 빛이 납니다.[9] 그 빛은 하나님의 영광의 형상입니다. 이처럼 사람이 하나님의 형상대로 만들어졌다는 것은 사람이 존귀하다는 사실을 가르쳐 줍니다. 이 사실은 우리 인간 모두가 사랑받기 위해 태어났고, 존경과 사랑을 받아야 하는 대상임을 알려 줍니다.

사람이 하나님의 형상대로 만들어졌다는 것은 사람이 고귀하고 존엄하다는 사실을 가르쳐 줍니다. 그래서 사람을 죽이거나 고문을 하거나 형제를 미워하거나 저주해서는 안 되는 것입니다. 이는 하나님의 형상을 파괴하는 것으로 하나님께 도전하는 행위입니다. 우리는 이러한 하나님의 형상을 가진 인간을 무시하거나 미워하거나 험담하고 비난하고 저주

---

9 존 칼빈, 『기독교 강요(상)』, 김종흡, 신복윤, 이종성, 한철하 역(사울: 생명의 말씀사, 2000), 293.

해서는 안 됩니다. 적대적인 감정을 품고 살인을 하는 것은 더더욱 안 됩니다. 이러한 악한 행위들은 모두 다 하나님의 형상을 파괴하는 일이며, 하나님의 주권에 도전하는 반역죄입니다. 세상에서 사람을 존귀하게 여기는 기준은 부나 권세나 학벌이나 타이틀이며, 또 국적이나 피부 색깔입니다. 그러나 인간이 귀한 것은 하나님의 형상대로 지음을 받았기 때문입니다. 하나님의 형상대로 지음 받은 우리 인간은 이 한 가지 이유만으로 세상에서 가장 존귀한 존재입니다. 기쁨과 존경의 대상이요 하나님의 사랑으로 사랑해야 할 소중한 하나님의 형상입니다.

💬 하나님께서 인간을 이렇게 존귀한 당신의 형상대로 만드신 목적이 무엇입니까?

26절과 28절을 보십시오. 복을 주어 생육하고 번성하며, 땅을 정복하고 모든 생물을 다스리도록 하기 위함입니다. '생육하라'는 말을 영어 성경으로 보면 'be fruitful'입니다. 하나님의 영광을 드러내는 열매를 많이 맺으라는 의미입니다. 열매 맺는 것은 과목이나 짐승이나 인간에게 축복의 상징입니다. 나무가 열매를 맺지 않을 때 나무로서의 존재 가치가 없습니다. 마찬가지로 인간도 열매를 맺지 않을 때 인간으로서의 존재 가치를 상실하게 됩니다. 우리 인간은 하나님의 형상을 닮은 자녀들을 많이 낳고 키워서 세상에 내보냄으로, 세상 곳곳에서 하나님의 영광이 빛나게 할 수 있습니다(요 15:8). 이것이 우리의 복입니다.

우리나라에 국가적 재앙을 초래할 저출생 문제가 있습니다. 그러나 글로벌 관점에서 보면, 세상에는 인구가 넘쳐납니다. 그 증가 속도도 엄청납니다. 그래서 국가적 저출생 문제보다 시급한 것이 현재 지구상에 살아가고 있는 사람들에게 복음을 전하는 것입니다. 하나님은 죄로 말미암아 죽어 가는 영혼들에게 복음을 전함으로 그들을 살리고 잃어버린 하나님의 형상을 회복하여 하나님께 영광을 돌리도록 하는 사명을 우리에게 주셨습니다. 구체적으로 땅 끝까지 나아가 모든 족속으로 제자를 삼는 세계 선교 사명을 주셨습니다(행 1:8; 마 28:19-20). 많은 사람들이 복음으로 구원받고 하나님의 형상을 회복하도록 돕는 것, 그래서 하나님의 형상을 회복한 많은 사람들이 하나님의 형상대로 살아가게 하는 것, 그것이 하나님을 가장 영화롭게 하는 길입니다.

💬 '땅을 정복하라'는 말씀은 무슨 의미를 갖고 있을까요?

인간적인 야심을 가지고 남의 땅을 침략하라는 뜻으로 이해해서는 안 됩니다. 이 말씀은 파괴적인 것이 아니라 건설적인 의미를 가집니다. 자연을 유익하게 개발하여 하나님의 영광이 드러나도록 적절히 사용하는 것을 의미합니다. 이것은 자원 개발, 농경, 채광, 지리적 발견, 과학적 발명 등을 포함합니다. 이러한 정복은 자연환경을 극복하고 과학을 발전시키며 역사를 창조하는 것을 뜻합니다. 역사상 오늘날까지도 많은 사람들이 자연을 두려워하거나 숭배의 대상으로 보고 오히려 자연에 정복당해 왔습니다. 그러나 성경적으로 자연은 생산적인 의미에서 정복의 대상입니다. '땅을 정복하라'는 말씀이 한 개인에게나 사회, 국가에 미치는 영향력은 대단합니다. 사람이 정복 정신, 개척 정신을 가질 때 그 삶은 살아 있고 생명력이 넘치게 됩니다. 끊임없이 성장, 발전하게 됩니다. 그러나 사람이 정복 정신, 개척 정신을 잃고 안주하고자 할 때 내적으로 병들게 되고 부패하게 됩니다.

'모든 생물을 다스리라'는 말씀은 모든 생명체들과 세상을 창조의 섭리대로 잘 관리하라는 뜻입니다. 사람은 만물의 영장으로서 다른 피조물들을 잘 다스리고 관리해야 할 사명이 있습니다. 이 사명은 매우 이타적이고 세계적이며 우주적인 것입니다. 나로 말미암아 온 세상이 질서를 되찾고 온 세상 사람들이 복을 받도록 섬기는 것이 인간에게 주어진 사명입니다. 하나님 안에서의 참된 사명감이 우리 인생을 바꾸어 놓습니다. 인생을 낭비하지 않고 미리 준비하게 하며, 어떤 어려움이 닥쳐도 사명을 이루어야 한다는 열망으로 이에 도전하는 인생을 살게 합니다. 자신의 부족함으로 절망하기보다 하나님이 주신 사명이기에 하나님을 믿고 계속하여 도전하는 오뚝이 같은 인생을 살게 됩니다.

💬 하나님은 왜 인간으로 하여금 다른 피조물을 통치하게 하실까요?

인간 앞에는 넓은 땅과 수많은 생물들이 있었습니다. 이 세계는 창조주 하나님의 손길이 계속 필요했습니다. 아무것도 없는 곳이 많았고, 서로 구별되지 않았고, 의미가 부여되지 않았습니다. 이곳은 이름이 필요했고 다스림이 필요했습니다. 이 일은 하나님의 형상을 가진 자만이 할 수 있습니다. 그래서 하나님은 당신의 형상을 가진 인간에게 통치 사명을 주신 것입니다. 창조주의 형상을 가지고 혼돈, 무질서, 무의미한 곳을 정복하고 다스려서 질서와 아름다움과 생명으로 풍성하게 채우게 하셨습니다. 이것이 하나님이 인간에게 축복으로 주신 사명입니다. 하나님이 없어 혼돈한 마음에 하나님을 창조주로 인정하는 영적 질서를 세워야 합니다. 하나님의 형상을 가진 존재로 정체성을 가지게 하고 다른 사람도 하나님의 형상임을 알고 존중하도록 돕는 것이 통치 행위입니다. 인생의 미래는 누구에게나 주어진 미지의 땅입니다. 돈이나 많은 것들이 없더라도 누구나 하나님의 형상을 가지고 있습니다. 그러므로 두려움과 절망에 정복당하지 말고 하나님을 믿음으로 미래를 정복하고 다스릴 수 있기를 기도합니다. 인간은 하나님께서 당신을 대신하여 당신이 만든 피조물들을 통치하도록 하시기 위해서 만드신 존재입니다. 그러므로 위로는 하나님께 복종해야 하며, 아래로는 하나님의 피조물을 다스려야 합니다.

💬 하나님은 인간에게 사명을 부여하신 후 무엇을 주셨습니까?

29절을 보십시오. 먼저 사명을 감당하게 하신 후 그들에게 채소와 씨 가진 열매 맺는 모든 나무를 먹을거리로 주십니다. 30절을 보면, 하늘을 나는 새와 동물들의 먹을 것까지도 책임져 주십니다. 이러한 하나님의 사랑의 손길을 볼 때, 우리는 먹을 것을 걱정하며 살아야 하는 존재가 결코 아님을 알 수 있습니다. 하나님의 형상대로 살며 사명을 감당할 때, 하나님은 이런 인간의 의식주 문제를 해결해 주십니다(마 6:33). 이렇게 볼 때, 인간은 단순히 의식주를 해결하기 위해 살아가는 존재가 아니라 하나님이 주신 사명을 위해 살아가는 존재입니다. 그런데 이 시대의 사람들은 하나님의 형상을 잃어버린 채 스스로 채우고자 합니다. 이렇게 먹고사는 문제에 매일 때 근심과 두려움에 휩싸이게 됩니다. 단지 먹고살기 위해 살아가는 인생은 저주입니다. 큰 일 하는 사람들은 통장을 안 봅니다. 중요한 일을 맡았기에 충분히 많이 들어올 것을 믿기 때문입니다.

돈은 일을 열심히 하면 주어집니다. 하나님은 당신이 맡기신 일을 하는 사람들의 의식주를 책임져 주십니다. 연봉을 풍성히 주시고 섭섭지 않게 대우하십니다. 하나님은 결코 일을 시키고 돈은 안 주는 사기꾼이 아니십니다. 사명을 열심히 감당하면, 그 사명을 감당하는 데 필요한 돈뿐만 아니라, 상과 축복까지 풍성히 주십니다. 그러므로 우리에게 돈은 부차적인 것이고 우리의 관심은 하나님께서 맡기신 일, 사명에 두어야합니다.

찬송가 304 ✛ 창세기 1:31

💬 **하나님은 당신이 만든 세상에 얼마나 만족하셨을까요?**

31절을 보면, 하나님은 세상을 다 만드신 후 지으신 모든 것을 보셨습니다. 그 끝을 알 수 없는 무한한 우주는 무한한 하나님의 형상에 잘 어울렸습니다. 만유인력의 법칙과 상대성 이론, 양자 역학 등으로 파악되는 우주의 과학 법칙과 그러한 질서 속에서 움직이는 웅장한 우주의 모습은 참으로 그 어떤 언어로도 표현하기 힘들 정도로 환상적이었습니다. 특히 밝은 태양 조명 아래에서 지구가 자전과 공전을 하면서, 패션쇼 무대를 장식하듯 유려하게 움직이는 모습은 숨이 막힐 정도로 감탄스러웠습니다. 이런 지구엔 오색찬란한 꽃과 단풍과 식물들이 가득했고, 물고기, 새, 곤충 및 육지 짐승 등이 헤엄치고 날고 뛰어다니는 등 역동적인 움직임이 가득하였습니다. 이들의 공생 관계는 참으로 정교하고 놀라웠습니다.

　그런데 하나님은 사람을 창조하시기 전에도 이 모든 것들을 보셨는데, 그때 소감은 '좋았더라'였습니다. 하나님이 좋았다는 말은 그 의미가 엄청납니다. 어린아이가 스마트폰을 보고 좋다는 말과 대학생이, 혹은 전문가가 보고 좋았다는 말에는 그 대상의 좋음에 상당한 차이가 있습니다. 하나님이 보시기에 좋았다는 말은 신을 감동시킬 정도로 좋았다는 것입니다. 그런데 31절을 보면, 하나님은 당신의 형상대로 인간을 만드시고, 인간으로 하여금 세상을 다스리게 하신 후 세상을 보시니 단순히 좋은 것이 아니고 심히 좋았다고 감탄하십니다. '보라 이 얼마나 좋으냐? 너무나 좋다!'라고 하셨습니다.

　하나님의 '좋아요' 하나 정도만 해도 대단한데, '매우 좋아요'라니, 어떻게 이런 일이 일어났을까요? 이는 하나님의 형상대로 만들어진 인간이 하나님을 대신하여 피조 세계를 다스리기 시작하였기 때문입니다. 하나님의 형상은 심히 좋은 형상입니다. 그런 형상을 가진 사람에게서 하나님의 영광이 밝게 빛나기 시작한 것입니다. 특히 이렇게 하나님이 보시기에 매우 좋은, 심히 좋은 인간이 하나님의 명령을 좇아 세상을 다스리기 시작하였을 때, 인간 안에 있던 하나님의 형상은 온누리를 향해 그 빛을 찬란하게 뿜어내었습니다. 그러자 하나님의 완벽한 창조가 완성되었습니다. 이 모든 것을 보신 하나님은 그 모든 것에 대해 단순히 좋은 정도가 아니라 매우 좋아하셨습니다. 그래서 저자는 이때 하나님의 기분을 다음과 같이 묘사했습니다. "심히 좋았더라."

　이렇게 볼 때, 하나님이 좋게 창조하신 모든 피조물이 인간 때문에 '좋았더라'에서 '심히 좋았더라', 즉 '좋아요'에서 '매우 좋아요'로 바뀐 것을 볼 수 있습니다. 이것은 인간의 존재가 좋은 세계를 더 좋게 했다는 것입니다. 그리고 전체 창조 세계에서 인간이 화룡점정의 역할을 했다는 것입니다. '심히 좋았더라'의 대상에는 인간이 포함되는데, 인간은 단순히 심히 좋은 존재가 아니라 다른 모든 것도 심히 좋게 하는 존재라는 의미가 추가됩니다. 내 탓에 모든 것이 엉망이 되는 것이 아니라 내 덕분에 모든 것이, 내 주변이 다 심히 좋아진다니, 나의 존재는 얼마나 귀합니까? 화려한 조명 아래 모든 장치와 배경이 완벽한 무대에 조연 배우들도 출연했지만, 아직 주인공이 등장하지 않았는데, 인간이 그 주인공으로 등장한 것입니다. 결혼식장에서 드디어 신랑 신부가 입장을 한 것입니다. 이처럼 인간은 이 세상에서 가장 귀한 존재입니다. 보배입니다. 그래서 하나님은 인간과 인간으로 말미암은 세상을 심히 좋아하셨습니다. '보라 이 얼마나 좋으냐!' 하고 극도의 만족감과 감격과 우주적인 기쁨을 표현하셨습니다.

💬 **누군가가 나를 기뻐한다는 사실이 나에게 어떤 의미가 있을까요?**

때로는 부모님도 나를 기뻐하지 않고 친구들도 나를 부담스러워 합니다. 우리는 기쁨 대신 슬픔의 감정을 느낄 때가 더 많습니다. 그런데 누군가가 나를 기뻐한다니! 그것도 이 세상과 나를 만드신 하나님이 나를 기뻐하시는데, 그것도 심히 기뻐하신다니, 이 얼마나 가슴 뛰는 놀라운 일입니까? 하나님이 나를 기뻐하시는 것은 세상 사람들이 나를 기뻐하는 것과 차원이 다릅니다. 나에게 별로 중요하지 않은, 내가 싫어하는 사람이 아니라, 알고 보면 내가 가장 좋아하고 나에게 가장 소중하고 가장 존귀한 분이 나를 기뻐하는 것입니다. 이런 점에서 '심히 좋았더라'라는 말은 사랑스러운 존재를 향한 주체할 수 없는 사랑이 기쁨으로 표출된 것입니다. 다시 말해 나를 보고 기뻐했다는 것은 나를 사랑했다는 이야기입니다. 어린아이들을 보면 왜 미소가 나고 기쁨이 생길까요?

사랑하기 때문입니다. 하나님의 사랑스러운 존재로, 우주의 창조자이신 하나님께 기쁨을 주는 존재로 태어났다는 사실은 나에게 큰 행복을 줍니다. 그러니 하나님은 나중에 인간이 죄를 지어도 포기하시지 못하고 독생자를 내주시면서까지 구원해 주시는 것입니다. 이 사랑을 요한복음 3:16은 이렇게 말합니다. "하나님이 세상을 이처럼 사랑하사 독생자를 주셨으니 이는 그를 믿는 자마다 멸망하지 않고 영생을 얻게 하려 하심이라." 인간은 창조주 하나님을 배반하고 떠나 죽을 운명이었지만, 하나님은 포기하시지 않고 귀한 자신의 아들을 보내셨습니다. 인간은 하나님의 형상을 도저히 회복할 수 없는 수준으로 타락시켰지만, 하나님은 십자가에 달린 외아들의 생명을 희생시켜 그 형상을 회복시키셨습니다. 사람의 존재가 사라지는 슬픔이 너무 커서, 하나님은 독생자도 희생시키시지 않을 수 없었습니다. 이 하나님의 사랑은 자신의 독생자의 생명이라도 아끼지 않으시는 희생적인 사랑입니다. 인간의 상태가 어떠하든 불변하는 사랑입니다. 온 우주보다 한 사람을 더 귀하게 여기시는 창조주의 절대적인 사랑입니다.

💬 **"하나님이 보시기에 심히 좋았더라"는 말이 나에게 어떤 의미를 줄까요?**

인간은 하나님이 보시기에 심히 좋은 존재입니다. 이것이 바로 나의 존재를 규정해 줍니다. 즉, 나의 존재 의미와 목적이 여기에 있습니다. 오늘날 많은 사람들이 하나님의 시선으로 자신을 보지 못하고, 세상의 눈으로 자기를 봅니다. 이런 사람들은 주위 사람들과 비교하느라 마음에 행복이 없습니다. 가정 환경, 출신 배경, 재산, 외모, 직장, 타이틀, 가방끈의 길이 등으로 비교합니다. 하나둘 비교하다 보면 끝이 없습니다. 다른 사람과 비교할 때 열등감이 느껴져서 괴롭습니다. 계속 그런 시각으로 보다 보면, 다른 친구들은 다 좋은 집안에 외모와 능력도 뛰어나고 나만 그냥 찌그러져 죽어 가야 할 무가치한 못난이 같습니다. 이런 사람들은 사람들의 가벼운 말 한마디에도 상처를 받고 가슴에 금이 갑니다. 이들은 이런 운명을 극복하기 위해서 스펙을 열심히 쌓아 봅니다. 텝스 점수, 학점, 전문 대학원 진학, 대기업이나 랭킹이 높은 글로벌 기업 취업 등에 매달립니다. 몸에 명품을 걸치기도 합니다. 이런 것에 속해서 자신의 존재 의미를 찾아보려고 합니다. 그러나 이러한 노력으로는 존재 의미를 찾지 못합니다. 이는 하나님이 보시기에 자신이 얼마나 존귀한 존재인가 하는 진정한 자아 발견을 못했기 때문입니다. 하나님은 나를 심히 좋아하십니다. 나를 만드시고 나의 인생과 세상을 주관하시는 하나님이 나를 보시고 심히 좋아하시는데, 나같이 부족한 자가 무엇을 안다고 함부로 하나님의 작품을 평가할 수 있겠습니까? 나와 사람들의 관점은 일그러진 거울처럼 불완전합니다. 일그러진 거울 앞에서 예뻐지고 있다면 실제로는 흉측하게 변하는 중입니다.

　나를 정말 제대로 볼 수 있는 분은 창조주 하나님밖에 없습니다. 우리가 나 자신을 다른 사람들과 비교하여 섣불리 판단하지 말고 나를 '심히 좋다', '매우 좋아요' 하시는 하나님의 정확한 평가를 받아들여야 합니다. 우리가 우주와 나의 기원을 알고 나를 만드시고 심히 기뻐하신 하나님을 알 때 나의 존재 가치를 찾을 수 있습니다. 나를 향한 그분의 사랑을 느낄 수 있습니다. 나는 사랑받는 존재요 하루하루 그분의 사랑을 받으며 살아가는 존재입니다. 내 삶이 혼돈스럽고 공허하고 어둡고 불행한 이유는 이 하나님을 알지 못하기 때문입니다. 다른 사람들이 나를 사랑해 주지 않거나 나보다 뛰어난 경쟁자가 사람들의 관심을 다 독차지해서 그런 것이 아닙니다. 우리가 우리를 향한 하나님의 기쁨과 사랑 앞에서 자신의 존재를 발견할 수 있기를 바랍니다. 그래서 이 하나님 안에서 무한한 기쁨과 행복을 누리기를 바랍니다. 더 나아가 나를 사랑하시고 기뻐하시는 창조주 하나님을 기쁘게 하는 삶을 살기를 바랍니다. 나는 나를 좋게 보는데, 나를 악평하는 사람이 있습니까? 누굽니까? 하나님이 만드시고 하나님이 직접 심히 좋아하시는 사람을 누가 악평한다는 말입니까? 부모는 자기가 예뻐하고 좋아하는 자녀를 누군가가 못생겼다고 하면 화를 냅니다. 누가 세상에서 가장 예쁜 내 새끼에게 그런 말을 하는 것이냐고 분노하실 것입니다. 하나님도 그러십니다. 하나님을 화나게 한 것은 심각한 죄입니다. 나를 악평하는 사람들은 나를 부분적으로만 알 뿐 나를 만드시고 전지전능하신 하나님만큼 잘 알지 못합니다. 지극히 자기중심적이고 세속적인 좁고 왜곡된 렌즈로 볼 수 있을 뿐입니다. 그들은 내 인생의 주인이 아니며, 내 인생을 주관하지 못합니다. 나를 구원할 수도 없고, 내 영혼을 지옥에 보낼 자도 아닙니다.

나에 대한 진정한 평가는 누구만 할 수 있습니까?

세상을 살다 보면 많은 사람들이 나를 평가합니다. 나의 학업 성취도를 평가하고 나의 재능과 실력을 평가합니다. 심지어 내 외모와 얼굴까지 상, 중, 하로 나누어 평가합니다. 그러나 그들은 나를 만든 사람들이 아닙니다. 그렇기에 나를 속속들이 알지도 못합니다. 우주적으로 볼 때, 객관적인 평가 기준도 가지고 있지 않습니다. 매우 자기중심적인, 자기가 속한 사회와 가치관 중심적인 기준만을 가지고 있을 뿐입니다. 세상에 대한 평가는 세상을 만드시고 정확하게 아시고, 그것을 운영하시는 하나님만이 제대로 하실 수 있습니다. 마찬가지로 나에 대한 평가도 나를 창조하시고 나를 속속들이 아시며 내 삶을 주관하시는 하나님만 하실 수 있습니다. 누구도 '좋아요'나 '상급, 중급, 혹은 하급'으로 나를 평가할 수 없습니다. 오직 하나님의 평가만이 중요합니다. 창조주 하나님이 보시고 좋다면, 더구나 심히 좋다면, 그것으로 충분합니다. 나를 보시고 심히 좋아하신 하나님을 바라보면, 나를 향한 세상 모든 사람들의 부정적인 시선이 다 사라집니다. 하나님의 우주적인 미소만이 보이며, 하나님의 우주적인 사랑이 나를 따뜻하게 안아 줍니다. "하나님이 지으신 그 모든 것을 보시니 보시기에 심히 좋았더라." 이 말씀은 자기중심적인 나의 시각과 타인의 부정적인 시선으로부터의 해방 선언이며 자유의 선포입니다. 하나님의 신적 기쁨과 거룩한 사랑, 그리고 진정한 행복으로의 초청장입니다.

하나님에게 외모나 세상에서 받은 점수 같은 것은 중요하지 않습니다. 팔다리가 없어도 아무런 문제가 되지 않습니다. 하나님은 그에게서 당신의 형상이 있는지를 보십니다. 부자인지, 가난한 자인지를 보지 않으십니다. 하나님처럼, 하나님의 형상대로 정복하고 다스리는 삶을 살고 있는지 보십니다. 우리가 우리의 존재를 왜곡시키는 잘못된 관점을 버리기 바랍니다. 세상 사람들의 기준으로 다른 사람들과 나를 비교하고, 내가 보기에 열등감을 느끼는 것은 하나님의 시각으로 자기를 보지 않는 것이기에 죄입니다. 우리는 하나님이 나를 어떻게 보시는지, 그분이 나를 얼마나 기뻐하시는지를 생각하면서 살아야 합니다. 부모님 보시기에, 혹은 친구 보기에 좋은 삶이 아니라 하나님이 보시기에 좋을 삶을 살아야 합니다. 하나님은 나를 기뻐하시기에 우리가 누군가와 비교해서 열등감과 우월감을 느껴서는 안 됩니다. 창조주 하나님만이 나를 보는 절대적인 기준이 되어야 합니다.

사람은 누구나 자신이 누군가에게 의미 있고 가치 있는 존재가 되어야 살맛이 납니다. 학생들은 공부로 자신을 증명하려고 합니다. 어떤 사람들은 '테킬라'를 비롯한 도수 높은 술로 자신을 어필해 보기도 하고, 머리 색깔이나 옷이나 인스타그램을 잘 꾸며서 사람들의 관심을 구걸해 보기도 합니다. 그러나 사람들은 웬만해서는 거들떠 보지도 않고, '좋아요' 버튼도 쉽게 안 눌러 줍니다. 나만의 이성 친구를 찾아서 소개팅도 해 보고 연애도 해 보지만, 근본적으로 공허한 내 마음이 채워지지 않습니다. 어디에 내 인생의 진정한 의미가 있을까 찾아보지만 그 어디에도 보이지 않습니다. 대부분의 사람들은 자기 인생의 의미를 사람들의 인정과 칭찬, 혹은 이성의 사랑에서 구하는데 사실은 어리석은 것입니다. 왜냐하면 우리는 그렇게 만들어진 존재가 아니고 그 사람들이 내 존재의 탄생과는 근본적으로 아무 관계가 없기 때문입니다. 우리는 근본적으로 하나님 앞에서 살아야 하는 존재입니다. 그때 진정으로 의미가 있고 행복한 인생을 살 수 있습니다. 하나님의 영광을 위해서 하나님이 보시기에 심히 좋은 삶, 하나님께 영광이 되는 삶을 살아가는 인생이 되어야 합니다. 이때 우리는 우리를 얽어매는 모든 것으로부터 참된 자유와 기쁨과 평화와 안식을 누릴 수 있습니다. 하나님은 우리를 만드신 후 보시고는 심히 좋아하셨습니다. '매우 좋아요'를 눌러 주셨습니다. 창세기 저자 모세는 창세기 1:31에 그것을 확인하고 기록한 것입니다. 누군가가 내 카톡이나 인스타그램에 '좋아요'를 눌러 주면 기분이 좋습니다. 그런데 하나님이 '좋아요'를 눌러 주셨습니다. 그것도 '매우 좋아요'를 눌러 주셨습니다. 얼마나 감사하고 황홀한 일입니까?

첫째 날부터 다섯째 날까지는 '날'이라는 단어를 사용할 때, 원문에 정관사가 없습니다. 그러나 31절의 여섯째 날에는 정관사가 붙어 있습니

가스펠 세븐틴

다. 이는 사람을 만든 이날이 완벽하다는 뜻입니다. 다시 말해 이날에 이르러 완전한 창조가 이루어졌다는 것입니다. 그래서 창세기 2:1-3을 보면, 하나님은 제7일에 안식하셨습니다. 편하게 쉬셨습니다. 아무런 불만이 없고 모든 것이 완벽하고 만족스러웠기 때문입니다. "하나님이 그 지으신 모든 것을 보시니 보시기에 심히 좋았더라." 온 우주에 들릴 정도로 크게 기뻐하며 웃으시는 하나님의 얼굴을 상상해 봅시다. 기뻐서 어깨춤을 추며 온 우주를 미소 짓고 들썩이게 하는 우주적인 기쁨을 상상해 봅시다. 이러한 하나님의 기쁨은 온 세상이 흠이나 나쁜 것이 없고 너무나 아름답기 때문에 나옵니다. 무엇보다 하나님의 형상대로 만들어져 세상을 다스릴 최고의 걸작품인 인간의 등장이 아름다운 세상을 더욱 아름답게 했습니다. 우리는 누군가가 나를 귀하게 여기고 좋아하면 행복을 느낍니다. 특히 그 사람이 귀한 사람일수록 행복은 더 증가합니다. 나를 그 존재 자체로 기뻐하는 분은 창조주 하나님이십니다! 하나님은 나를 보시면 괜히 미소 지으시고 좋아서 목을 끌어안고 시도 때도 없이 볼에 뽀뽀를 하십니다. 우리는 우리를 보시고 심히 좋아하시는 하나님에게서 무한한 사랑을 느낄 수 있습니다.

💬 하나님이 우리 인간을 심히 좋아하시는 이유가 무엇일까요?

우리가 하나님의 형상대로 만들어졌기 때문입니다. 그런데 아담의 범죄 이후 우리 인간은 죄로 말미암아 하나님의 형상을 잃어버렸습니다. 생각이 허망하여지고 마음이 미련하고 어둡고 어리석게 되었습니다(롬 1:21-22). 하나님의 형상을 잃은 인간은 내면이 만물보다 부패하게 되어버렸습니다(창 6:3). 그래서 음란하고 불의하고 부패하고 강포해졌습니다. 추악해졌고, 탐욕과 시기와 살인, 분쟁, 사기, 악독이 가득하고 수군

수군하며 남을 비방하는, 교만한 자들이 되었습니다(롬 1:29). 칼뱅은 우리 인간의 원래 형상이 얼마나 아름다웠는지 도저히 상상할 수 없을 정도로 현재 우리의 영혼은 일그러지고 망가지고 오염되었다고 하였습니다. 그러나 우리의 죄를 지시고 십자가에 달려 죽으시고 삼 일 만에 부활하신 예수님은 우리의 모든 죄와 못남을 다 없애 주십니다. 부활의 새 생명을 주시며 잃어버린 하나님의 형상을 회복하게 하십니다. 그래서 바울은 고린도후서 5:17에서 말합니다. "그런즉 누구든지 그리스도 안에 있으면 새로운 피조물이라 이전 것은 지나갔으니 보라 새 것이 되었도다." 예수님을 영접한 사람들은 이미 하나님의 형상을 회복하였습니다. 하지만 동시에 약속된 완전한 회복을 위해 계속해서 하나님의 온전한 형상인 예수님을 배워 가야 합니다. 바울은 로마서 8:29에서 말합니다. "하나님이 미리 아신 자들을 또한 그 아들의 형상을 본받게 하기 위하여 미리 정하셨으니." 보이는 하나님의 형상인 예수님께는 거룩한 지성과 아름다운 감성, 그리고 공의와 거룩한 사랑과 온유함과 겸손함의 형상이 있습니다(골 3:10; 마 11:30). 가지 같은 우리의 포도나무 몸통 줄기가 되어 풍성한 생명과 빛의 열매를 맺게 해 주시는 형상이 있습니다. 우리가 이 예수님을 믿고 그분의 제자가 될 때, 우리는 예수님의 신성한 성품에 참여하며(벧후 1:4), 의와 거룩함의 하나님 형상을 회복해 갈 수 있습니다(엡 4:24).

하나님은 우리가 이렇게 하나님의 형상을 회복해 가는 삶을 심히 좋아하십니다. 때로 우리가 믿음을 잃고 자신의 죄에 절망하고 낙담할 수 있습니다. 그러나 하나님은 탕자가 돼지 똥 냄새나는 누더기를 입고 돌아왔을 때도 목을 끌어안고 입을 맞추며 살진 송아지를 잡아 큰 잔치를 베풀어 주신 분입니다(눅 15:11-24). 하나님은 처음부터 끝까지 나의 최악을 미리 알고 계시는 상태에서 예수님을 향한 나의 믿음을 보시고, 나를 심히 좋아하신 것입니다. 그 사랑은 어제나 오늘이나 영원토록 변함이 없습니다. 그러므로 우리는 계속해서 믿음을 갖고 예수님을 배워 가면 됩니다. 이를 통해 하나님의 형상을 회복해 가는 우리의 삶을 하나님은 심히 좋아하실 것입니다. 우리가 하나님을 심히 기쁘시게 하는 삶 살기를 바랍니다.

하나님을 기쁘시게 하는 삶이란 하나님께 순종하여 하나님의 영광을 드러내는 삶입니다. 그런데 하나님은 나와 관계없이 영광스러운 분이십니다. 내가 하나님을 더 영광스럽게 할 수 있거나 하나님의 영광을 축소할 수는 없습니다. 나쁜 행실로 하나님의 영광을 가릴 수는 있습니다. 우리는 나와 관계없이 무한히 영광스러운 하나님의 영광을 인정하고 그 영광이 나를 통해 드러나도록 하기 위해서 그분께 순종하는 삶 – 생육하고 번성하여 온 땅에 충만하고 다스리는 삶 – 을 살아야 합니다. 마태는 마태복음 5:16에서 이렇게 말합니다. "이같이 너희 빛이 사람 앞에 비치게 하여 그들로 너희 착한 행실을 보고 하늘에 계신 너희 아버지께 영광을 돌리게 하라."

💬 나는 누구입니까?

많은 사람들이 '나는 누구인가'를 어떤 부모님의 자녀인지, 어느 지역 출신인지로 규정합니다. 어느 대학을 나왔는지, 전공이 무엇인지로 나를 규정합니다. 자신을 소개하라고 하면, 어느 대학, 무슨 전공, 학번으로 자신을 소개합니다. 어리석게도 그것이 자신이 누구인지를 말해 주는 것이라 생각합니다. 어떤 사람들은 BTS와 '오징어 게임'의 나라, 2022년 월드컵 4강의 나라, 대한민국 사람으로 자기를 소개하고 규정하기도 합니다. 그러나 그러한 것들로 진정한 나를 찾을 수 없습니다. 나는 하나님의 형상대로 만들어진 존재입니다. 그 형상이 얼마나 빛나는지, 나는 그렇게 빛나는 통치자입니다. 하나님은 이런 나를 심히 좋아하십니다. 그래서 나를 보시고는 '매우 좋아요'를 눌러 주셨습니다. 모세는 성경 첫 장에 그것을 기록해 놓았습니다. 나는 이렇게 하나님께 사랑받는 존재입니다. 내가 누구인지를 하나님의 창조와 하나님의 형상에서 찾을 때에만 우리는 내가 진정으로 누구인지를 알 수 있고, 나의 진정한 자아를 찾을 수 있습니다. 하나님은 나를 만드시고, '아, 마음에 안 드네. 에이' 하면서 내버려 두시지 않았습니다. 심히 좋아하셨습니다. '매우 좋아요'를 눌러 주셨습니다. 이 하나님은 날마다 나에게 '매우 좋아요' 하시며 하트를 날려 주십니다. 이 하나님 앞에서 나의 자아를 찾기를 바랍니다.

하나님의 첫 사랑

찬송가 293 + 창세기 2:7-15

🗨 하나님은 사람의 육체를 무엇으로 만드셨습니까?

7절을 보십시오. 하나님은 사람의 육체를 흙으로 지으셨습니다. 히브리어로 '흙'이란, 땅으로부터 취한 티끌, 즉 작은 먼지(dust)를 말합니다. 이처럼 인간의 육체는 흙을 구성하는 작은 먼지로 창조되었습니다. 아담이란 말도 본래 흙(dust)이란 뜻입니다. '지으시고'는 토기장이가 토기를 빚을 때 사용하는 단어입니다. 토기장이가 토기를 빚을 때 얼마나 정성을 다하고 심혈을 기울이는지 모릅니다. 이때 토기장이의 계획과 솜씨가 유감없이 발휘됩니다. 이것은 예술이며 창조적 행위입니다. 하나님은 이처럼 토기장이가 인생 작품을 만드는 것처럼, 당신의 영광스러운 형상을 두실 인간의 육체를 심혈을 기울여 만드셨습니다.

인간의 육체는 수십조 개의 세포로 구성되어 있다고 합니다. 그 세포 하나하나에는 세포질과 핵, 핵소체, DNA, 유전자, RNA, 리보솜 등이 들어 있는데, 이 모든 것들에 신적 지혜와 솜씨가 가득합니다. 정말 엄청난 정성과 인간을 향한 깊은 사랑이 없이는 만들어 낼 수 없는 것들입니다. 이러한 세포들이 결합하여 대뇌, 소뇌, 간뇌, 그리고 심장과 각종 장기를 비롯하여 코와 눈과 귀 등의 감각 기관을 만들고 이 모든 것을 신경망으로 연결하고 통제하고 지시합니다. 특히 눈에는 하나님이 만드신 심히 좋은 세상을 볼 수 있도록 빛을 느끼는 1억 개의 시세포와 이를 뇌에 전달하는 백만 개의 시신경을 만드셨습니다. 심장은 모든 장기가 살아 움직이도록 사랑의 펌프질을 멈추지 않습니다. 우리는 이러한 심장에서 하나님의 사랑을 느낍니다. 실로 도예공이 자신의 능력과 지혜와 사랑을 쏟아 부으며 심혈을 기울여 작품을 만들 듯, 사람의 육체 세포 하나하나에 엄청난 지혜와 능력과 사랑을 새겨 놓으셨습니다. 인간은 한마디로 하나님 사랑의 결정체요 사랑 덩어리입니다. 공사 현장에 가 보면, '혼을 담은 시공'이라는 말을 쓰는데, 우리 사람은 하나님이 혼을 담아서 시공하신 작품입니다. 그래서 귀하고 가치가 있습니다. 하나님이 지으셨기에 내 생명은 하나님에게서 왔고, 하나님이 내 생명의 기원이며, 내 삶의 주인이십니다.

💬 '생령이 되었다'는 말의 의미는 무엇일까요?

흙으로 된 육체에 생기(영혼, 잠 20:27)를 불어넣으니 사람이 생령(living being, living soul)이 되었다고 했습니다. 이 말은 육체에 호흡을 불어넣어 살아 있게 만들었다는 뜻입니다. 여기서 '생기'란 '생명의 호흡'이라고 할 수 있습니다. 하나님이 사람의 코에 생명의 호흡을 불어넣으시니 산 자, 곧 살아 움직이는 존재가 되었다는 뜻입니다. 호흡 속에는 영혼이 담겨 있으며, 그 영혼에는 하나님의 창조적 지성과 감성과 자유 의지와 의와 사랑과 통치력 등 하나님의 형상이 빛나고 있습니다. 셰익스피어는 『햄릿』에서 인간의 위대성을 이렇게 묘사하였습니다. "인간이란 어찌 이다지도 기막힌 걸작인가! 슬기롭고 고귀한 이성, 무한한 재능, 적절하고 훌륭한 형체와 동작, 행동은 천사와 같고 이해력은 신과 같으며 이는 세계적인 미요 만물의 영장이니라."[10] 창세기 1:31을 보면 하나님 당신이 만드시고 스스로도 감탄하실 정도입니다. 그러므로 우리는 실로 엄청난 존재입니다. 가장 수준 높은 최고의 심사 위원에게서 A 등급을 받은 존재들입니다. 우리는 결코 우리 자신에게 실망하거나 자학하면 안 됩니다. 너도 엄지 척, 나도 엄지 척, 최고의 작품입니다. 하나님은 당신의 형상을 닮은 인간에게 참으로 아름다운 육체의 옷을 입혀 주셨습니다.

🗨 하나님은 우리 인간을 왜 이렇게 멋지게 만들어 주셨을까요?

생명의 호흡을 코에 불어넣는 장면은 사랑의 키스를 연상하게 합니다. 하나님이 당신의 가장 귀한 것을 그 생명의 호흡 속에 담아서 인간에게 이 사랑의 키스로 주신 것입니다. 하나님은 우리를 너무나 사랑하셔서 놀라운 선물, 아름다운 육체를 주셨습니다.

🗨 에덴동산은 어떤 곳일까요?

8절을 보면, 여호와 하나님께서는 인간을 위해서 동방의 에덴에 동산을 창조하셨습니다. '동산'이란 히브리어로 '울타리로 둘러싸인 안전한 곳'이라는 뜻을 가지고 있습니다. 이 동방의 에덴은 메소포타미아나 아

---

10 윌리엄 셰익스피어, 『햄릿』, 김정환 역(서울: 아침이슬, 2008), 73.

라비아의 어떤 지점으로 추측됩니다. 에덴(Eden)이란 히브리어로 '기쁨(delight)', '희락(pleasure)', 혹은 '물 댄 동산'이라는 뜻입니다. 비옥하고 물이 넉넉하여 큰 나무가 자라는 오아시스 같은 곳입니다(사 51:3; 겔 31:9, 16, 18, 36:35). 에덴동산에는 보기에 아름답고, 먹기에 좋은 나무가 있었습니다(9절). 보기에 아름다운 나무는 시각적인 즐거움을 줍니다. 각종 아름다운 나무들과 꽃들이 만발하였음을 알 수 있습니다. 또한 배가 고프면 언제든지 따 먹을 수 있는 사과, 배, 감, 포도, 앵두, 자두, 복숭아, 망고, 두리안 등 과일들이 주렁주렁 달려 있었습니다. 과일들 안에는 미네랄, 칼륨, 비타민, 단백질, 탄수화물, 무기질 등 각종 영양소를 넣으셔서 마치 사랑하는 자녀들의 건강을 챙기는 엄마와 같이 인간들의 건강을 세심하게 챙겨 주셨습니다. 그곳은 그야말로 가난이 없고 풍족함과 예술이 있었습니다.

10-14절을 보면, 그곳의 자연환경이 얼마나 기름지고 아름다운 곳이었는가를 알 수 있습니다. 강이 에덴에서 발원하여 동산을 적시고, 거기에서부터 갈라져 네 근원이 되었습니다(10절). 역사적으로 강은 인류의 문명 발상지였고, 고대 사람들에게 강은 생명의 젖줄과 같았습니다. 첫째 강은 비손, 둘째 강은 기혼, 셋째 강은 아시리아(앗수르) 동편으로 흐르는 티그리스, 넷째 강은 유프라테스입니다. 강 주변의 환경도 아름다웠습니다. 하윌라 온 땅에 흘러가는 기혼 강가에는 순금과 베델리엄과 호마노 등 보석들이 가득했습니다. 특히 땅에서 샘물이 솟아나 에덴동산을 넉넉히 적시고 네 개의 큰 강을 이루어 흘러갔습니다. 하나님께서는 인간의 행복을 위해서 필요한 모든 환경을 만들어 주시고, 인간의 필요를 채워 주셨습니다. 누군가 우리에게 정원과 농장과 호수가 딸린 200평짜리 아파트를 준다면 얼마나 좋을까요? 그것과도 비교할 수 없는 집과 정원을

하나님께서 인간에게 주신 것입니다. 이는 사람을 향한 하나님의 놀라운 사랑입니다.

🔍 하나님은 인간에게 왜 에덴동산을 주셨을까요?

하나님께서는 사람을 이끌어 에덴동산을 경작하며 지키게 하셨습니다 (15절). '경작하다'는 말은 하나님께서 주신 낙원을 아름답게 가꾸어야 한다는 의미입니다. 일하는 것은 축복입니다. 하나님께서 뜻하신 대로 사람은 하나님의 피조물을 다스리는 하나님의 대리 통치자가 되는 것입니다. 하나님은 아담에게 동산을 다스리며 지키는 일을 하게 하심으로 그에게 최고의 일터(직장)를 주셨습니다. 이 일터는 동시에 인간이 거주할 수 있는 집입니다. 에덴동산은 정원과 수영장이 딸린 대기업 오너의 대저택보다 좋은 집입니다. 하나님께서 이러한 에덴동산을 인간에게 주신 것은 인간을 매우 사랑하셨기 때문입니다. 하나님은 큰 선물을 주시는 사랑의 주님이십니다!

한편 "그것을 경작하며 지키게 하시고"(창 2:15)에서 '경작하다'는 히브리어로 '아바드'입니다. 이 단어는 '일하다(work)'라는 뜻 외에 '섬기다 (service)', '예배하다(worship)'라는 뜻도 있습니다. 즉 에덴동산을 경작하고 지키는 일이 자기 자신을 위한 것이 아니라 하나님을 섬기는 것이고, 더 나아가 하나님을 예배하는 행위입니다. 이것은 나를 사랑해서 최고의 일터와 최고의 집을 주신 하나님께 대한 마땅한 자세일 뿐만 아니라 우리가 누릴 수 있는 가장 큰 축복이기도 합니다. 나를 만드시고 사랑하시는 그분을 섬기고 예배할 수 있게 해 주신 것이야말로 가장 큰 사랑이라고 할 수 있습니다. '지키다'는 히브리어로 '샤마르'인데, '보존하다(preserve)' 라는 뜻을 가지고 있습니다. 하나님이 주신 에덴동산의 나무와 땅, 그 외

그곳에 있는 질서와 하나님의 모든 숨결까지 다 잘 보존하는 것이 에덴동산을 받은 인간의 사명입니다.

🔍 하나님은 인간에게 어떤 자유를 주셨습니까?

16절을 보십시오. 에덴동산에는 많은 유실수들이 있었습니다. 에덴동산에는 사과나무도 있었고, 배, 감, 키위, 망고, 바나나, 살구, 앵두 등 많은 열매 맺는 나무들이 있었습니다. 비옥한 땅에서 자란 나무마다 열매가 주렁주렁 맺혔습니다. 하나님은 이 모든 열매들을 언제든지 마음껏 따 먹으라고 하셨습니다. "동산 각종 나무의 열매는 네가 임의로 먹되("You are free to eat from any tree in the garden.")"라는 말씀은 하나님께서 인간에게 무한한 자유를 주셨다는 뜻입니다. 뒤이어 선악을 알게 하는 나무의 열매를 먹지 말라고 하셨지만, 이 역시 이 나무도 따 먹을 자유도 주시고 따 먹지 않을 자유도 주셨기에 그러한 말을 하실 수 있는 것입니다.

그런데 사람이 배가 고파 먹고 싶지만, 먹을 것이 없고 돈이 없어서 먹을 수 없을 때 얼마나 서러운지 모릅니다. 내가 자유 의지는 있으나 그 자유를 실현할 환경이 주어지지 않을 때 그 자유는 무력합니다. 무인도나 허허벌판, 저 시베리아 동토에 보내 놓고 자유롭게 살라고 하면 그 자유와 자유 의지가 무슨 의미가 있겠습니까? 그런데 에덴동산의 환경은 우리의 모든 자유 의지를 충족시켰습니다. 그곳에서는 먹고 싶은 과일을 마음껏 따 먹을 수 있었고, 강가에 가서 좋아하는 보석들을 찾아서 집안을 아름답게 장식할 수도 있었습니다. 아름다운 환경에서 사람이 심금을 울리는 시를 쓰고 작곡을 하며, 우리의 눈과 마음을 밝히는 그림을 그리며 수많은 창작 소설도 쓸 수 있었습니다. 흙이나 모래를 이용해서 도자기를 만들고 다른 자원들을 이용해 필요한 것들도 만들 수 있었습니다. 하나님은 이처럼 우리가 자유 의지를 정말 자유롭게 사용할 수 있는 최고의 환경을 주셨습니다.

💬 **그런데 하나님은 왜 인간에게 무한대의 자유를 주셨을까요?**

하나님이 인간에게 주신 자유엔 제한이 없습니다. 16절의 '임의로'라는 말은 쉽게 말해서 '네 마음대로', '자유롭게'라는 뜻입니다. 이것이 본문에서는 먹는 것에 대한 자유의 표현입니다. 그러나 그 맥락을 보면, 그 이상의 대표적이며 총체적인 의미의 자유입니다. 하나님은 인간을 창조하실 때 자유 의지를 가진 인격적인 존재로 창조하셨습니다. 그래서 인간에게는 하나님께 순종할 자유도 있고, 순종하지 않을 자유도 있었습니다. 그런 자유가 없다면, 인간은 본능만을 좇아서 사는 동물이나 기계와 다를 바가 없습니다. 그런 존재와 인격적인 교제를 할 수는 없습니다. 우리가 아무리 애완동물을 사랑해도 애완동물을 사람처럼 사귈 수는 없습니다. 그래서 애완동물이 아무리 귀해도 사람만큼 존귀할 수는 없습니다. 로봇이나 AI도 마찬가지입니다. 그 이유는 동물이나 로봇에게는 자유 의지가 없기 때문입니다. 하나님은 인간이 본능적으로나 기계적으로 생각하고 움직이는 존재가 아니라 자유를 가지고 살아가는 존재로 만드셨습니다. 그런 인간에게서 자발적인 예배와 찬양을 받기 원하셨습니다. 인간은 무한한 자유를 받았기 때문에 하나님을 무한히 사랑할 수 있습니다. 하나님의 뜻에 무한히, 끝없이 순종하여 그 뜻을 실현할 수 있습니다.

인간은 누구나 자유를 갈망합니다. 자유가 없을 때 우리는 엄청난 구속감과 고통을 느낍니다. 자유는 우리 인간의 행복과 밀접한 관계가 있습니다. 이렇게 볼 때, 하나님께서는 우리 인간의 행복을 위해 인간을 자유 의지를 가진 존재로 지으신 것입니다. 하나님께서는 자유를 주시되 조금만 주신 것이 아니라 무한대의 자유를 주셨습니다. 그러므로 하나님은 우리 인간이 무한한 행복을 누릴 수 있게 해 주셨습니다. 무한한 행복을 누리게 하시는 하나님의 사랑과 은혜를 생각할 때, 하나님께 감사하지 않을 수가 없습니다.

💬 생명나무는 어떤 나무입니까? 그 나무의 정체는 무엇일까요?

인간이 자유롭게 따 먹어도 되는 나무 중에는 생명나무도 있었습니다. 앞서 우리는 하나님이 그 코에 생기를 불어넣어 인간을 생령(living being, living soul), 즉 생명을 가진 존재로 만드셨음을 보았습니다. 인간에게는 이렇게 이미 생명이 있는데, 이 인간에게 생명나무는 무슨 의미가 있을까요? 창세기 3:22을 보면, 이 나무는 그 열매를 사람이 따 먹으면, 영생, 즉 영원한 생명을 얻게 합니다. 이 나무는 한마디로 불로수(不老樹)입니다. 하나님은 이 생명나무의 실과를 자유롭게 따 먹어도 좋다고 하셨습니다. 이것은 인간을 향한 하나님의 놀라운 사랑입니다. 왜냐하면 진시황이 그렇게 찾아서 먹고자 해도 먹지 못했던 그 열매를 하나님이 에덴동산 중앙에 심어 놓으시고, 인간에게 아주 쉽게 마음껏 먹을 수 있게 해 놓으셨기 때문입니다. 그렇다고 이 나무 자체가 초능력을 발휘하여 영생을 가져다주는 것은 아닙니다. 이 생명나무는 아담에게 영원한 생명을 약속하는 징표로 주신 것입니다. 이 나무 열매를 따 먹을 때 영생을 주심을 믿고 순종함으로 영생을 얻게 되는 것입니다.

그런데 하나님의 형상대로 지음을 받은 우리 인간의 영혼은 날 때부터 이미 불멸의 존재, 영원한 생명을 가진 존재입니다. 그래서 육체가 죽어도 그 영혼은 천국에 가거나 지옥에 가서 영원히 존재하는 것입니다. 그런데 생명나무를 따 먹어야 영생을 얻는다는 말의 의미는 무엇일까요?

처음 만들어진 인간의 영혼은 불멸의 존재이나, 흙으로 만들어진 그의 육체는 영원하지 않았습니다. 그 육체는 생명나무 실과를 따 먹을 때 영원해질 수 있습니다(창 3:22; 고전 15:42-44).

한편 하나님이 축복으로 주신 생명나무가 단순히 시간적으로, 물리적으로 영원히 존재하는 생명을 주는 것은 아닙니다. 좋지 않은 상태로, 예를 들어 병들어 아픈 상태로 영원히 가는 것은 생명의 축복이 아니라 죽음의 저주이기 때문입니다. 이 생명나무는 우리의 육체를 영원하게 할 뿐만 아니라, 죄를 범하지 않은 상태에서 따 먹었을 때, 우리 영혼의 상태를 생명의 근원이신 하나님과 연결시켜 그 영혼이 자신과 결합한 육체와 함께 하나님의 완전한 생명에서 흘러나오는 생명을 풍성하게 누리게 합니다.

한편 에덴동산에서 인간은 하나님의 형상대로 지음을 받아 하나님이 보시기에 심히 좋은 상태였지만, 그렇다고 모든 것이 완벽하게 완성된 상태는 아닙니다. 위대한 기독교 사상가인 아우구스티누스는 처음 창조된 인간의 상태를 완전의 초보 상태라고 하였습니다. 흠이나 악은 없는데, 성장이 필요한 존재라는 것입니다. 다시 말해 하나님은 인간이 하나님의 형상과 특히 자유 의지로 하나님께 순종해 살면서 성장하다가 결국 생명나무 실과를 따 먹고 영육 간에 완성된 생명, 즉 영생의 상태에 도달하게 하셨습니다.

💬 **자유 의지가 있으니, 천국에 가서도 인간이 에덴동산의 아담과 하와처럼 다시 죄를 지을 수 있지 않을까요?**

자유 의지를 말할 때, 어떤 사람들은 이런 질문을 합니다. 그런데 천국에서는 죄를 짓지 않습니다. 어떻게 그렇게 말할 수 있느냐고요? 성경은 천국에서의 범죄 가능성을 전혀 보여 주지 않습니다. 천국을 죄가 없는 영원하고 완전한 곳이라 이야기합니다. 그렇다면 천국에서의 자유 의지는 어떻게 됩니까? 동물이나 로봇처럼 자유 의지가 제한되는 것입니까? 그렇지 않습니다. 그렇다면 천국에서는 어떻게 자유 의지로 죄를 짓지 않을 수 있습니까? 이 질문에 저는 자유 의지를 가진 인간이 완전의 초보 상태에서는 죄를 지을 수도 있지만, 완전의 완전 상태로 성장하게 되면 그 자유 의지가 성숙해지고 하나님과의 인격적인 관계가 깊어져 어떠한 죄도 짓지 않게 된다고 생각합니다. 예를 들어, 어린아이에게도 자유 의지가 있고, 철이 들고 성숙한 아들에게도 자유 의지가 있지만 성숙한 아들은 어린아이가 짓는 죄를 짓지 않습니다. 동일한 자유 의지를 가지고 있지만, 그 자유 의지를 가진 인격이 성장하였고, 그 인격은 상대인 부모님과의 인격적인 관계가 더 깊어졌습니다. 마찬가지로 천국에 갔을 때 우리의 인격은 예수님과의 연합을 통해 성화와 영화를 거쳐 성숙해지고 완전해질 것이기 때문에, 하나님의 뜻을 거역하거나 배반할 수 없는 수준에 이르게 될 것입니다. 하나님께서 완전한 환경과 선한 통치로 우리의 자유 의지를 침해하시지 않는 선에서 우리가 다시는 죄를 짓지 않도록 다스려 주실 것입니다.

선과 악을 알게 하는 나무의 정체는 무엇입니까? 생명나무와 마찬가지로 선악을 알게 하는 나무에 사랑의 묘약처럼 신비한 힘이 있는 것은 아닙니다. 하나님은 생명나무에 대해서는 자유롭게 따 먹어도 된다고 말씀하셨지만, 선악과에 대해서는 그런 자유를 주지 않으셨습니다. 강한 금지 명령을 주셨습니다. 이 금지 명령으로 말미암아 이 나무는 인간이 하나님의 뜻에 순종하는가, 불순종하는가를 가르는 기준이 됩니다. 하나님께 순종하는 것이 선이고 불순종하는 것이 악입니다. 그런 점에서 선악을 알게 하는 나무는 선악의 기준이 됩니다.

💬 그런데 이 나무를 따 먹으면 어떻게 선악을 알게 될까요?

인간은 이미 '선'(善)을 알고 있었습니다. 선이란 선하신 하나님이 보시기에 좋은 것입니다. 히브리어로 선하다는 말은 '좋다'(토브)입니다. 하나님은 그 지으신 모든 세상을 보시고 심히 좋다고 하셨습니다. 하나님이 지으신 모든 것이 선합니다. 인간이 가진 하나님의 형상도 선하고 심히 좋았습니다. 인간은 이러한 선한 하나님의 형상을 가진 존재로서 그 형상 중에는 판단력을 갖춘 지성, 이성도 있었습니다. 이 이성으로 무엇이 선하고 좋은 것인지를 알 수 있었습니다. 선하신 하나님이 하신 모든 것이 선하고, 그분 말씀에 순종하며 사는 것이 선임을 알았습니다. 단순히 지적으로만 안 것이 아니라 순종해 살아 보면서 체험적으로 알았습니다. 그들이 체험한 선의 기준은 하나님이신데, 하나님께 순종함으로 하나님의 뜻이 선함을 알아가면서 하나님 자체가 선임을 알아갈 수 있었습니다. 그래서 인간은 하나님의 말씀에 순종하면서 살아갈수록 '하나님은 선하시다'고 할 수 있었습니다. 뿐만 아니라 인간 스스로도 하나님의 선하심을 맛보며 선하게 살 수 있었습니다.

💬 그렇다면 악이란 무엇입니까? 선악과를 만든 하나님은 선뿐만 아니라 악도 만드셨습니까?

그렇지 않습니다. 아인슈타인은 어둠은 빛의 부재라고 했습니다. 물리학적으로 어둠은 실체가 없습니다. 빛이라는 실체가 없는 것이 어둠이라는 말입니다. 성경에서 말하는 악도 선의 부재 개념입니다. 선이 없는 상태가 악이 되는 것입니다. 하나님은 빛이십니다. 하나님에게는 어둠이 전혀 없습니다. 하나님은 선하시고 선으로 가득합니다. 하나님에게는 악이 전혀 없습니다. 이 하나님은 악도 만드시지 않습니다. 성경에 등장하는 모든 악은 선의 부재로 나타나는 현상입니다. 그러므로 인간이 선뿐만 아니라 악도 알게 된다는 것은 선을 행하지 않으면 선의 부재로 말미암아 나타나는 어두운 세상을 보게 된다는 것입니다.

인간이 선을 행하고 안다는 것은 선하신 하나님께 순종하는 것을 의미합니다. 인간은 본능적으로 불순종하는 것이 악이라는 생각을 가지고 있습니다. 그것은 선의 부재가 되기 때문입니다. 그런데 하나님이 금지하신 선악과를 따 먹으면, 그 불순종으로 말미암아 악의 세계를 체험적으로 알게 됩니다. 그 악의 세계에 문을 열고 들어가는 것입니다. 그래서 악의 적나라한 모습을 보게 됩니다. 인간이 선악과를 따 먹는 순간 빛이 사라지고 어둠이 임하듯 하나님이 보시기에 심히 좋은 세계가 사라지고 하나님이 싫어하는 악의 세계가 열리게 됩니다. 그래서 그 악의 세계에 발을 내딛게 됩니다. 그렇게 악의 세계에 들어가면, 자신이 하나님인 양 자신이 선과 악의 기준에 섭니다. 그래서 자신이 악이라고 판단하는 것에 대해서는 마치 하나님이 악을 심판하시듯이 자신이 심판을 하고자 합니다. 그런 점에서 선악과를 따 먹는 시도는 사탄처럼 자신이 하나님과 같이 되고자 하는 것입니다.

💬 하나님은 왜 선악과를 만들어 인간으로 하여금 죄를 짓게 하셨을까요?

많은 사람들이 이런 질문을 합니다. 그런데 인간은 이 선악과 때문에 죄를 지었을까요? 하나님께서 이 나무만 만들지 않으셨어도 우리 인간은 죄를 짓지 않았을까요? 만약 그렇다면, 잘못은 하나님께 있으니 우리를 향한 하나님의 심판은 부당할 것입니다. 또한 그런 점에서 보면 오늘날 이 세상의 불행이 다 하나님이 이 선악과를 만들었기 때문이라고 이야기해도 될 것입니다. 이런 하나님이라면 안 믿겠다고 말하는 사람이 이해가 되기도 합니다. 그러나 만약 하나님이 존재하시는데, 그 하나님이 내 마음에 안 들기 때문에 안 믿는다고 해서 그 하나님이 존재하시지 않는 것은 아닙니다. 다시 말해 불신으로 있는 하나님을 없앨 수는 없습니다. 그러므로 불신앙으로 문제를 해결하려 하기보다 하나님에 대해 내가 뭔가를 오해하고 있는 것은 아닌지를 살펴보는 것이 지혜롭습니다.

하나님은 왜 선악과를 만들어 우리 인간으로 하여금 죄를 짓게 했느냐를 질문하는 사람들은 선악과를 만드신 하나님의 선한 의도를 제대로 이해하지 못한 것입니다. 무엇보다 그들은 인간이 선악과와 관계없이 죄를 지을 수 있는 존재라는 사실을 간과하고 있습니다. 앞서 배웠듯이 우리 인간은 불순종할 수도 있는 자유 의지를 가지고 순종함으로 하나님이 주신 세상을 마음껏 누리도록 창조되었습니다. 하나님이 인간에게 주신 이러한 자유(자유 의지)에는 죄를 지을 수 있는 가능성이 담겨 있습니다. 다시 말해 타락할 수 있는 본성이 주어진 것입니다.

많은 사람들이 하나님이 왜 선악과를 만들어 인간이 죄를 짓게 했느냐고 말하는데, 사실 인간은 선악과 때문에 죄를 지은 것이 아니라, 선악과와 관계없이 이 나무가 없어도 자유 의지 때문에 이미 죄를 지을 수 있는 존재입니다. 자유 의지는 죄를 지을 수 있는 의지라는 말입니다. 하나님이 왜 선악과나무를 만들어서 인간이 죄를 짓게 하느냐고 묻는 사람은 그런 질문을 하려면 오히려 왜 인간에게 자유 의지를 주어서 죄를 짓게 했냐고 물어야 할 것입니다. 그 물음에 대한 답은 이미 앞서 말씀드렸듯이, 자유 의지는 그런 가능성을 안고 있으나 그것이 우리 인간을 동물이나 로봇이 아닌 신적인 존재, 인격체가 되게 하기 때문입니다. 자유 의지는 죄를 지을 수도 있지만, 자유로운 선택에 따라 죄를 짓지 않을 수 있는 것이고, 하나님이 이런 자유 의지를 인간에게 주신 것은 인간을 한 인격체로 만드셨다는 의미를 가집니다. 인간이 인간답고 하나님을 한 인격체로 상대할 수 있는 것은 자유 의지가 있기 때문입니다. 죄란 선악과를 따 먹는 어떤 행위를 규정하려는 것이 아니라 선하신 하나님, 좋은 하나님께 반기를 들고 불순종하며 그 뜻을 거역하는 것입니다. 이것은 자유 의지가 있기 때문에 가능한 것입니다. 그러므로 '하나님이 왜 선악과를 만들어서 우리를 범죄하게 했는가, 선악과를 만들지 않고 선악과 계명만 만들지 않았어도 우리는 죄를 짓지 않고 심판을 받지 않을 수 있지 않았겠는가'라는 말은 성립하지 않습니다.

그럼에도 자유 의지에는 죄를 지을 수 있는 가능성이 있는데, 하나님께서 왜 이런 위험한 일을 하셨을까요?

C. S. 루이스는 다음과 같이 말했습니다. "하나님이 가장 고등한 피조물, 즉 인간에게 주고자 하신 행복은 사랑과 즐거움의 절정에서 자유로우면서도 자발적으로 하나님과 연합하며 또 이웃과 연합하는 데서 생겨나는 행복으로 거기에 비하면 지상에서 남녀가 나누는 가장 평온한 사랑조차 물 탄 우유처럼 싱거울 것입니다. 바로 이런 행복을 누리도록 하기 위해 인간은 자유로워져야 합니다."[11] 하나님은 우리 인간들에게 당신이 누리는 행복과 사랑을 주시기 위해 자유 의지를 주신 것입니다. 이로 말미암아 인간이 죄를 지을 수 있음에도 불구하고 그런 모험을 감수하신 것입니다. 그만한 가치가 있다고 생각하셨기 때문입니다. 혹시 인간이 잘못해서 버려지게 되면, 인간의 잘못이긴 하지만 자유 의지를 주신 분으로서 당신이 책임지고자 하셨습니다. 실제로 잘못되었을 때, 하나님은

---

11 C. S. 루이스, 『순전한 기독교』, 장경철, 이종태 역(서울: 홍성사, 2022), 87.

당신과 하나라고 할 수 있는 당신의 외아들 예수님을 십자가 속죄물로
내어 주시며 인간의 잘못을 책임지셨습니다.

💬 그렇다면 하나님은 왜 '선악을 알게 하는 나무'를 만드셨을까요?

그리고 왜 이런 나무를 만들어 따 먹지 말라는 계명을 만드셨을까요?
이것은 인간에게 자유 의지를 어떻게 사용하면 되는지를 쉽게 가르쳐
주시기 위함입니다. 금지한 것은 하지 말고 하라고 한 것은 하면 됩니다.
한마디로 하나님께 순종하면 됩니다. 한 가지 작은 금지 외에는 하나님
이 주신 선한 마음에 이끌리는 대로 마음껏 자유를 누릴 수 있습니다. 나
무 열매 하나만 안 따 먹으면 에덴의 모든 축복을 누려도 된다는 것, 이
계명은 지키기가 얼마나 쉽습니까? 누군가가 넓은 정원과 고급 수영장
이 딸린 100평짜리 대저택을 주면서 집 앞의 사과나무 열매만 따 먹지
말라고 하면 얼마든지 안 따 먹을 수 있지 않겠습니까? 더구나 당시 에
덴에서 인간의 내면은 빛나는 하나님의 형상으로 되어 있어서, 누가 하
지 말라고 하면 더 하고 싶어 하는 그런 악한 본성은 존재하지도 않았습
니다.

앞서 생명나무와 다른 과실들에 대해서는 하나님이 자유로운 순종만
을 명하셨습니다. 인간은 순종을 통해 하나님의 선하심과 선한 세계를
맛볼 수 있었습니다. 더구나 선한 형상으로 만들어졌기 때문에, 불순종
에 대해서는 생각할 여지가 없었습니다. 그런데 하나님은 선악을 알게
하는 나무의 열매는 먹지 말라는 말을 통해 인간으로 하여금 자신들에게
불순종할 자유, 죄를 지을 가능성이 있음을 인식하게 하시고, 자유를 사
용하면서 신중하고 조심해야 함을 가르쳐 주십니다. 이런 점에서 선악과
를 만들고 금지 계명을 주신 것은 우리 인간이 죄를 지을 가능성이 있지

만 자유 의지로 죄를 짓지 않도록 도우시기 위함입니다. 다시 말해 하나님은 인간이 죄를 지을 가능성이 있기 때문에 그 가능성으로 죄를 짓지 않도록 안전장치를 마련하기 위해서 선악을 알게 하는 나무를 만드신 것입니다. 그래서 이 나무 열매를 먹지 말라고 하시고, 먹으면 반드시 죽을 것이라고 무서운 경고를 하신 것입니다. 이것은 인간이 하나님께 순종해서 선의 세계에만 머물러 영생에 이르게 하고자 하시는 하나님의 간절한 사랑 행위입니다.

선악과를 만드시기 전, 다시 말해 선악과 계명을 주시기 전 자유 의지를 가진 인간이 범할 수 있는 가장 큰 유혹이나 죄는 무엇일까요?

하나님께서 에덴동산이라는 엄청난 축복을 주셨기 때문에 인간은 이 축복에 묻혀서 하나님의 존재를 잊어버릴 수 있습니다. 이러한 죄는 선악과와 관계없이 자유 의지로 범할 수 있는 것입니다. 그런데 하나님의 축복에 도취하여 교만해져서 하나님을 잃어버리게 된다면 이것보다 더 큰 불행은 없을 것입니다. 아무리 좋은 환경에서 살아도 하나님을 잊어버리면 이것은 비극입니다. 우리 생명의 근원이신 하나님을 잊는다는 것은, 마치 자기를 낳아 준 아버지를 잊어버리고 아버지가 주신 돈 가방만 붙들고 살아가는 것과 같습니다. 나무에서 떨어져 나간 가지와 같은 신세가 되는 것입니다. 하나님이 계속해서 에덴동산과 사람을 돌봐 주시지 않으면, 그것은 부러진 가지와 같이 금방 시들시들해지고 맙니다. 우리가 자신을 낳아 준 아버지를 잊고 나아가 배은망덕하게 군다면 그것은 결국 나에게 큰 불행으로 돌아오게 됩니다. 따라서 하나님은 인간이 자유 의지를 마음껏 누리면서도 이것들을 주신 당신을 잊지 않도록 하시기 위해서, 선악과를 만드셔서 에덴동산 구석이 아니라 언제나 볼 수 있는 동산 한가운데 심으시고 선악과 계명을 주신 것입니다. 인간은 이 나무와 금지 계명을 통해 역설적으로 하나님이 주신 무한한 자유와 무한한 사랑을 기억하게 되고 그 모든 것을 주신 하나님을 잊지 않고 살게 됩니다. 이 선악과는 사랑의 증표요 인간으로 하여금 늘 하나님께 감사하고 하나님을 찬양하게 하는 '성가대 지휘자' 같은 것입니다.

💬 **인간의 자유 의지와 선악과는 어떤 관계가 있을까요?**

하나님은 인간이 가진 자유 의지 속에 있는 이런 죄의 가능성에서 인간을 보호해 주시기 위해 선악과를 만들어 선악과나무의 열매는 절대로 따 먹지 말라는 계명을 주신 것입니다. 이 명령을 어기면 죽이겠다고 선언하셨습니다. "반드시 죽으리라"(17절).

💬 **하나님은 왜 선악과를 따 먹으면 반드시 죽을 것이라고 경고하셨을까요?**

'반드시 죽으리라'는 말씀은 인간을 만드신 하나님은 인간이 불순종하면 죽일 수도 있는 존재이심을 인식시켜 줍니다. 하나님은 이 명령을 통해서 창조주로서의 권위와 위엄과 능력을 선포하십니다. 이 선포는 하나님은 창조주이시고 인간은 피조물이라는 사실을 드러냅니다. 하나님은 이를 통해 인간이 이 사실을 잊지 않도록 도우십니다. 그래서 이 말은 인간이 피조물임을 알리며 우리를 겸손하게 만들어 줍니다. 인간에게 이러한 계명이 없다면, 인간은 교만해질 수도 있습니다. 그리고 이 말은 하나님이 창조주이시요 인간의 아버지이심을 알려 줍니다. 하나님은 인간이 이 계명에 순종함으로 죄를 선택하지 않도록 도와주십니다. 동시에 하나님의 뜻 안에서 무한한 자유를 누리도록 하십니다.

하나님의 계명은 지켜도 좋고 안 지켜도 좋은 것이 아닙니다. 이 명령을 지키지 않으면 반드시 죽습니다. 그러므로 반드시 지켜야 하는 절대적인 명령입니다. 그러므로 선악과를 따 먹는 것은 창조주 하나님께 중대한 도전이요, 창조 질서를 파괴하는 행위입니다. 이는 스스로의 파멸을 자초하는 어리석은 행위입니다. 그러므로 이 명령은 인간이 넘지 말아야 할 선(線)이 있음을 가르쳐 줍니다. 자식이 아버지 집에서 무한한 사랑과 은혜를 누릴 수 있지만, 아버지 앞에서 넘지 말아야 한 선이 있는 것과 같습니다. 아버지를 집에서 내쫓아서도 안 되고 없는 사람 취급해서도 안 되며, 무시하고 불순종해서도 안 되고 가장의 권위를 인정해야 그 안에서 무한한 사랑과 자유를 누릴 수 있는 것입니다.

💬 **선악과나무를 왜 동산 한가운데, 매우 잘 보이는 곳에 두셨을까요?**

선악을 알게 하는 나무는 에덴동산 중앙에 있어서 어디서든 보였습니다. 결코 보이지 않는 동산 구석의 동굴에 숨겨 놓고 접근하지 못하도록 철조망을 쳐 놓은 것이 아닙니다. 이것은 선하신 하나님이 선악과를 선한 의도로 만드셨음을 증거합니다. 사랑의 선물입니다. 부모들 중 자녀가 내 말을 들을까 안 들을까 시험하려고 자녀가 가장 잘 다니는 거실 중앙이나 부엌 식탁 한가운데에 독 사과를 두고 먹지 말라고 하는 사람은 없습니다. 이 세상의 불완전한 부모도 이렇게 하지 않습니다. 그런데 우리를 완전히 사랑하시는 하나님이 우리가 죄를 짓나 안 짓나 시험하시려고 동산 중앙에 선악과를 주신 것은 결코 아닙니다. 아담은 선악과나무를 볼 때마다 하나님은 나를 만드시고 나에게 생명을 주신 창조주시요 나에게 필요한 모든 것을 공급해 주시는 아버지이심을 고백할 수 있었습니다. 아담이 에덴동산을 거닐면서 이 나무를 볼 때마다 창조주 하나님을 기억할 수 있도록 도와주셨습니다. 아담은 이 나무를 볼 때마다 하나님께서 주신 계명의 말씀이 자동적으로 떠올랐을 것입니다. 그는 그 나무를 볼 때마다 무한대의 자유와 그 자유에 대한 안전장치를 마련해 주신 하나님을 경배하며 순종하였습니다. 이렇게 볼 때, 에덴동산 한가운데에는 하나님의 사랑이 새겨져 있습니다. 하나님의 사랑이 동산 중앙에서 동산의 무게 중심을 잡고 있는 것입니다.

🗨 선악과는 아담에게 어떤 것이라고 할 수 있을까요?

선악과는 결혼식 때 신랑이 사랑하는 신부에게 끼워 주는 반지 같은 사랑의 선물을 의미합니다. 동시에 이 나무는 더 나아가면 낭떠러지로 떨어지니 멈추라는 'STOP' 표시입니다. 차를 운전하는 사람에게는 빨간 불입니다. 이 나무 앞에서 멈추어야 합니다. 선악과 앞에서 멈추라는 것은 악 앞에서는 멈추라는 것입니다. 선에 머물라는 것입니다. 순종함으로 선의 세계에서 하나님의 축복을 무한히 누리라는 것입니다. 악의 세계로는 절대 발을 내딛지 말라는 것입니다. 멈추지 않으면, 불순종하면 육체도 멸망할 뿐만 아니라 하나님과의 관계 단절에서 오는 모든 고통을 경험하게 됩니다. 그러므로 선악과는 아담에게 사랑입니다. 에덴 한복판에 하나님의 사랑이 세워져 있는 것입니다. 선악과는 언제나 아담에게 사랑의 하트를 날렸습니다. 이렇게 하나님의 사랑이 에덴동산의 중앙에 자리잡고 아담을 지켰습니다.

🗨 선악과 열매만은 따 먹지 말라는 계명은 지키기 어려울까요?

선악과 열매만 안 따 먹으면 에덴의 축복을 다 누릴 수 있다는 것은 복잡하거나 어려운 일이 아닙니다. 너무나 쉬운 일입니다. 하나님께서 축복의 조건을 너무나 쉬운 것으로 제시해 주셨습니다. 우리의 편의를 최대한 봐 주신 것입니다. 이 역시 하나님의 사랑 표현입니다. 만약 누군가가 공짜로 넓은 정원과 수영장이 딸린 넓은 전원주택을 주면서 거실 금고에 있는 집문서만은 손대지 말고 살라고 할 때, 집문서를 손대지 말라는 말은 당연히 지켜야 하지 않겠습니까? 그리고 그 집에 사는데, 이 일은 어려운 일이 아닙니다. 그리고 이것만 지키면 그 집에서 계속 살 수 있다고 할 때, 이런 조건의 호의는 얼마나 큰 은혜입니까? 그런데 집문서에 손을 대어 그 집을 자기 명의로 바꾼다면, 이것은 배은망덕한 것 아닙니까? 반역이고 죄가 되지 않겠습니까? 자유를 누리되 질서는 지켜야합니다. 그 자유를 주신 분을 잊지 말아야 합니다. 기억하기 위해서 반드시 지켜야 할 질서와 법이 있다면 준수해야 합니다. 질서가 없는 곳에 자유가 있을 수 없습니다. 우리가 자유 민주주의 국가의 혜택을 제대로 누리기 위해서는 법이 필요하고 법질서를 지켜야 합니다. 이처럼 하나님은 무한대의 자유를 보장하기 위해서 필요한 계명을 주신 것입니다. 그 계명은 우리를 하나님의 은혜 속에 보호하시기 위한 질서입니다. 그래서 그 계명은 우리 인간을 위한 안전장치요 우리 인간에게 주시는 하나님의 사랑 선물입니다.

그러므로 선악을 알게 하는 나무는 자유 의지를 가진 아담의 범죄를 막고, 아담이 결국은 생명나무 실과를 따 먹음으로 하나님 안에서 하나님이 주시는 생명 – 영생 – 을 풍성히 누리도록 하기 위한 것입니다. 결코 선악과가 아까워서가 아닙니다. 하나님께서는 사람들이 방종하지 않고 진리의 말씀 안에서 참 자유를 누리기 원하셨습니다. 아담은 하나님께서 주신 이 말씀에 순종하기만 하면, 계속적으로 에덴동산에서 무한한 기쁨과 무한한 자유를 누릴 수가 있었습니다. 그러므로 선악과를 먹지 말도록 하신 명령은 에덴의 무한한 기쁨과 자유, 즉 아담의 참된 행복을 위해 주신 사랑의 계명입니다. 사람을 향한 가장 큰 사랑의 선물이라 할 수 있습니다. 에덴동산을 주신 하나님은 사랑의 하나님이신데, 선악과를 주신 하나님도 사랑의 하나님이십니다.

인간이 선악과와는 관계없이 자유 의지로 죄를 지었다면, 자유 의지를 주신 하나님에게 인간 범죄 책임이 있는 것 아닐까요?

이런 생각을 하는 사람들은 한 가지 생각해 볼 것이 있습니다. 아담의 아내 하와가 아담에게 축복일까요? 저주일까요? 하나님은 아담에게 하와를 축복으로 주셨을까요? 아니면 저주로 주셨을까요? 하나님이 하와를 아담에게 주셨을 때, 아담은 "이는 내 뼈 중의 뼈요 살 중의 살이라"(창 2:23)고 하며 기뻐하였습니다. 분명히 축복이었습니다. 그런데 창세기 3장에서 보게 되겠지만, 아담은 하와가 선악과를 따 먹고 자기에게도 먹으라고 해서 그 말을 듣다가 같이 타락했습니다. 처음에는 축복이었던 하와가 나중에는 아담에게 저주가 되었습니다. 이것이 누구 책임입니까? 하나님의 책임입니까? 하와의 책임입니까? 이것은 하와의 책임입니다. 죄를 지은 사람 책임입니다. 하나님은 인간에게 자유 의지를 축복으로 주셨습니다. 인간을 축복의 존재로, 복의 근원으로 만드셨습니다. 인간은 얼마든지 범죄하지 않고 축복을 누리며 행복하게 살 수 있었습니다. 그럼에도 죄를 지은 것은 인간 책임입니다. 하나님의 책임이 아닙니다.

그런데 우리는 인간 책임을 하나님께 돌리는 경향이 있습니다. 그래서 우리의 모든 불행 원인을 하나님께 돌립니다. 아담도 하나님이 준 여자 때문에 자신이 죄를 지었다면서 하나님을 원망합니다(창 3:12). 그러나 아담을 유혹한 것은 하나님이 아니고 여자이며, 아담이 죄를 지은 것은 근본적으로 자기 책임입니다. 여자가 유혹하든 말든 아담은 죄를 짓지 않을 능력이 있었습니다. 하나님이 그런 능력을 주셨습니다.

그래도 하나님이 창조를 안 하셨으면, 그런 죄를 안 짓지 않겠는가라는 생각을 하는 사람이 있을 수 있습니다. 그런데 남녀가 결혼해서 아이를 갖고자 할 때, 그 결정권이 태어날 아이에게는 없습니다. 그 결정권은 전적으로 그 아이의 부모에게 있습니다. 그런데 그 아이의 부모가 아이를 갖고자 할 때, 어떤 부모라도 악한 의도는 없습니다. 부모도 아이가 태어나서 죄를 짓고 감옥에 갈 가능성이 있음을 압니다. 성년이 되기까지 세상을 살아 보면, 인간에 대한 이해가 그 정도는 누구에게나 있습니다. 심지어 자기 아이가 아주 흉악범이 되어 큰 벌을 받을 가능성이 있음도 압니다. 그러나 부모는 그런 가능성 때문에 아이를 갖지 않으려 하지 않습니다. 부모는 오히려 아이가 선하게 살아 훌륭한 사람이 될 가능성에 주목합니다. 그리고 그 아이를 사랑의 대상으로 여깁니다. 그 아이를 통해 얻을 행복과 그 아이에게 아낌없이 베풀 사랑에 초점을 맞춥니다. 그리고 아이가 태어나면 모든 사랑을 다 쏟아부어 줍니다.

또한 부모는 아이에게 훌륭한 사람이 되는 길, 행복하게 되는 길을 가르쳐 주고 순종하도록 돕습니다. 아이는 부모님께 순종하면서 훌륭하게 자라 부모의 기쁨이 되고, 행복한 삶을 살 수 있습니다. 그러나 부모의 사랑을 외면하고 부모의 존재조차 거부하고 불순종하면서 악의 길을 가다가 감옥에 들어갈 수도 있습니다. 후자의 경우 그 책임이 부모에게 있을까요? 아이에게 있을까요? 왜 부모님이 나를 낳아서 감옥에 가게 했냐고 하는 말이 옳을까요? 죄를 짓고 감옥에 간 것은 부모의 은혜와 사랑과 기대를 저버린 아이 책임입니다.

전지전능하신 하나님은 예지의 능력으로 선악과를 만들어 주어도 자유 의지를 가진 인간이 그 자유 의지로 타락할 것을 미리 아시지 않았을까요?

그렇다면 아예 자유 의지를 가진 인간을 만드시지 않았으면 인간이 죄를 짓지도 않았을 것입니다. 그러면 심판도 없고 불행도 없을 것입니다. 그러나 예지력이 있다고 해서 꼭 앞을 상세히 다 들여다보는 것은 아닙니다. 하나님은 선한 의도로 우리 인간을 만드셨습니다. 우리 인간이 하나님의 영광을 드러내는 훌륭한 사람으로 성장할 것을 꿈꾸며 인간을 만드셨습니다. 하나님은 모든 (열린) 가능성을 알고 계시고 미래도 아실 수 있지만, 그렇다고 무조건 미래를 다 들여다보고 행동하시는 것은 아닙니다. 한 인격체와 순간순간을 소중하게 지내시기 위해 자신의 예지 능력을 발휘하시지 않을 수도 있습니다. 이미 축구 경기가 끝났지만, 신문 기사에 나온 결과를 보지 않고 녹화 영상을 보면서 경기의 재미와 감격을 누리고자 할 수도 있습니다. 마찬가지로 하나님도 미래를 미리 내다보면서 모든 부정적인 선택을 원천 봉쇄하기보다 선을 행할 수 있는 환경을 만들어 주신 후 인간이 자유 의지를 가지고 순간순간 어떤 선택을 하는지를 보면서 인간의 선택에 따른 신적 통치를 하실 수도 있습니다.

하나님은 우리 인간이 모든 선택의 상황에서 선한 사람으로 살아가도록, 그래서 하나님이 목표하신 영광에 이르도록 최선을 다하셨습니다. 하나님은 인간에게 자유 의지를 주시면서 죄를 지을 가능성도 주셨지만, 죄를 전혀 짓지 않을 수 있는 능력도 주셨습니다. 그러나 하나님은 당신의 거룩한 형상으로 우리 인간을 지어 우리 인간이 늘 선한 마음의 영향 속에서 자유 의지를 발휘할 수 있도록 하셨습니다. 타락한 본성을 가진 인간은 그 자유 의지를 발휘할 때 타락한 본성의 영향을 받지만, 타락하기 전인 이때에는 하나님의 거룩한 형상의 영향만 받았습니다. 하나님은 우리 인간을 극진한 사랑으로 돌보시고, 우리에게 선한 계명을 주시며 우리 인간을 뒷바라지하셨습니다. 마음씨 착한 인간 부모와는 비교할 수 없을 정도로 선하게 우리 인간을 대하셨습니다. 우리 죄의 책임을 우리는 하나님께 돌릴 수 없습니다. 우리 인간을 만들고 안 만들고는 하나님이 결정하실 일입니다. 하나님의 주권에 달렸습니다. 그럼에도 하나님은 우리 인간이 죄를 지었을 때, 그 죄에 대해 당신이 책임을 져 주십니다. 인간이 죄를 지었을 때, 예수님을 보내셔서 세상의 모든 죄를 지고 십자가에서 대속의 피를 흘리게 해 주시지 않았습니까? 이 하나님을 생각할 때, 하나님은 자유 의지를 주실 때, 죄를 지을 수 있는 가능성에 대한 대비책도 이미 세워 두셨습니다. 그리고 원치 않는 일이 일어났을 때 세워둔 대비책으로 수습도 하셨습니다.

죄는 우리가 잘못해서 지은 것이고 그 책임은 우리에게 있습니다. 죄를 지은 인간이 벌을 받고 지옥 가는 것은 당연합니다. 그런데 이런 우리에게 구원의 손길을 내밀어 주신 하나님은 참으로 은혜로운 분이십니다. 구원은 은혜입니다. 우리가 이 하나님의 선하심을 믿고 하나님께 순종하고자 하면, 죄를 짓고 나서도, 혹은 타락한 본성을 가지고 태어나 많은 죄를 지었어도 아무런 문제가 없습니다. 하나님께서 하신 구원의 약속을 믿고 회개하면, 모든 죄를 용서받고 어느 시대에나 하나님이 창조하신 목적대로 순종하면서 살아 하나님이 원래 의도하셨던 영광과 영생에 이를 수 있기 때문입니다.

아주 훌륭한 부모님이 아주 좋은 환경에서 최고의 교육과 인격 훈련을 자신의 아들에게 주었는데, 아들은 이것을 뿌리치고 집을 나가 비행 청소년들과 어울리는 경우를 생각해 봅시다. 그 아들은 비행 청소년들에게 우리 부모님은 나에게 술도 못 마시게 하고, 비행 청소년들과 어울리지 못하게 하며, 정욕죄도 마음껏 짓지 못하게 한다고 불평하면 그들은 너의 부모님이 참 나쁘다고 할 것입니다. 그러나 이 사람의 부모님을 잘 알고 객관적인 시각을 가진 사람들은 그 부모가 얼마나 훌륭하고 반면에 그 아들이 얼마나 배은망덕하고 악한 자인지 알 것입니다. 우리가 악하고 교만한 자들 편에서 생각하지 말고 진리 편에서, 하나님 편에서 생각할 수 있기를 바랍니다.

🔍 하나님은 에덴동산을 다스리던 아담을 보시며 무슨 생각을 하셨을까요?

18절을 보십시오. 아담은 많은 동물들과 살고 있었고 각 동물의 모양과 생태를 정확히 연구하여 이름을 지어 주었습니다. 하나님은 이런 아담을 보시면서 아담이 사명을 감당하는 데 돕는 배필(a suitable helper for him)의 필요성을 느끼셨습니다. 아담은 많은 동물과 같이 살고 있었으나 에덴동산을 관리하는 일에 자기와 같은 수준으로 도움을 줄 수 있는 동물은 없었습니다. 동물은 사람에게 이용이 되고 사람에게 협조할 수 있고 어느 정도 외로움을 달래 줄 수도 있지만, 어디까지나 동물일 뿐입니다. 애완용 개가 아무리 좋아도 우리의 돕는 배필이 될 수는 없습니다. 돕는 배필은 같은 이성과 같은 양심과 같은 영혼을 가진, 같은 하나님의 형상을 가진 동질자이면서도 보완적인 존재여야 합니다. 함께 모든 것을 공유하고 의논하고 동역할 만한, 동업할 만한 그런 상대여야 합니다. 남자에게 가장 보완적인 친구나 동역자는 여자입니다. 여자는 남자가 갖고 있지 않은 여성적인 성품과 섬세한 능력과 여성성이 있습니다. 반대로 남자도 여자에게 없는 강함과 여자에게 보완이 되는 남성성을 가지고 있습니다. 그래서 이 둘은 보완적이어서 서로 합치면 더 좋은 하나님의 형상이 됩니다. 하나님은 서로 다른 인격인 성부, 성자, 성령이 서로 사랑하고 긴밀하게 교제하시면서도 하나가 되는 형상을 가지고 계십니다. 이러한 하나님의 형상대로 만들어진 사람도 같은 사람이면서도 다른 동일한 인격체와 교제하면서 사랑으로 하나가 될 수 있는 존재로 만들어졌습니다. 이런 인간에게는 다른 동일한 인격체가 필요하며, 그 인격체는 돕는 배필을 역할을 할 수 있습니다.

🗨 하나님께서 아담의 돕는 배필을 어떻게 만드셨습니까?

아담이 종일 일하고 곤히 잠들었을 때(19-20절), 하나님께서는 아담을 잠들게 하시고 그 갈빗대 하나를 취하여 여자를 만드셔서 아담에게 주셨습니다. 여자는 아담의 심장을 보호하는 갈빗대로 지음을 받았습니다. 여자들은 남자의 심장을 보호해 주고 생명을 지켜 주는 그런 존재입니다. 우리가 어릴 때는 엄마가 그런 역할을 하고 나이가 들면 아내가 그런 역할을 합니다. 하나님은 심장과 같은 위치에 있는 갈빗대가 그 여자 육체의 시작이 되게 하심으로, 남자와 동등한 위치에서 한마음으로 서로 동역하게 하셨습니다.

🗨 동역자인 여자를 맞이하는 아담의 소감이 어떠했습니까?

"뼈 중의 뼈요 살 중의 살"(23절)이란 가장 짙은 혈족 관계를 말합니다. 여자는 '나의 핵심이다'라는 말입니다. 아담은 동역자를 하나님께서 허락하신 자신의 살과 뼈와 같이 귀중한 배필이라고 소감을 말하고 있습니다. 아담은 동역자를 받아들이면서 'from man'이라는 뜻의 '여자'라는 이름을 지어 주었습니다. 영어로 여자를 뜻하는 'Woman'에서 그 첫 두 글자 'wo'는 라틴어 어원으로 'from, out of'이라는 뜻입니다.

창세기의 저자 모세는 아담과 하와가 하나 되는 것을 보면서 결혼을 어떻게 정의합니까? "이러므로 남자가 부모를 떠나 그 아내와 연합하여 둘이 한 몸을 이룰지로다"(24절). 남자는 이제까지 그 부모를 의지하며 살아왔으나, 이제 성장하여 결혼하게 될 때 아내와 연합하여 자립하기 위해서는 그 부모를 떠나야 합니다. 더 이상 의지하지 말고 정서적으로, 경제적으로 떠나야 합니다. 자립하라는 이야기입니다. 더 이상은 부모와 하나가 아니라 아내와 하나가 되어야 한다는 것입니다. 여기서 연합(united)한다는 것은 전인격적인, 전체 삶에서의 연합을 말합니다. 서로 부족한 것을 채워 주고 사랑과 이해의 관계성을 갖고 동질적인 인격체를 이루는 것을 말합니다.

💬 아담과 하와의 부부 생활은 얼마나 행복했을까요?

아담과 하와는 벌거벗고 살았습니다. 그러나 그들은 부끄럽지가 않았습니다. 서로를 성적으로, 육적으로 바라보지 않고 거룩한 인격체로 존경하며 자연스럽게 대하였습니다. 무죄의 시대에 성결한 영의 지배를 강력히 받고 있기 때문에 자연스럽고 행복한 가운데 있었습니다. 하나님은 아담의 가정을 세우심으로써 부족함이 없는 완벽한 에덴 낙원을 이루셨습니다. 결혼을 에덴 중의 에덴이라고도 합니다. 하나님이 주시는 이러한 결혼을 하기 위해서는 부끄러울 것이 없도록 순결을 지켜야 합니다. 이러한 순결로 준비된 자들은 결혼 생활의 축복을 온전히 다 누릴 수 있습니다.

💬 이상에서 무엇을 배울 수 있었습니까?

에덴동산에서의 삶은 인간에게 주어진 최고의 축복, 파라다이스입니다. 인간의 완벽한 행복을 보장해 주는 곳입니다. 여기에는 인간을 향한 하나님의 첫사랑이 매우 놀랍게 펼쳐져 있습니다. 하나님은 당신을 닮은 인간을 위해 생명나무와 각종 유실수, 그리고 사시사철 형형색색 아름다운 꽃들이 만발한 에덴의 낙원을 사랑의 선물로 주셨습니다. 에덴을 가로지르는 네 개의 강은 인간을 향한 하나님의 넘치는 사랑을 싣고 유유히 흘렀습니다. 이러한 사랑의 하나님이시기에, 인간이 타락했을 때 그들을 구원하시기 위해서 독생자(예수님)도 십자가에 내어 주신 것입니다. 이 하나님은 어제나 오늘이나 영원토록 동일하십니다(히 13:8). 하나님은 여전히 이런 식으로 우리를 사랑하십니다!

당신은 지금 어디에 있습니까?

찬송가 343 ✦ 창세기 3:1-9

💬 **오늘날 세상에는 왜 이렇게 아픔과 질병과 다툼과 더러움과 고난이 가득할까요?**

태초에 천지를 창조하신 하나님은 만드신 세상을 보시며 심히 좋아하셨습니다. 그 만드신 세상이 정말 너무나 아름다웠습니다. 모든 것이 완벽한 조화를 이루며 선하신 하나님의 영광을 밝게 드러내었습니다. 무엇보다 하나님의 형상대로 만들어진 인간의 존재는 하나님의 가장 큰 기쁨이었습니다! 하나님은 당신을 닮은 인간을 위해 에덴의 낙원을 사랑의 선물로 주셨습니다. 아담에게 돕는 배필까지 주셔서 최상의 행복을 누리게 하셨습니다. 그런데 인간은 이런 낙원을 잃어버렸습니다. 비극의 낭떠러지로 떨어졌습니다. 어쩌다가 그렇게 되었을까요?

창세기 3장은 이 질문에 답을 줍니다. 그리고 이러한 인간들에게 잃어버린 낙원을 회복시켜 주시기 위해 하나님이 약속하신 여자의 후손인 예수님에 대한 복음을 전해 줍니다. 이 약속의 복음에는 죄를 범한 우리 인간을 향한 하나님의 놀라운 사랑이 담겨 있습니다.

🗨 평화로운 에덴동산에 어떤 일이 발생하였습니까?

1절을 보십시오. 뱀은 어떤 존재입니까? 여호와 하나님이 지으신 들짐승입니다. 하나님의 피조물입니다. 그런데 들짐승들 중에서 가장 간교했습니다. 여기서 '간교하다'는 말은 히브리어 '아룸'으로 '영리하다', '영특하다'는 뜻입니다. 창세기 1:31을 보면 하나님이 지으신 모든 것은 심히 좋았기 때문에 '아룸'은 결코 부정적인 뜻이 아닙니다. 그런데도 이 단어를 '간교하다'라는 부정적인 단어로 번역한 것은 창세기 3장의 맥락을 고려한 것입니다. 창세기 3장에서 뱀이 그 지혜로 매우 부정적인 역할을 하기 때문입니다. 창세기 3장에서 뱀은 단순한 들짐승이 아니라 사탄에게 이용당하고 있는 짐승입니다.

유대 랍비들에 따르면 당시 뱀은 걸어 다녔다고 합니다. 그리고 뱀에게 인간과 의사소통할 수 있는 능력이 있었는지는 확실치 않으나, 성경에서는 나귀가 주인에게 말을 하기도 하고(민 22:28-30), 귀신이 사람의 영혼에 들어가 그 사람의 입을 빌려 자기 말을 하기도 합니다(막 5: 7, 10). 창세기 3장에서는 사탄이 당시 뱀이 가졌던 어떤 언어적 능력을 그대로 활용했거나, 신기한 능력으로 뱀이 사람처럼 말을 하게 하여 하와와 대화를 하게 했던 것 같습니다. 자세히 표현되지는 않았으나 하와는 뱀이 말하는 것을 신기하게 여기며 대화를 했을 수도 있습니다.

🗨 사탄은 뱀에게 들어가 인간을 어떻게 공격하였습니까?

사탄은 에덴의 낙원에서 하나님의 무한한 사랑을 받으며 행복하게 살아가는 인간을 시기하였습니다. 사탄은 인간의 영혼을 짓밟아 그 속에서 빛나는 하나님의 형상을 파괴하고자 하였습니다. 기회를 엿보던 사탄은 첫 사람 아담보다는 연약한 그릇인 여자를 공략하고자 하였습니다. 여자는 또한 돕는 배필이기 때문에 여자가 넘어지면 결국 아담도 여자의 도움을 받아서 넘어질 것이라 생각하였습니다. 사탄은 여자가 호감을 가질 만한 꽃처럼 아름다운 동물을 찾아보았습니다. 동시에 여자의 귀를 솔깃하게 할 만한 지혜를 가진 영리한 짐승을 찾아보았습니다. 에덴에서 가장 아름답고 지혜가 뛰어난 짐승은 단연 뱀이었습니다(1a절). 말 그대로 뱀은 당시 에덴에서는 꽃처럼 아름다운 존재였습니다. 그리고 주변 환경에 맞게 변신도 잘하고 순발력과 기회 포착 능력도 뛰어났습니다. 사탄은 아름다움과 뛰어난 지혜를 갖춘 이 뱀을 이용하기로 마음먹었습니다.

사탄은 뱀 속에 들어가 여자에게 다가갔습니다. 그리고 다정한 목소리로 말하였습니다. "Hello, Woman! 에덴에는 정말 유명한 맛집이 너무 많아. 오늘 하루 종일 맛집 탐방을 다녔는데, 맛있는 과일들이 얼마나 많은지 모르겠어." 사탄은 이렇게 말문을 연 다음에 지나가는 말을 하듯 넌지시 물었습니다. "하나님이 참으로, 정말, 진짜로 너희에게 동산 모든 나무의 열매는 다 먹지 말라 하셨어? 이야, 하나님 너무 한다. 어떻게 저 맛있는 과일들을 다 먹지 말라고 하시냐?" 사탄은 '참으로'라는 부사와 '모든 나무의 열매'라는 극단적인 목적어를 사용하였습니다. 이를 통해 여자가 하나님의 사랑을 의심하게 만들었습니다. 사탄은 '참으로(indeed, really, truly)'라는 부사를 사용하고 "동산 모든 나무의 열매를 먹지 말라 하시더냐"라고 함으로 부정적인 것에 초점을 맞춥니다. 다시 말해 무한한 자유와 단 한 가지 선악과에만 제한을 가한 것을 뒤바꾸어 동산 모든 나무의 열매를 먹지 말라고 하신 것처럼 생각하게 만듭니다. 교묘하고 부정적인 반응과 불평을 유도합니다. 사탄은 언제나 우리에게 다가와 이처럼 속삭입니다. 하나님께 대해서 부정적인 생각을 하고 불평의 마음을 갖도록, 하나님의 사랑을 의심하도록 속삭입니다. 뱀의 물음은 아주 간교한 질문으로서 그 목적은 여자의 마음에 하나님에 대한 잘못되고 부정적인 이미지를 심는 것이었습니다. 그리하여 하나님에 대해 부정적인 생각, 하나님의 사랑에 대한 불신과 불평, 불만의 마음을 심어 하나님과 사람의 관계를 파괴하려 합니다.

❓ 여자는 뱀에게 어떻게 대답하였습니까?

2-3절을 보십시오. 여자는 하나님께 받은 사랑과 은혜를 생각한다면, 뱀이 악한 말을 하는 것을 눈치채고, 그와 말을 섞지 말아야 했습니다. 하나님의 계명을 기억하고 뱀의 말을 무시하거나 아니면 돌멩이를 던져 쫓아버려야 했습니다. 그러나 여자는 어떻게 하였습니까? 여자는 낚시 미끼를 문 물고기처럼 솔깃해서 사탄의 질문을 진지하게 생각해 보았습니다. 사탄이 질문의 형식으로 던진 덫에 걸려들고 만 것입니다. 사탄의 질문을 생각하면 할수록 하나님의 사랑이 의심스러웠습니다. 사탄의 올가미는 그녀의 영혼을 더욱 옥죄었습니다. 그러자 하나님께 대한 감사가 사라지고 마음이 딱딱해졌습니다. 사람이 누군가를 사랑하면 글자 하나까지, 눈빛까지 기억합니다. 그런데 여자에게 너무나도 명백했던 선악과 계명의 말씀에 대한 기억이 흐릿해졌습니다. 그래서 여자는 창세기 2:16에 나오는 정말 중요한 말들인 '각종'과 '임의로' 등은 빼고, 하나님께서 하시지도 않은 말, 즉 '만지지도 말라'는 말은 덧붙여 대답하였습니다. 여자의 답변을 보면, 심지어 '반드시 죽으리라'는 엄한 경고를 '죽을까 하노라'라는 휴지 조각처럼 가벼운 말로 비틀어 버렸습니다. 다시 말

해 '반드시 죽으리라'(창 2:17)는 말은 죽음이라는 벌의 확실성을 명백하게 담고 있는 것인데, '죽을까 하노라'라고 함으로 죄에 대한 처벌을 상대화시켜 약하게 만들어 버린 것입니다. 사탄의 유혹을 받은 여자는 유혹의 마취제를 맞은 것처럼 정신이 혼미하여 하나님의 말씀을 상대화시키고 왜곡시켰습니다. 한마디로 보석처럼 빛나던 사랑의 계명을 누더기같이 너덜너덜하게 만들어 버렸습니다. 하나님의 말씀(창 2:16-17)과 여자의 대답(창 3:2-3)이 왜 이렇게 다를까요? 사탄의 말을 듣고 사탄의 말에 기초해서 생각해 보니, 사탄의 의도대로 하나님께 대한 감사함을 잃고 하나님께 대한 절대적인 자세, 겸손함을 잃어버린 것입니다. 사탄의 말을 듣고 받아들여서 묵상하면 안 됩니다. 하나님을 대적하는 자인 사탄을 따라 사고의 방향이 하나님께 대해 안티가 됩니다. 그래서 교만해지고 감사가 없어지고 불순종의 영에게 사로잡히게 됩니다.

뱀은 여자에게 무슨 거짓 확신을 심었습니까?

사탄은 여자와 하나님 사이에 틈이 벌어졌음을 눈치챘습니다. 4절을 보십시오. 사탄은 그 순간 먹이를 낚아채듯 "너희가 결코 죽지 아니하리라"라고 말하며 확신에 찬 거짓말로 "정녕 죽으리라" 하신 하나님의 말씀을 완전히 뒤집어 버렸습니다. 사탄의 거짓된 속성이 유감없이 드러난 것입니다(요 8:44). 사탄은 이를 통해 여자가 하나님을 두려워하지 못하도록 하였습니다. 사람에게서 하나님께 대한 두려움이 사라지면, 그때부터 자기가 우주의 중심이 됩니다. 자신의 이성을 사용한 무신론적 합리적 추론으로 (자기중심적인, 자기 이성이 모든 것을 판단하는) 철학을 만들어 내기 시작합니다. 성경에 나오는 하나님을 있는 그대로 믿기보다 하나님을 상대화시키고, 합리적 이성과 인본적인 사고를 동원하여 나의 마음에 드는 새로운 합리주의 신을 창조합니다. 그 신은 아주 합리적으로 보이나 실제로 존재하는 창조주 하나님이 아니라 나의 생각과 인간이 지어낸 철학일 뿐입니다. 이렇게 죽음에 대한 두려움이 사라지면, 이때부터 거칠 것이 없습니다. 무슨 생각이든 어떤 짓이든 할 수 있습니다. 이젠 내 맘대로 무엇이든 욕심내어 챙길 수 있습니다. 하나님께 대한 신뢰가 깨어지면 대신 사탄을 믿게 됩니다.

💬 사탄은 먹어도 죽지 않을 뿐만 아니라 어떻게 된다고 말합니까?

5절을 보십시오. "너희가 그것을 먹는 날에는 너희 눈이 밝아져 하나님과 같이 되어 선악을 알 줄 하나님이 아심이니라." 이 말은 "하나님이 왜 너희더러 선악과를 먹지 말라고 하는지 알아? 너희가 그것을 먹어서 하나님과 대등한 신이 되어 선악을 알게 되면, 하나님이 곤란해지니깐 그런 거야. 한마디로 자기만 신적 지위를 누리고 싶은 것이지"라는 뜻입니다. 사탄은 하나님의 사랑을 의심하고 하나님께 대한 두려움이 사라지기 시작한 여자의 마음에 교만을 한가득 집어넣었습니다. 그래서 여자의 교만을 자극하여 하나님의 사랑을 의심하도록 부추겼습니다. '너희 눈이 밝아져'의 문자적 의미는 '너희 눈이 열린다(your eyes shall be opened)'입니다. 눈이 밝아져 하나님과 같이 된다니! 이 얼마나 솔깃한, 귀가 확 열리는 말입니까? 피조물이 창조주와 같이 된다는 것은 대단히 매력적인 말입니다. 사람의 마음에 교만을 불러일으킵니다. '하나님과 같이 된다'는 말은 사탄이 가장 잘 사용하는 전략입니다. 사탄 자신도 하나님과 같이 되려다가 타락한 존재입니다(겔 28:1-10). 사탄은 예수님에게 세상 영광을 보여 주며 자신에게 절하면 이것을 주겠다고 유혹했습니다(눅 4:5-7). 그러나 그것은 거짓말이었습니다. 영광이 아니라 파멸이며 영원한 죽음이 그 결과입니다. 사탄은 사람이 선악을 알게 하는 나무의 열매를 먹으면 눈이 밝아져 하나님과 같이 선악을 알게 될 것을 하나님이 알고서 선악과를 금지한 것이라고 말합니다. 여기서 중요한 지점은 사람이 하나님처럼 선악을 알게 되면, 지금보다 더 영화롭게 되고 행복해질 것이라는 말입니다. 다시 말하자면, 지금 사람이 누리는 에덴의 축복은 하나님이 누리는 것에 비하면 아무것도 아니라는 것입니다. 하나님은 욕심쟁이이고 이기적인 존재여서 영화와 축복을 혼자서만 누리려고 사람에게는 먹지 말라고 했다는 것입니다. 거짓말쟁이인 사탄은 오히려 하나님이 거짓말을 한 것이라고 말합니다. 사탄은 하나님의 말씀을 정면으로 부정하고 하나님을 거짓말쟁이로 만들어 버립니다. 사탄은 늘 이렇게 말합니다. "하나님은 없어. 천국 지옥 그런 것은 절대 없어. 죽으면 끝이야."

💬 **여자가 사탄의 말을 듣고 그의 말을 믿게 되자, 어떻게 되었습니까?**

6절을 보면, 그 마음에 욕심이 생기고 선악을 알게 하는 나무를 바라보는 여자의 눈이 달라졌습니다. 먹음직하고(good for food) 보암직하고(pleasing to the eye) 지혜롭게 할 만큼 탐스러웠습니다(desirable for gaining wisdom). 영적 음욕이 생긴 것입니다. 그러자 하나님께 대한 감사와 절대적인 순종의 자세가 없어지고 하나님께 대한 불신과 불순종의 의지가 생겨났습니다. 그녀의 내면에 무서운 사탄적인 교만이 작용하였습니다. 그래서 탐을 내었고 끝내 따 먹었습니다. 여자는 하나님의 말씀 대신 뱀의 말을 들었고, 남편도 하나님의 말씀 대신 아내의 말을 들었습니다. "남편에게도 주매 그도 먹은지라." 하나님을 신뢰하면서 보았을 때는 눈에 들어오지 않던 것들이 사탄의 유혹으로 하나님과의 신뢰에 금이 가 버리니 '하나님은 저렇게 좋은 것을 왜 다 먹지 말라고 하셨을까, 정말 사탄의 말대로 아까워서 혼자만 먹으려고 한 것이 아닌가' 하는 불신이 생겼습니다. 그러한 불신으로 선악과 열매를 따 먹었습니다. 하나님께 불순종한 것입니다. 결국 하나님과 같이 되겠다는 교만으로 타락했습니다.

6절 뒷부분을 보십시오. "여자가 그 열매를 따 먹고 자기와 함께 있는 남편에게 주매 그도 먹은지라." 탐심에 사로잡힌 여자는 재빨리 선악과를 따서 베어 먹었습니다. 여자는 하나님과 같이 될지, 곧바로 피를 토하며 죽을지 운명의 순간을 기다렸습니다. 그런데 시간이 지나도 죽지 않자 여자는 '하나님이 우리를 속인 것이 맞아!' 하며 남편에게로 달려갔습니다. 여자가 한 손에 먹다 남은 선악과 열매를 들고 온 것을 본 순간 남자는 충격을 받았습니다. 감히 하나님의 계명을 어기다니! 생각 같아서는 당장 여자의 목을 조르며 먹은 것을 토해 내게 하고 싶었습니다. 그러나 아내를 사랑했던 남자는 선악과를 먹은 아내가 살아 있는 것이 의아하였습니다. 그리고 여자가 하나님과 같이 될 수 있다는 뱀의 말을 전하며, '정말 느낌상 하나님과 같이 눈이 밝아진 것 같아'라고 하자 헷갈리기 시작하였습니다. 여자는 흔들리는 남편에게 다가가 윙크를 하면서 말하였습니다. "여보, 나 믿지? 안 죽는다니깐. 이렇게 멀쩡하게 살아 있잖아. 정말 눈도 밝아진 것 같아. 자 어서 입 벌려 봐. 아..." 아내를 사랑했던 남자는 아내를 실망시킬 수 없었습니다. '그래, 살아도 같이 살고, 죽어도 같이 죽자'고 마음먹었습니다. 그리고 '정말 하나님과 같이 될 수만 있다면' 하며 교만한 마음을 품고 선악과 열매를 먹고 말았습니다. 아담은 하나님보다 아내를 더 사랑하고, 하나님보다 자기를 더 사랑했습니다. 결국 여자뿐만 아니라 아담까지 하나님이 절대로 먹지 말라 하신 선악과 계명을 완전히 범하고야 만 것입니다. 남자와 여자가 하나님께 받은 지극한 사랑과 지고의 행복을 생각할 때, 선악과를 먹은 것은 하나님께 대한 배신 행위였습니다. 배은망덕한 죄입니다. 여자와 남자, 이들의 배반을 어떻게 봐야 할까요?

최초의 인류인 남자와 여자는 하나님의 지극한 사랑을 받았습니다. 반면 그들이 뱀에게 받은 사랑이나 신세 진 것은 아무것도 없습니다. 뱀은 오히려 인간들이 다스리고 정복해야 할 짐승이었습니다. 그런데 어떻게 일개 짐승인 뱀의 말을 듣고, 생명의 은인이자 수많은 은혜를 베풀어 주신 하나님의 사랑을 의심하며 하나님의 절대적인 계명에 불순종할 수 있다는 말입니까? 어떻게 그토록 자신들을 사랑해 주신 하나님의 말씀보다 자신들에게 하나도 해 준 것이 없는 사탄의 말을 듣는단 말입니까? 이것은 매우 악한 죄입니다.

💬 선악과를 먹은 후에 아담과 하와는 어떻게 되었습니까?

7절을 보면, 그들의 눈이 밝아졌습니다. 그래서 자신들이 벌거벗었다는 것을 알고는 얼른 무화과나무 잎을 엮어 치마를 만들어 입었습니다. 창세기 1장을 보면, 인간은 하나님의 빛나는 형상대로 지음을 받은 존재입니다. 하나님조차 심히 좋았다며 감탄하시던 대상입니다. 창세기 2:25을 보면, 그들은 선악과를 따 먹기 전까지는 벌거벗었으나 이러한 자신들의 육체를 부끄러워하지 않았습니다. 서로 건강한 관계를 맺을 수 있는 표징(token)으로 생각했습니다. 그랬던 인간들이 자신의 존재 자체를 부끄러워하게 되었습니다. 그들은 죄를 지은 후 남이 나를 어떻게 볼까 하는 자의식이 생겼습니다. 아름다운 육체가 이제는 건강한 관계를 맺을 수 있게 하는 것이 아니라 부끄럽고 수치스럽고 감추고 싶은 것이 되었습니다. 그들의 눈은 육체에 대해 순수성을 상실하였습니다. 그들은 이 문제를 해결하기 위해서 무화과나무 잎을 엮어 치마를 삼았습니다. 무화과나무는 팔레스타인에서 자라는 나무 가운데 가장 큰 나뭇잎을 냅니다. 이런 나무로 치마(혹은 몸 전체를 덮는 큰 옷)을 만들어 몸을 가렸습니다.

우리도 죄를 지을 때 수치심과 자의식을 갖게 되고, 뭔가로 자기를 가리고 싶어 합니다. 감추고 싶은 부끄러움이 생겨납니다. 그런데 자신들의 벌거벗었음을 가린다고 해서 불순종의 죄에 대한 책임 – 지불해야 할 대가 – 에서 벗어나는 것은 아닙니다. 죄를 지은 인간들은 두려움을 갖게 되었습니다. 그날 에덴동산을 거니시는 여호와 하나님의 소리를 듣고는 하나님의 얼굴을 피하여 동산 나무 사이에 숨었습니다(8절). 원래 이들은 하나님과 친밀한 관계에 있었습니다. 하나님이 거니시는 소리가 들리면 즉시 하나님 아빠하고 달려가 눈을 맞추고 품에 안기는 이들이었습니다. 그런데 이제는 발자국 소리만 듣고도 무서워서 피하고 숨는 존재가 되어 버렸습니다. 하나님을 두려워하고 피하고 싶었습니다. 하나님과의 관계가 파괴된 것입니다. 영적으로는 이러한 관계의 파괴, 분리가 죽음입니다. 이들은 죄를 짓자 하나님의 거룩함을 견디지 못하고 심판을 두려워하게 됩니다. 죄에는 지불해야 할 대가, 죄에 대한 책임이 있기 때문입니다.

🗨 사탄의 말은 진실이었습니까? 아니면 거짓이었습니까?

사탄은 죽지 않고 눈이 밝아지고 하나님과 같이 된다고 하였습니다. 그런데 얼핏 보면, 실제로 아담과 하와가 따 먹었는데 죽지 않았고 눈이 밝아졌으며 하나님처럼 인간도 선악을 알게 되었습니다(창 3:22). 그러나 사람이 육체적으로는 안 죽은 것 같지만 영적으로는 죽은 것입니다. 영적인 죽음이란 생명의 근원이시고 날마다 생명을 공급해 주시는 하나님과 분리되는 것입니다. 독립 선언을 한 것 같지만, 사실은 죽음의 길로 들어선 것입니다. 왜냐하면 세상에 독립적인 존재는 하나님뿐이시고, 모든 피조물은 스스로 존재할 수 없어서 하나님을 의존하여 생명의 호흡을 하도록 만들어졌기 때문입니다.

사탄이 눈이 밝아진다고 했을 때, 그것은 당연히 인간 편에서 좋고 행복하며 유익하다는 의미로 사용했습니다. 그렇게 거짓말을 한 것입니다. 그러나 실상은 어떠합니까? 눈이 밝아졌다는 것은 부끄러운 것을 보고 수치심을 느꼈다는 말입니다. 그래서 무화과나무로 치마를 만들어 입었습니다. 눈이 밝아지기 전에는 오히려 당당하고 행복하였습니다. 동물들의 본질을 꿰뚫고 이름을 지어 줄 만큼 탁월한 지성을 가지고 살았습니다. 자연 세계 법칙을 이해해서 자연을 다스리고 정복하며 살 수 있었습니다. 그때 하나님이 주신 신적인 지성으로 천재적인 삶을 살 수 있었습니다. 그러나 눈이 밝아지면서 하나님의 지성을 잃고 그의 눈은 어두워졌습니다. 음란해졌습니다. 하나님이 주신 그 밝은 눈동자를 잃어버린 것입니다. 사탄은 선악과 열매를 따 먹으면 하나님과 같이 된다고 하였습니다. 그러나 실상은 하나님처럼 높아진 것이 아니라, 오히려 이전보다 더 낮아졌습니다. 사탄은 하나님도 알려 주시지 않은 진실을 말해 준 것 같습니다. 그러나 이것은 표면상 그렇지, 깊은 내용을 들여다보면 그렇지 않습니다. 완전히 속인 것입니다. 사탄은 이렇게 겉으로는 사실인 양 보이는 것으로 그 내용이나 영적 실체를 가려 사람들을 속입니다.

💬 결국 인간은 어떻게 되었습니까?

사탄이 말한 대로 인간은 하나님처럼 선악을 알게 되었습니다. 그러나 하나님은 악을 범하시지 않고 악을 아시지만 인간은 그렇지가 않습니다. 과거에는 선만 제대로 알고 악에 대해서는 불순종이 악이라는 사실만 인지했습니다. 그러나 이제는 악을 체험했고 악의 세계에 들어와서 악을 보게 되었습니다. 악이 그의 영혼을 오염시켰고, 이제 그의 입은 악을 토해 내게 되었습니다. 한편 선악을 아는 일에 하나님과 같이 된다는 것은 인간이 선악을 직접 판단하게 된다는 것입니다. 선하시고 전지전능하신 하나님이 선악을 판단하고 구별해 주시는 기준을 따라 그저 순종하며 살 때 인간은 안전합니다. 하나님이 선하다고 하시면 그것을 믿고 살 때 선하게 살 수 있습니다. 악이라고 하는 것은 거부하면 됩니다. 그런데 인간이 하나님의 판단을 거부하고 자신이 직접 선과 악을 판단해서 행동하고자 할 때, 그 판단을 믿을 수 있을까요? 판단하는 측면에서는 하나님과 같이 되었지만, 그 판단은 하나님처럼 의롭고 옳지가 않습니다. 인간이 스스로 선악을 판단할 때, 얼마나 자기중심적이고 이기적인 판단을 하겠습니까? 얼마나 이기적이고 자기중심적인 심판을 해서 수많은 사람들에게 해를 끼치겠습니까? 스스로의 영혼도 파괴하고 파멸로 이끌어 갈 수 있지 않겠습니까? 나 자신을 믿을 수 있습니까? 우리의 진정한 믿음의 대상은 선하시고 무흠하신 하나님이 아닙니까? 그 하나님의 판단과 말씀에 따라 선악을 분별하고 살아가는 것이 지혜이고 축복입니다. 그런데 인간은 스스로 하나님과 같이 되어 실상은 하나님의 은총에서 떨어져 나가 진정한 선악을 분별하는 자가 된 것이 아니라, 악의 세계로 굴러떨어진 것입니다. 실상은 짐승만도 못한 자들이 된 것입니다.

💬 아담의 범죄가 나와 무슨 상관이 있나요?

선악과 계명은 아담에게 주신 것이지만, 인류 전체에게 주신 것이기도 합니다. 하나님이 아담을 인류의 대표로 세우셨기 때문입니다. 창조 당시 아담은 하나님이 보시기에 심히 좋은 상태였지만, 완성된 상태는 아니었습니다. 아우구스티누스는 완전의 초보 형태였다고 말합니다. 하나님은 그가 선악과 계명을 지킴으로 성장하여 당신의 때에 생명나무의 실과를 따 먹고 영원한 생명의 육체를 가지며 그 영과 육이 완전의 완전 상태에 도달하기를 바라셨습니다. 아담이 선악과 계명에 순종하면, 아담은 완전의 초보에서 완성을 향해 성장하게 되고, 그가 성장하게 되면, 인류 전체도 그의 성장을 물려받게 되는 것입니다. 반면, 그가 불순종하여 죄를 지으면, 그가 받아야 할 죄에 대한 책임, 즉 죄책(original guilt)과 죄로 말미암은 성품의 부패성(original pollution, 창 6:5)이 그의 후손들인 인류에게도 전해지게 됩니다(전가, imputation). 이렇게 전달되는 것을 원죄(original sin)라고 하고, 그 전달되는 원리를 '대표와 연합의 원리'라고 합니다(롬 5:12-19). 아담이 그의 생애에서 처음으로 지은 죄 – 선악과를 따 먹은 행위 – 로 말미암아 지게 된 죄책은 죽음입니다. 아담이 죄를 짓자, 하나님이 그 형벌을 이야기하실 때 죽음을 선언하셨습니다. "너는 흙이니 흙으로 돌아갈지니라"(창 3:19). "네가 먹는 날에는 반드시 죽으리라"(창 2:17). 아담에게 하신 이야기이지만, 온 인류에게 하신 이야기입니다. 그래서 사람들은 다 죽게 된 것입니다. 그래서 사람들은 다 생명의 근원이신 하나님에게서 분리가 되어 끊어집니다. 그리고 사탄(마귀)과 함께 절대로 꺼지지 아니하는 지옥불에 던져지는 심판과 영원한 죽음을 당하게 됩니다(마 25:41; 살후 1:9).

요컨대, 아담은 사탄의 유혹에 넘어가 하나님 말씀에 불순종함으로 범죄(실패)하게 되었습니다. 아담의 실패로 그 허리 안에 있던 모든 인류 – 아담을 통해 태어날 후손들 – 도 실패하게 되었습니다. 아담은 선악과를 따 먹은 후로도 많은 죄를 지었을 것입니다. 두 번째 죄, 세 번째 죄, 천 번째 죄를 지었을 것입니다. 그러나 우리 인간에게 전달된 죄책은 최초의 죄에 대한 것입니다. 아담에게서 부패성을 물려받은 우리 인간은 스스로 또 많은 죄를 짓습니다. 이것을 '자범죄'라고 합니다. 영어로는 'actual sins'입니다.

❓ 아담과 여자가 죄를 짓고 숨자 하나님은 어떻게 하셨습니까?

하나님은 그들을 찾아가셔서 아담에게 "네가 어디 있느냐" 하고 물으셨습니다. 하나님은 왜 "아담아 네가 어디 있느냐"고 물으시며 그를 찾고 계셨을까요? 하나님이 그가 어디에 있는지, 그가 숨어 있는 것을 몰라서 물어보실까요? 그렇지 않습니다. 하나님은 사탄이 뱀을 통해 여자에게 접근하는 순간부터 모든 장면을 숨죽이며 지켜보고 계셨습니다. 여자가 유혹에 넘어가 선악과를 먹는 순간과 아담까지 선악과를 받아먹는 순간을 다 지켜보셨습니다. 선악과가 여자의 입속으로 들어가기 직전까지 조마조마 제발 먹지 말기를 바라셨습니다. 이후 제발 아담만이라도 여자의 유혹에 넘어가지 않기를 바라셨습니다. 그러나 선악과가 아담의 입까지 관통하는 순간, 하나님은 가슴이 칼에 두 번 찔린 듯 고통스럽고 먹먹하셨습니다. 하나님은 너무나 가슴이 아파 하늘에다 대고 목 놓아 우시며 통곡하셨습니다. 당장에 천둥 번개를 쳐서 아담과 그의 아내를 심판하시고 싶었을 것입니다. 그러나 하나님은 그렇게 큰 사랑으로 만든 당신의 자녀들을 쉽게 내치실 수는 없었습니다. 그들이 아무리 큰 죄를 지었어도 그들을 향한 지극한 사랑의 줄을 끊어버리실 수는 없었습니다. 하나님은 당신의 아픔보다는 죄를 짓고 나무 뒤에 숨어서 떨고 있는 아담과 그의 아내를 애처롭게 보셨습니다. 하나님은 우선 그들의 문제를 수습해 주시고 싶었습니다. 이미 엎질러진 물이지만 할 수만 있으면 다시 잘 담아서 원래 상태로 돌려주시고 싶었습니다. 그래서 그들을 도와줄 수 있는 뭔가가 없는지 찾아보시고는 아담이 살고 있는 에덴으로 심방을 오셨습니다.

9절을 보십시오. "여호와 하나님이 아담을 부르시며 그에게 이르시되 네가 어디 있느냐." 하나님은 남자와 여자가 숨어 있는 나무 바로 앞까지 찾아가셔서 그들이 어디에 숨어 있는지 모른 척하시며 아담을 찾으셨습니다. '우리 아담 어디 있지?' "네가 어디 있느냐?" 'Where are you?' 이 물음은 '왜 그렇게 숨어 있느냐? 그렇게 당당하고 자신감 넘치던 네가 어쩌다가 그렇게 비참한 지경에 이르게 되었느냐?'라고 하시는 말씀입니다. 사실 아담이 숨어 있는 나무 바로 아래에서 말을 거셨습니다. 하나님이 아담을 도우시기 위해서는 아담이 먼저 자신이 얼마나 치명적인 죄를 범했는지를 알아야 합니다. 자신의 영적 상태를 깊이 깨달아야 합니다. 그것을 인정하고 뉘우치는 마음으로 하나님께 나와야 합니다. 그래야 하나님이 도와주실 수 있습니다. 그래서 하나님은 "아담아, 네가 어디 있느냐" 하고 물으셨습니다.

"네가 어디 있느냐?" 이 질문은 존재 의미를 상실한 아담의 실존을 일깨워 줍니다. 인간은 피조물로서 창조주 하나님 안에 있을 때만 그 존재 의미가 있습니다. 인간은 하나님의 영광스런 형상대로 지음 받은 자로서 하나님의 영광을 위해서 하나님께서 주신 사명을 열심히 감당할 때 존재 의미를 느끼고 행복을 누릴 수 있습니다. 그러나 인간이 하나님을 떠날 때 존재 의미를 상실하고 자신이 어디에 있어야 하는지, 왜 있어야 하는지, 무엇을 위해 사는 존재인지 알지 못하고 방황하게 됩니다. 존재 의미를 상실한 인간은 인생의 의미와 목적을 상실하고 사명도 상실하고 하나님의 형상도 상실하게 되었습니다. 하나님께서 이런 인생들을 불쌍히 여기시고 현재의 비참한 실존을 깨닫도록 "네가 어디 있느냐"라고 질문하신 것입니다. 이 질문은 또한 회개를 촉구하는 사랑의 음성입니다. 하나님은 인간이 비참한 실존을 깨닫고 회개하고 당신에게로 돌아오기를 원하셨습니다. 아담은 범죄한 후 무화과나무 잎으로 자신을 가리고 숨어 있었습니다. 하나님은 이런 그가 교만과 불순종의 옷, 자의식과 죄의식의 옷, 가식과 위선의 옷을 벗고 진실된 모습으로 하나님 앞에 나아와 죄를 고백하기 원하셨습니다. 이는 죄인으로서의 자신의 실존을 깨닫고 회개하고 나아오기를 원하시는 하나님의 의의 음성이요 사랑의 음성입니다. 하나님은 오늘날도 존재 의미를 상실하고 물질이나 지식, 세상 명예와 권세의 무화과나무 잎으로 자신을 가리고 있는 인생들에게 애타게 말씀하십니다. "네가 어디 있느냐."

💬 **하나님이 우리에게 "네가 어디 있느냐"고 물으실 때 우리는 어떻게 대답해야 할까요?**

이사야 1장을 보면, 하나님은 범죄한 이스라엘 백성들을 찾아가셔서 "네가 어디 있느냐" 물으시며 말씀하셨습니다. "오라 우리가 서로 변론하자 너희의 죄가 주홍 같을지라도 눈과 같이 희어질 것이요 진홍같이 붉을지라도 양털같이 희게 되리라"(사 1:18). 우리가 어떠한 죄를 지었든 하나님은 돌아온 탕자처럼 하나님께로 돌아와 죄를 자복하고 뉘우치기를 바라십니다. 그러면 용서해 주시고 사랑의 품으로 안아 주고자 하십니다. 우리가 "네가 어디 있느냐?" 물으시는 당신 앞에 나아가 진실하게 죄를 고백하기 바라십니다. 하나님은 미쁘시고 의로우신 분입니다. 그래서 우리가 우리 죄를 진실하게 고백하면, 우리의 죄를 사하시며 모든 불의에서 우리를 깨끗게 해 주십니다(요일 1:9). 그리고 넓은 사랑의 품으로 안아 주십니다. 지금도 사람들은 하나님을 떠나 온갖 죄를 지으면서 죄

책감과 부끄러움을 느끼며 무화과 나무잎으로 자신을 가리고 있습니다. 큰 나무 뒤에 숨어 있습니다. 하나님은 이렇게 숨어 있는 우리를 번갯불로 내리쳐서 심판하시기보다 우리를 도와주기 원하십니다. 우리가 얼마나 마음 아파하고 괴로워하고 있는지, 얼마나 고통스러운 상황에 직면하여 살아가고 있는지, 우리의 불행을 안타까워하십니다. 그리고 우리의 아픈 마음을 어루만지시며, 우리를 행복의 길로 이끌어 주기 원하십니다. 우리는 지금 어디에 있습니까? 어떤 죄를 지었습니까? 무엇을 가리고 있고, 어디에 숨어 있습니까? 명문대 학생증으로 가리고 있습니까? 전문직 직업이나 대기업 직원증 뒤에 숨어 있습니까? 금수저나 은수저 뒤에 있습니까? 아니면 높은 학점이나 스펙 뒤에 있습니까? 아니면 여친이나 남친 뒤에 숨어 있습니까? 카톡이나 페이스북, 인스타그램 혹은 게임방 모니터 뒤에서 가장 귀한 젊음을 낭비하고 있지는 않습니까? 우리를 도와주시기 위해, 우리가 어디에 있는지를 간절히 찾으시는 하나님께 우리는 있는 모습 그대로 나아가야 합니다.

죄와 벌, 그 속에서 피어나는
열정적인 사랑의 장미꽃

찬송가 294 + 창세기 3:10-24

💬 **아담은 자신을 찾으시는 하나님께 어떻게 대답하였습니까?**

10절을 보십시오. 아담은 이렇게 대답하였습니다. "내가 동산에서 하나님의 소리를 듣고 내가 벗었으므로 두려워하여 숨었나이다." 아담이 하나님을 피하여 숨은 이유는 벌거벗음으로 수치심이 생겨서 두려웠기 때문이 아닙니다. 하나님이 금지하신 선악과 계명에 대한 불순종으로 말미암은 두려움 때문에 숨은 것입니다. 그러므로 이 답변은 어설픈 변명입니다. 이것은 "아담아 네가 어디 있느냐?"하며 회개를 촉구하시는 하나님의 말씀 앞에서 완악한 모습입니다. 회개의 기회를 무시하고 차버리는 것입니다.

💬 **하나님은 벗어서 두렵다고 하는 아담에게 뭐라고 말씀하십니까?**

11절을 보십시오. "누가 너의 벗었음을 네게 알렸느냐 내가 네게 먹지 말라 명한 그 나무 열매를 네가 먹었느냐." 하나님은 벗었음을 안 것은 선악과를 따 먹었기 때문에, 다시 말해 불순종의 죄를 범해서 아는 것임을 지적하셨습니다. 결국 이 죄악 때문에 숨은 것임을 지적하신 것입니다.

💬 **아담과 여자는 죄를 지은 이유를 무엇이라고 합니까?**

이때 아담은 어설픈 변명을 회개하고 곧바로 진실하게 자신의 죄를 고백하면서 회개해야 했습니다. 아내의 잘못된 제안을 물리치지 못하고, 아내가 먹은 그 열매를 토해 내게 하지 못한, 그래서 회개시키지 못한 자신의 죄를 인정하고 회개해야 했습니다. 그러면 하나님은 용서해 주실 준비가 되어 있었습니다. 심지어 도와주실 수 있는 것은 뭐든 해 주고자 하셨습니다. 그러나 그는 어떻게 하였습니까? 12절을 보십시오. 아담은 이런 하나님의 속도 모르고, 비겁하게 무화과 나무 잎을 뒤집어쓴 채 떨고 있던 아내에게 주된 책임을 떠넘겼습니다. 더 나아가 여자를 만들어 준 하나님을 탓하였습니다. "이게 다 내가 잠자고 있을 때, 하나님이 내 갈비뼈를 몰래 훔쳐 가서 그렇게 된 것이잖아요. 제가 언제 여자를 달라고 했습니까? 혼자 고상하게 살 수 있었는데, 왜 이렇게도 예쁜 여자를 만들어 주셔서 유혹에 넘어지게 한 것입니까?"라고 대들었습니다. 하나님은 용서하고 도와주러 오셨다가 오히려 자신을 비난하고 원망하는 아담의 말에 기가 막히셨습니다. 생각 같아서는 당장에 멸망시키고 싶으셨습니다. 그러나 간신히 참으셨습니다. 아담은 아내를 보호하지 않았습니다. 책임지지도 않았습니다. 부부의 하나 됨이 깨진 것입니다. 더 나아가 여자를 주신 하나님을 원망합니다. 하나님은 아담의 행복을 위해서 여자를 주신 것이지, 아담이 죄를 짓게 하도록 주신 것이 아닙니다. 여자가 먹으라고 해도 아담이 안 먹으면 되는 것이고, 그럴 자유가 얼마든지 있었습니다. 그런데도 죄를 짓고 나서는 그 책임을 하나님에게까지 돌리는 아담의 태도는 뻔뻔하기 그지없습니다. 결국 아담은 아내뿐만 아니라 하나님과도 관계성도 깨뜨려 버렸습니다.

💬 여자는 어떤 말을 하였습니까?

12절을 보십시오. 여자는 돕는 배필의 사명을 망각하고 남편을 꾄 죄를 회개해야 했습니다. 그리고 다스리고 정복해야 할 동물인 뱀에게 오히려 정복당한 죄를 부끄러워하며 자복해야 했습니다. 그러나 여자는 오히려 뱀에게 속았다고 뱀 탓을 하였습니다. "뱀이 나를 꾀므로 내가 먹었나이다." 뱀을 다스려야 할 존재가 뱀에게 속임을 당하였다고 변명하고 있습니다. 하나님께서 남자와 여자에게 물으시는 것은 그들에게 회개할 기회를 주시기 위해서입니다. 그러나 그들은 남 탓만 하였습니다. 서로 사랑했던 두 사람의 사이는 이제 서로 원망하며 불평하는 사이가 되었습니다. 심지어 그들을 아름답게 창조하시고 에덴의 행복을 주신 하나님마저 원망하는 죄악 된 존재들로 변질되었습니다. 여자도 자신의 죄를 직접적으로 뱀에게, 간접적으로는 뱀을 만든 하나님께 돌립니다. 오늘날도 사람들은 자기의 죄에 대해 이처럼 변명을 합니다. 다른 사람들 때문이라고 탓합니다. 사회와 환경을 탓하고 하나님을 탓합니다.

💬 하나님은 먼저 뱀을 어떻게 하셨습니까?

하나님은 뱀에게 "배로 다니고 살아 있는 동안 흙을 먹을지니라"(14절)라고 바로 심판을 선언하셨습니다. 이 말은 가장 심하게 저주받았음을 말하는 일종의 은유법입니다. '흙을 먹는 것'은 싸움에서 패배하여 철저한 수치를 당한다는 뜻입니다. 그런데 이 심판 선언은 짐승 뱀이 아니라 사탄을 향한 것입니다. 배로 다니는 것은 뱀뿐만 아니라 다른 짐승도 많고, 뱀도 종류가 다양합니다. 모든 뱀이 이 뱀의 후손은 아닙니다. 예수님이 이 땅에 오셔서 뱀을 잡으러 다니시지도 않았습니다. 뱀은 예수님이 좋게 지으신 피조물이고 예수님의 원수는 오직 사탄입니다.

사탄에 대한 심판 선언 가운데 어떤 하나님의 사랑이 담겨 있습니까?

'여자의 후손'은 장차 동정녀 마리아에게서 탄생하신 예수 그리스도를 가리킵니다(계 12:1-5). 바울은 갈라디아서 3:16에서 이렇게 말합니다. "이 약속들은 아브라함과 그 자손에게 말씀하신 것인데 여럿을 가리켜 그 자손들이라 하지 아니하시고 오직 한 사람을 가리켜 네 자손이라 하셨으니 곧 그리스도라." 그런데 후손을 집합 명사로 보면 여자의 후손들인 전 인류를 가리킬 수도 있습니다. 그러나 이 경우는 이 구절 전체 맥락을 볼 때, 예수님을 믿는 후손이며 예수님께 속한 인류로 그 의미가 한정됩니다. 뱀의 머리를 박살 내는 분은 오직 인류의 새로운 대표 예수 그리스도뿐이기 때문입니다. '뱀의 후손'은 사탄에게 속한 자들입니다. 실제로 역사를 보면 뱀의 후손 곧 사탄에게 속한 자들, 사탄의 편에 선 사람들이 여자의 후손 곧 예수 그리스도께 속한 사람들을 박해했습니다. 가인이 아벨을 죽였고, 노아 시대에는 '뱀의 후손'들이 강력하여 홍수 심판을 받았습니다. 예수님 시대에는 사탄에게 속한 자들이 예수님과 예수님의 제자들을 박해했습니다. 세례 요한은 이런 자들을 독사의 자식들이라 불렀습니다. 요한복음 8:44에 따르면 사탄의 후손은 예수님을 대적하던 자들입니다. 그들은 예수님을 조롱하고 무시하였으며 급기야 예수님에게 채찍질을 가하고 그분을 십자가에 못 박아 죽였습니다. 이로써 뱀은 날카로운 이빨로 아킬레스건이 있는 예수님의 발꿈치를 물고 독을 내뿜었습니다.

요한일서 3:10에 따르면 하나님께 속하지 않은 불의한 자들도 또한 사탄의 후손들입니다. "여자의 후손은 네 머리를 상하게 할 것이요 너는 그의 발꿈치를 상하게 할 것이니라"(15절)는 말씀은 예수 그리스도께서 사탄과의 싸움에서 이기고 승리하실 것을 예언합니다(계 12장). 이 예수님의 승리는 예수님을 믿는 모든 인류, 곧 여인의 후손들 승리가 됩니다. '여자의 후손'이 '뱀의 후손'의 머리를 깨는 것이 아니라, '뱀의 머리' 즉 사탄의 머리를 상하게 하십니다. 즉 예수님이 사탄의 강력한 무기인 죽음을 깨고 부활하셔서 재림하실 때 사탄을 영원히 불타는 불 못에 던져 그의 머리를 박살 내실 것입니다(계 20:10).

사탄은 그 머리가 완전히 박살 날 때까지 우는 사자처럼 신자들을 무섭게 공격합니다(벧전 5:8). 특히 뱀, 곧 마귀는 예수님을 공격합니다. 십자가 형틀에 못을 박아 예수님의 발뒤꿈치를 상하게 합니다. 그러나 예수님은 십자가로 인류의 죄를 멸하시고 부활하심으로 죄가 야기한 죽음을 박살내십니다. 죄와 죽음은 사탄이 활동할 수 있는 사탄의 영토이자 무기입니다. 그런데 예수님께서 이것을 빼앗고 완전히 박살 내신 것입니다. 사탄은 강력한 무기를 잃고, 영토를 빼앗긴 채 무기력하게 도망갈 수밖에 없습니다. 그러므로 복음 안에 있는 자들에게 사탄은 머리를 다친 뱀처럼 아무런 힘을 쓰지 못합니다. 창세기 3:15에서 메시아를 주시겠다는 예언은 예수 그리스도를 통해 성취됨을 요한은 요한복음 3:16에서 이렇게 말합니다. "하나님이 세상을 이처럼 사랑하사 독생자를 주셨으니 이는 저를 믿는 자마다 멸망하지 않고 영생을 얻게 하려 하심이라."

인간들은 죄로 말미암아 영원한 파멸에 이를 수밖에 없었지만, 하나님께서 약속대로 인간에게 독생자 예수님을 허락해 주심으로 멸망치 않고 에덴의 그 생명나무를 통해서 주시고자 하셨던 영생을 얻게 하셨습니다.

🔎 하나님은 사탄에게 심판을 선언하시면서 무엇을 드러내고 계십니까?

여자의 후손으로 메시아 예수님을 보내 사탄의 머리를 상하게 하시겠다는 말씀은 아담이나 여자가 아니라 사탄에게 하시는 말씀입니다. 지금 하나님은 인류를 죄에 빠뜨린 사탄을 향해 그 머리를 박살 내시겠다며 무섭게 심판을 선언하고 계십니다. 그런데 이 심판 선언에 주체할 수 없는 하나님의 놀라운 사랑의 복음이 신비롭게 숨겨져 있습니다. 하나님은 여자와 아담이 죄를 범하였을 때, 깊은 배신감으로 마음이 아프셨습니다. 당장에 그들을 심판하시고 싶었으나 아픈 마음을 추스르시고 그들을 만나러 오셨습니다. 이때 하나님은 칼이나 기관총을 들고 오신 것이 아니었습니다. 양복 속주머니에 구원의 복음을 넣어서 오셨습니다. 하나님은 남자와 여자의 죄를 추궁하실 때까지만 해도 그 복음을 감추고 계셨습니다. 이들이 회개를 하면 들려주고 싶으셨는데, 그들은 기회를 잃어버렸습니다.

그런데 하나님은 뱀을 저주하실 때 당신의 속내를 드러내시고 말았습니다. 인류가 회개하고 믿기만 하면 죄를 용서받고 구원받는 용서와 사랑의 복음을 뱀에 대한 심판 선언에서 드러내시고 만 것입니다. 그야말로 죽음의 땅 사막에서 장미꽃이 핀 것 같은 놀라운 소식입니다. 죄와 벌, 그 어둠 속에서 우리는 정열적인 하나님의 사랑이 피어오르는 것을 목격할 수 있습니다.

💬 여자는 어떤 형벌을 받게 되었습니까?

16절을 보면, 하나님은 먼저 여자가 출산 시 사지가 뒤틀리는, 마치 콩 팥을 떼어 내는 듯한 격심한 고통을 겪게 될 것이라 말씀하셨습니다. 그래서 여자들은 출산하다 죽기도 합니다. 여자의 죄로 말미암은 벌입니다. '너는 남편을 원하고'라는 말은 정신적, 성적 욕망을 가리킵니다. 한편, 원어로는 '남편의 주도권에 침을 흘린다'는 말로 되어 있어서 남편에게 순종하기보다 남편을 교만하게 지배하려고 한다는 뜻이 있습니다. 그러나 이어지는 말씀을 보면, 결국은 남편이 여자를 다스리게 됩니다. 아담이 처음에 하와를 봤을 때 한 방에 훅 갔습니다. "내 뼈 중의 뼈요 살 중의 살"이라고 감탄하였습니다. 그들은 서로 사랑하고 존경할 만한 관계가 되었습니다. 그러나 죄로 말미암아 남편과 아내의 동등한 관계가 깨졌습니다. 아내와 남편이 사랑하는 관계에서 서로 다스리려고 하는 관계로 변했습니다. 결국 힘이 더 센 남편이 폭력으로 아내를 다스리게 됩니다. 본래 남녀가 결혼을 통해 맺게 되는 관계는 대등한 인격적 관계였으나 '사랑하고 존중하는 관계'가 '욕망하고 지배하려는 관계'로 전락되었습니다. 죄는 남편과 아내의 관계를 파괴했습니다. 그러나 예수 그리스도를 믿는 남편과 아내들은 처음 관계를 회복하게 됩니다. 예수님께서 우리 죄를 없애셨기 때문입니다.

💬 땅과 지구는 어떤 저주를 받게 되었습니까?

아담의 범죄 때문에 세상이 벌을 받게 되었습니다. 이는 아담이 세상의 대표이기 때문입니다. 17절을 보면, 아담의 죄 때문에 땅이 저주를 받았습니다. 과거 인간들에게 우호적이었던 땅은 이제 저주를 받아 인간을 대적하여 가시덤불과 엉겅퀴를 내게 되었습니다. 이로써 생태계가 파괴

되고, 더 나아가 아담의 지배 아래 있었던 모든 동물도 약육강식의 삶을 살며 저주를 받게 되었습니다. 인간은 이제 이러한 땅을 일구어 소산을 먹기 위해서는 얼굴에 땀을 흘려 가며 고생하고 수고할 수밖에 없는 존재가 되었습니다.

💬 하나님은 아담에게는 어떤 형벌을 내리셨습니까?

"너는 흙이니 흙으로 돌아갈 것이니라"(19절)라는 말씀은 인간의 육체에 내려진 사망 선고입니다. 당장에는 그 육체에 호흡이 붙어 있으나 얼마 가지 않아 그 육체는 영혼과 분리되어 흙 속으로 사라질 것입니다. 그리고 영생을 향해 나아가며 생명력이 충만했던 인간의 영혼에는 사망의 짙은 그림자가 드리워졌습니다. 사탄은 "결코 죽지 아니하리라"라고 말하며 "정녕 죽으리라"는 하나님의 말씀을 부정했습니다. 그러나 "정녕 죽으리라"는 하나님의 말씀은 그대로 이루어졌습니다. 실로 선악과를 먹지 말라는 계명은 생명의 계명이었습니다. 하지만 인간은 죄가 주는 참혹한 고난 속에서 결국은 흙으로 돌아가는 죽음을 맞게 되었습니다. 23-24절을 보면, 풍성한 에덴의 모든 축복을 하루아침에 잃고 낙원에서 쫓겨나게 되었습니다. 에덴 부동산이 오늘날 시가로 얼마나 할까요? 마치 대기업 총수가 하루아침에 거지가 된 꼴입니다.

이렇게 볼 때, 진실로 선악과 계명은 원래 하나님께서 주신 에덴의 무한한 축복을 인간이 계속해서 누리고 지키도록 하시기 위한 안전장치로 주어진 것이었습니다. 그러므로 선악과 계명만큼은 목숨을 걸고 절대적으로 지켜야 하는 것입니다. 이 계명은 불순종하면 받은 모든 축복을 잃고 죽게 되는 것입니다. 우리에게 절대로 따 먹지 말아야 할 선악과는 하나님과 나 사이의 영적 질서를 지키는 것입니다. 그 질서는 하나님께 순종하는 것을 가리킵니다. 하나님은 성경을 통해서 말씀하십니다.

또한 우리 각자 위에 세우신 사람을 통해서 말씀하십니다. 우리가 이러한 영적 질서를 잘 지켜 순종할 때, 에덴의 축복을 계속해서 누릴 수 있습니다. 그러나 하나님의 많은 축복 속에서 교만해져 영적 질서를 깰 때, 자신이 가진 모든 축복은 그것이 에덴동산이라 하더라도 하루아침에 쑥대밭이 되고, 잿더미로 변할 수 있습니다. 사탄은 우리가 이렇게 하나님의 축복을 잃고 비참해지기를 바랍니다. 그래서 계속해서 선악과를 따 먹어 보라고 유혹합니다. '너 말고 다른 사람들도 다 따 먹었는데 아무도 안 죽었어! 나를 봐~ 이렇게 우아하고 멋있게 잘살고 있잖아!' 우리가 사탄의 유혹을 단호하게 물리치기를 바랍니다.

💬 **아담은 아내의 이름을 무엇이라고 불렀습니까?**

20절을 보십시오. 아담은 아내의 이름을 '하와'라고 불렀습니다. 하와는 '생명'이라는 뜻입니다. 이는 막 자신의 죽음이 선언된 순간임에도 하와를 모든 산 자의 어머니로 간주한 것입니다. 아담은 그들의 육체가 얼마 후 죽어 흙으로 돌아갈 것을 알았습니다. 하나님의 도움 없이는 그들의 영혼도 영원한 지옥 낭떠러지로 떨어질 것임을 알았습니다. 그러나 아담은 하나님이 사탄을 심판하시면서 드러내신 속내, 곧 구원 계획을 믿었습니다. 언젠가 여자의 후손 가운데 자신들에게 구원과 생명을 주실 메시아가 나실 것을 영접한 것입니다. 아담은 그 메시아께서 그날 사탄의 간교한 유혹에 넘어가 잃어버린 불멸의 생명, 곧 영원한 생명을 주실 것이라 믿고, 그 믿음으로 아내의 이름을 하와, 곧 생명이라 불렀습니다.

21절을 보십시오. "여호와 하나님이 아담과 그의 아내를 위하여 가죽옷을 지어 입히시니라." 하나님은 복음을 영접한 아담과 그의 아내를 위하여 가죽옷을 지어 입히셨습니다. 하나님은 그가 회개의 빛을 보이자 가죽옷을 지어 입히셨습니다. 옷은 보호 기능이 있습니다. 확실히 가죽옷은 무화과 잎사귀보다 그들의 연약한 몸을 가시덤불이나 엉겅퀴, 파괴된 생태계에서 더 잘 지켜 줄 것입니다. 동시에 가죽옷은 그들의 죄악을 상기시켜 줄 것입니다. 그들이 죄를 짓지 않았다면 입을 필요가 없는 옷을 입고 있기 때문입니다. 가죽에는 하나님의 따스한 사랑이 담겨 있습니다. 가죽옷은 짐승의 피를 흘려 만든 사랑의 옷입니다. 짐승도 하나님께는 참으로 소중한 것입니다. 요즘 사람들이 애지중지하는 애완동물보다 하나님은 더 귀하게 여기십니다. 그러나 인간을 구원하시기 위해 하나님은 그 소중한 짐승을 기꺼이 죽여서 피까지 흘리게 하시고 가죽옷을 지어 입히신 것입니다.

하나님께서 동물을 잡아 인간에게 가죽옷을 지어 입히신 것은 첫째, 이것은 인간 죄를 속하기 위한 첫 번째 희생이자 구약 속죄 제사의 원형이며(레 4:13-21), 둘째, 이는 장차 인류의 죄를 대신 담당하실 예수 그리스도의 희생적 죽음을 예표(豫表)하는 원시적 사건입니다(롬 3:25). 따라서 하나님께서 인간에게 가죽옷을 지어 입히시기 위해 무죄한 짐승의 피를 흘리게 하고 그 가죽옷을 입히신 것은 장차 예수 그리스도께서 인간의 죄를 없이 하시고 인간에게 의의 옷을 입혀 주실 것을 말하는 것입니다. 그러므로 우리가 거룩하신 하나님 앞에 나아가기 위해서는 자신의 더러운 죄의 옷을 벗고, 하나님이 지어 주신 의의 옷, 곧 하나님의 어린양 되신 예수님의 피 흘리심으로 만든 그리스도의 옷을 입어야 합니다(롬 13:14).

아마도 하나님은 남성복 하나, 여성복 하나, 두 벌을 만드시기 위해 아주 큰 짐승을 잡거나 사람 크기의 짐승 두 마리를 잡으셔야 했을 것입니다. 아담과 하와는 동물들의 보호자가 되라는 사명을 받은 자들입니다. 그런데 이제는 동물들의 생명을 취하였습니다. 자신들이 살기 위해 동물들이 죽어야 했습니다. 가죽을 다 벗기고 옷을 만들기 위해서는 상당량의 피를 흘려야 했습니다.

그 피는 아담과 하와의 죄를 대속하는 피였습니다. 더 나아가 그 피는 여자의 후손이 되어 십자가에 매달려 인류의 죄를 대속하실 예수 그리스도의 피의 예표였습니다. 짐승을 잡을 때 하나님의 마음이 어떠하였을까요? 짐승이 소리를 지르고 피를 흘리며 죽어 갈 때, 하나님은 아담과 하와의 죄에 치를 떠셨을 것입니다. 그리고 먼 훗날 당신의 독생자 예수님이 십자가에 달려 "엘리 엘리 라마 사박다니 하시니 이는 곧 나의 하나님, 나의 하나님, 어찌하여 나를 버리셨나이까"(마 27:46)고 부르짖을, 그 소리를 들으셨을 것입니다. 하나님의 심장은 칼에 찔린 듯 찢어지는 아픔을 겪으셨을 것입니다. 하지만 하나님은 짐승이 마지막 남은 한 방울의 피까지 다 흘리게 하셨습니다. 동시에 십자가에서 인류의 죄를 위해 마지막 한 방울의 피까지 흘리실 예수님을 생각하셨습니다. 피를 다 흘리고 죽은 짐승을 하나님은 두 손에 쥐셨습니다. 그 짐승의 가죽을 살에서 조심스럽게 벗겨 내어 정성껏 옷을 만드셨습니다. 그러시고는 겨우 무화과 잎으로 가리고 있는 아담과 하와의 알몸을 따뜻하게 덮어 주셨습니다. 이 옷은 무화과 잎으로는 가릴 수 없었던 그들의 죄를 가려 주는 의의 옷을 상징합니다.

하나님은 인간들이 죄 있는 상태에서 생명나무 실과도 따 먹고 영생할까 염려하셨습니다. 죄를 지은 자는 영생을 얻을 자격이 없기 때문입니다. 그리고 죄 있는 상태에서 영생은 오히려 불행한 것이기 때문입니다. 왜냐하면 죄는 사람의 마음과 삶에 지옥의 고통을 주기 때문입니다. 그런데 지옥의 가장 큰 고통은 자살을 할 수 없는 것이라 합니다. 하나님은 죄 있는 상태에서의 영생이 인간에게 좋지 않음을 아시고 에덴동산에서 그들을 쫓아내셨습니다. 그룹들(cherubim)과 두루 도는 불 칼(a flaming sword flashing back and forth)로 생명나무의 길을 지켜 인간의 접근을 봉쇄하셨습니다(24절). 아담과 하와가 선악과를 따 먹는 죄를 지었을 때, "네가 먹는 날에는 반드시 죽으리라"(창 2:17)라고 말씀하시던 하나님이 당장 죽이시기보다 그들을 에덴동산에서 추방하십니다. 이것은 하나님이 말씀하신 것과 다르지 않나요? 죽이겠다고 하시고는 그냥 쫓아만 내시지만 거짓말이 아닙니다. 에덴에서의 추방은 하나님에게서 떨어져 나아가게 하는 것입니다. 하나님은 인간 존재의 근원이시요 인간 생명의 근원이십니다. 나무에서 잘려 나간 가지는 잠시 숨이 붙어 있더라도 그건 죽은 것입니다. 그리고 참된 존재 의미를 주시는 하나님을 떠난다는 것은 참된 존재 의미를 상실하는 것으로 죽음을 의미합니다. 이것은 육체적 죽음이 아닌 영적 죽음입니다. 그런데 영혼은 불멸합니다. 사라지지 않습니다. 그래서 생명력을 누리느냐, 죽음의 고통을 맛보며 지속되느냐에 따라 영혼이 죽어 있느냐 살아 있느냐를 말합니다. 영적 죽음이란 영혼의 사라짐이 아니라 이런 상태 묘사입니다. 이런 관점에서 보면, 하나님은 당신의 약속을 어기지 않고 지키신 것입니다. 육체적 죽음도 당장은 아니지만 결국 앞서 하나님이 아담에게 말씀하신 흙으로 돌아갈 것이라는 선언을 통해 지키십니다. 인간은 죄를 짓지 않았으면 생명나무 과실을 따 먹고 육체도 영생할 수 있었습니다. 그러나 죄를 짓고 에덴에서 쫓겨나 생명나무에 접근할 수 없게 되어 육체가 영생할 기회를 잃어버렸습니다. 모든 육체가 다 죽게 된 것입니다. 24절에 나오는 그룹(cheru)은 날개가 달린 천사로 하나님을 모시는 존재입니다. 그리고 생명나무를 지키기도 하는데, 출애굽기 25:17-22과 역대상 28:18을 보면, 순금 속죄판 양쪽 끝에 세워져서 언약궤를 지키는 존재로 묘사되어 있기도 합니다. 하나님께서는 이 두 그룹들 사이에서 모세를 만나시겠다고 말씀하기도 하셨습니다 (출 25:22).

인간이 아무리 노력해도 스스로의 힘으로는 낙원에 들어갈 수 없게 되었습니다. 그런데 하나님은 에덴동산과 생명나무 실과를 아예 없애 버리지 아니하시고, 다만 이를 지키심으로써 인생들에게 소망을 남겨 두셨습니다. 예수님은 생명의 나무이십니다. 우리가 예수님을 믿을 때, 생명을 얻게 됩니다(계 2:7; 22:1-2). 하나님은 이런 우리들에게 말씀하십니다. "네가 어디 있느냐." 하나님은 우리를 심판하시기 위해 찾고 계신 것이 아닙니다. 우리가 회개하도록 죄를 벌하시지만, 우리가 회개할 때 여자의 후손으로 보내신 예수님의 피 묻은 십자가 복음으로 구원해 주시고자 우리를 찾고 계신 것입니다. 죄와 벌, 그 어둠 속에서 피어나는 정열적인 사랑의 장미꽃이 우리의 마음에도 피기를 바랍니다.

가스펠 세븐틴

17

2부

예수님은 누구신가?

좋은 포도주를 만들어 주시는 예수님

찬송가 289 ✛ 요한복음 2:1-11

💬 갈릴리 가나에 어떤 일이 있었습니까?

1-2절을 보십시오. 예수님께서 제자들을 불러 메시아 사역을 시작하신 후(1장), 사흘 째 되던 날이었습니다. 지중해 옆 이스라엘 북쪽에 있는 갈릴리 지역의 나사렛에서 북동쪽으로 약 5km 떨어진 마을 갈릴리 가나에 결혼식이 있었습니다. 이 예식에 예수님의 어머니 마리아가 참여하고 있었습니다. 예수님과 예수님의 제자들도 초청을 받았습니다. 창세기 2장을 보면, 하나님은 우리 인간을 사랑하셔서 에덴동산을 만들어 주셨습니다. 그리고 인간의 행복을 위해 남녀가 한 몸이 되어 살아가도록 결혼 제도를 만들어 주셨습니다. 그래서 예나 지금이나 혼인 잔칫집에는 기쁨과 즐거움이 가득합니다.

당시 유대에서는 결혼하기 1년 전에 정혼을 하고, 1년간 순결을 지키다가 결혼식을 하였는데, 법적으로는 정혼 때 이미 부부가 된 것입니다. 결혼식 날이 되면, 먼저 신랑의 친구들이 저녁에 신부집에 가서 신부를 모셔 옵니다. 신랑 역시 다른 곳에 있다가 친구들의 호위를 받으며 함께 집으로 갑니다. 이때 신랑의 친구들은 결혼 축가를 준비해 와서 부르고 온 동네 사람들이 모두 참석해서 축하하는데, 이러한 흥겨운 잔치가 일주일 동안 계속됩니다.

💬 예수님은 인류 구원을 위한 공적인 생애를 시작하시면서 왜 첫 번째로 혼인집부터 들르셨을까요?

'금강산도 식후경'이라고 했기 때문에 일단 먹고 보자고 하셨을까요? 그러나 예수님은 공생애를 시작하시기 전 40일이나 금식 기도부터 하신 분입니다. 먹을 것을 우선하시거나 탐하시는 분이 아닙니다. 결혼은 우리 인생에서 두 번째 탄생이라고 불릴 정도로 매우 중요한 일이요, 인생에서 가장 기쁜 일입니다. 창세기 2장을 보면, 하나님은 당신의 형상대로 당신이 보기에도 심히 좋은 존재로 만드신 인간에게 아름다운 육체를 입혀 주시고 에덴동산을 주시며 선악과 계명까지 주신 후, 최고의 선물로 결혼의 축복을 주십니다. 그래서 결혼 생활을 에덴 중의 에덴이라고도 합니다. 예수님은 이 결혼 제도를 만드신 하나님으로서 사람들의 결혼을 축복해 주고자 하셨습니다. 이런 의도로 가나의 혼인 잔칫집에 오신 예수님은 우리 인생들에게 기쁨을 주시기 위해 오셨습니다. 이 예수님은 우리들 삶의 한복판에서 우리와 함께하시며 우리가 대학 입시에 합격했을 때, 아이를 낳았을 때, 그 외 우리에게 기쁜 일이 있을 때 그 기쁨에 동참하기를 원하십니다.

3절 앞부분을 보면 포도주가 떨어졌습니다. 당시 유대인의 혼인 예식은 일주일, 혹은 이 주일에 걸쳐서 진행된 마을 전체의 축제였습니다. 그런데 예상보다 많은 손님들이 왔는지, 잔치가 한창 진행되던 도중에 포도주가 떨어지는 불상사가 발생하였습니다. 포도주에는 14% 정도의 알코올이 있는데, 그 안에는 향을 내는 60여 개의 에스테르(향 내는 짓)가 녹아 있다고 합니다. 그 밖에도 400가지 이상의 무기질, 유기산, 비타민B가 들어 있어 그 비율에 따라 맛과 향이 달라진다고 합니다. 이 포도주는 양고기가 주식인 유대인들에게 매우 중요한 음료수였습니다. 왜냐하면 포도주를 곁들여 마셔야 양고기가 더 맛있고, 부드럽고, 소화도 더 잘 되었기 때문입니다. 옛날 유대인들은 좋은 포도 열매를 따서 돌로 된 포도즙 틀에 넣고 맨발로 밟아서 즙을 내었습니다. 그 즙을 천으로 걸러 낸 다음에 항아리나 가죽 부대에 넣고 오래 숙성시키면 포도주가 됩니다. 이런 포도주는 음식 맛과 잔치의 분위기를 한껏 높여 줍니다. 따라서 정성을 기울여 만든 포도주는 귀한 음식이었고 잔칫상에 빠져서는 안 될 음료였습니다. 포도주가 입에 들어가는 순간 긴장이 풀리고 노래가 나오며 누구의 허락을 받을 필요도 없이 춤이 나옵니다. 이 포도주로 말미암아 잔칫집은 기쁨의 축제로 변합니다. 그래서 성경에서 포도주는 축복과 기쁨, 그리고 사랑의 상징입니다(창 49:12; 시 104:15; 아 1:2). 그래서 유대인들은 혼인 잔치를 준비할 때 포도주를 가장 신경 써서 준비하고, 잔치에서 포도주가 부족하지 않도록 최소 1년 전부터 숙성시켜 풍성하게 준비하였습니다. 그런데 그 포도주가 그만 바닥이 나고 만 것입니다. "포도주가 떨어진지라." 이제 잔칫집은 흥이 깨지고, 축제가 엉망진창이 되게 생겼습니다. 이 사실을 안 사람들은 크게 당황하였을 것입니다. 여기저기서 왜 포도주 더 안 내 오냐고 불평이 터져 나오기 시작하였을 것입니다. 잔치의 흥이 식고, 축복하러 왔던 손님들의 심기가 불편해졌습니다. 일생에 단 한 번인 결혼식을 망칠 위기에 처한 것입니다. 사람들은 더 이상 춤도 추지 않고 노래도 하지 않았습니다. 분위기가 썰렁해지면서 무거운 침묵이 흘렀습니다. 손님들은 입맛을 쩝쩝 다시며 하나둘씩 수저를 놓았습니다.

🗨 우리 인생에는 무엇이 떨어졌습니까?

우리도 인생을 살아가면서 우리의 삶을 기쁘게 하고 즐겁게 하는 행복의 조건이 어느 날 갑자기 사라지고 바닥이 나는 상황에 처할 때가 있습니다. 행복하고 단란했던 가정에 어느 날 갑자기 누가 건강이 안 좋아져 드러누울 때, 온 식구들이 슬픔에 잠기고 기쁨이 사라지게 됩니다. 어떤 때는 갑자기 돈이 떨어져서 꼭 필요한 것을 사지 못해 불편함을 겪기도 합니다. 취직을 해야 하는데 일자리가 없어서 앞길이 막막하게 되기도 합니다. 명문대에 합격한 학생들은 대부분 그 기쁨을 잊지 못합니다. 합격 축하 잔치에 참석해서 즐겼습니다. 새내기 오리엔테이션 때 유명 연예인들과 가수들이 오고, 신나게 노래 부르고 합격의 파티를 즐겼습니다. 그런데 한두 달이 지나면 기쁨이 떨어집니다. 중간고사를 보고 나니, 수많은 천재들 속에서 나의 존재감이 한없이 떨어지고, 비교 의식, 열등감이 생기고, 재능마저 떨어진 것 같습니다. 명문대에만 들어오면 행복할 것 같았는데, 진정한 행복과 기쁨은 더 이상 느껴지지 않습니다. 코로나가 한창일 때에는 캠퍼스에 학생들이 없었습니다. 대면 접촉이 없어지고 외롭고 폐쇄된 생활을 했습니다. 그래서 청춘들의 뜨거운 함성과 생기발랄한 젊음의 행진과 축제를 볼 수가 없었습니다. 최근 우리나라 우울증 환자가 백만 명을 넘어섰다고 합니다. 그런데 전체 연령대에서 20 대가 약 18만 명으로 가장 많았다고 합니다. 저들에게 기쁨의 포도주가 없습니다. 가정에서 불화와 부모님 문제로, 혹은 자녀 문제로 기쁨과 행복의 포도주가 떨어진 집들도 있습니다. "우리 집에, 저 집에, 기쁨이 떨어진지라."

💬 포도주가 떨어졌을 때, 이를 안 마리아는 어떻게 하였습니까?

어떤 사람은 왜 이것밖에 준비를 못 했냐며 신랑 신부의 준비성을 탓했습니다. 또 어떤 사람들은 자기 일도 아닌데 괜히 나서지 말자며 팔짱을 끼고 있었습니다. 그런데 마리아는 이 잔칫집에 단순한 손님이 아니라 함께 섬기는 이로 참여했던 것 같습니다. 그래서 포도주가 떨어진 것을 알았을 때, 모른 척하거나 불평하기보다 주인 의식을 가지고 그 문제를 해결하고자 하였습니다. 이때 그녀는 예수님께 나아가 포도주가 떨어졌다는 사실을 알렸습니다. 마리아가 이 사실을 잔칫집 주인이나 연회장이 아니라 예수님께 알린 이유는 무엇일까요?

이 문제는 주인도 손을 쓰기가 어렵고, 예수님만이 이 문제를 해결해 주실 수 있었기 때문입니다. 마리아는 예수님을 낳고 기른 장본인으로서 예수님이 이 문제를 해결해 주실 수 있음을 믿었습니다. 그래서 마리아는 예수님께 가서 이 문제를 해결해 달라고 믿음으로 간청했습니다. 다시 말해 기도한 것입니다. 기도는 위기 상황 속에서 우리 인생들이 취할 수 있는 가장 지혜로운 방법이요, 문제 해결의 지름길입니다. 우리가 잔칫집에 포도주가 떨어진 것처럼 다급하고 절박한 상황을 만날 때 우리가 믿고 의지할 분은 오직 예수님밖에 없습니다. 우리가 떨어지고 바닥이 날 때, 심각한 결핍이 생길 때, 마리아처럼 예수님께 나가서 기도하기를 바랍니다.

💬 이때 예수님은 도움을 요청한 마리아에게 어떤 반응을 보이셨습니까?

4절을 보십시오. 예수님은 마리아를 '어머니'라고 부르는 대신에 '여자여'라고 부르셨습니다. 이 말은 당시 왕이 왕후를 부르거나 남편이 자기 아내를 부드럽고 사랑스럽게 부를 때 사용된 존칭이었습니다. 이를 생각할 때, 예수님은 잔칫집에서 주인 의식을 가지고, 그리고 자신을 믿고 찾아와 문제를 상의하고 도움을 요청한 모친 마리아를 귀하게 여기며 사랑과 존경으로 대하신 것을 알 수 있습니다. "나와 무슨 상관이 있나이까"라는 말은 '나를 내버려 두고 당신 일이나 신경 쓰라'는 의미로, 주로 부정적인 맥락에서 많이 사용하던 표현입니다(삿 11:12; 삼 16:10; 막 1:24; 5:7). 그러나 이 말이 꼭 냉정한 의미로 부정적으로만 사용된 것은 아닙니다. 이 말을 원문에서 직역하면, "What (is) to me and to you?" 즉, "나와 당신에게 무엇이 있습니까?"라는 뜻입니다. 이 말을 본문의 맥락에서, 특히 뒤이어 나오는 말을 고려해서 보면, 당장 급하더라도 마리아가 생각하는 때가 아니라, 지금 마리아와 예수님에게 무엇이 있는지를 생각해 보면서, 예수님의 때를 기다리도록 마리아를 돕는 역할을 하는 말로 볼 수 있습니다. 그래서 뒤이어 예수님은 "내 때가 아직 이르지 아니하였나이다"라고 대답하셨습니다. 여기서 '내 때'란 예수님이 당신의 신성을 드러내어 하나님께 영광을 돌리실 수 있는 때입니다. 그런데 예수님은 지금은 그러한 때가 아니라고 말씀하십니다. 마리아는 이때 "아니, 지금 포도주가 떨어져 난리인데, 무슨 때 타령이냐. 나와 가까운 지인의 집인데, 빨리 해 줘라"라며 모친의 권위로 다그치지 않았습니다. 바로 지금, 자신이 '때'라고 생각하는 그 시간에 예수님께서 일해 주시면 좋겠지만, 자기 생각을 내려놓았습니다. 그녀는 겸손히 예수님의 때를 기다리기로 했습니다. 그러나 기다리되 손 놓고 기다리는 것이 아니라 언제든 예수님이 때가 되면 일하실 수 있도록 역사 환경을 예비하였습니다. 5절을 보십시오. 마리아는 친분이 있는 하인들에게 예수님께서 "무슨 말씀을 하시든지 그대로 하라"고 당부하였습니다. "무슨 말씀을 하시든지 그대로 하라"는 말은 이성적으로 이해가 안 되더라도, 비합리적인 방법이라도, 혹은 하기 싫은 방법이라도 무조건적으로 절대 순종하라는 말입니다.

💬 **마리아가 하인들에게 순종할 자세를 갖도록 준비시키자 예수님은 어떻게 하셨습니까?**

마리아가 예수님의 때를 기다리며 하인들을 준비시키자, 잠깐의 시차지만, 예수님은 드디어 때가 되었는지 일하시기 시작했습니다. 6-7절을 보십시오. 예수님께서 하인들에게 여섯 개의 정결 예식용 돌항아리에 "물을 채우라"고 명령하십니다.

💬 **이때 하인들은 어떻게 하였습니까?**

유대인의 정결 예식이란 유대인들이 외출했다가 돌아왔을 때나 식사 전후에 손을 씻는 것을 말합니다. 이것에는 위생적인 목적도 있지만, 밖에서 접촉한 부정한 것을 제거한다는 의미도 있습니다. 두세 통 드는 돌항아리 여섯은 물을 담을 수 있는 용량이 최대 720ℓ 정도, 2ℓ 페트병으로 360개 정도 된다는 것입니다. 예수님은 항아리에 물을 아귀까지, 즉 꼭대기까지 100% 채우라고 명령하셨습니다. 하인들이 예수님의 말씀에 순종하는 것은 쉽지가 않았습니다. 지금 필요한 것은 포도주지 손 씻을 물이 아니었습니다. 더구나 아귀까지 채우려면 집에서 멀리 떨어진 마을 어귀 우물까지 가서 많은 양의 물을 길어 들고 와야 했습니다. 무겁고 귀찮은 일이었습니다. 이성적으로 이해가 되지 않는 일을 그렇게까지 수고해서 하기란 정말 내키지 않는 일입니다. 그러나 하인들은 땀을 뻘뻘 흘려 가며 예수님이 '무슨 말씀을 하시든지 그대로 하겠다'는 자세로, 예수님이 시키신 일을 순종하였습니다. 그래서 아귀까지 채웠습니다.

💬 **아귀까지 물을 채운 하인들에게 예수님은 이번에는 어떤 명령을 하셨습니까?**

8절을 보십시오. 그러자 예수님은 "이제는 떠서 연회장에게 갖다 주라"고 하셨습니다. 이 일은 처음 순종보다 더 힘든 것이었습니다. 연회장은 잔칫집을 대표하는 인물로 하인들이 함부로 상대할 사람이 아니었습니다. 연회장에게는 새로 마련된 음식만 가져다주고 미리 맛보게 해야 합니다. 그런데 음식이 아니라 손 씻는 물을 맛보라고 가져다주는 것은 '냉수 마시고 속 차리라'는 말로 맞아 죽을 각오를 해야 하는 일이었습니다. 이것은 예수님이 아무리 마리아와 친분이 있다고 해도 순종하기 어려운 일이었습니다. 그런데 도대체 마리아가 하인들을 어떻게 구워 삶았는지, 어떻게 이들을 이렇게도 잘 순종하는 사람으로 준비시켜 놓았는지 하인들은 자기 생각을 부인하고, 이번에도 예수님을 믿고 온 마음을 다해 순종하였습니다.

💬 **하인들이 항아리에 물을 채우자 어떤 놀라운 기적이 일어났습니까?**

9절을 보십시오. 하인들은 금방이라도 잔이 날아올 것 같아 고개를 들 수 없었습니다. 그런데 이게 웬일입니까? 몇 초를 기다려도 잔이 날아오기는커녕 어디선가 진한 포도주 향기가 코를 찔렀습니다. 연회장은 한참 냄새를 즐기더니 혀 안에서 이리저리 포도주 한 모금을 굴리다가 꿀꺽

삼키고는 마지막 한 방울까지 잔을 다 핥아 마셨습니다. 그러더니 신랑을 불러 다음과 같이 말하였습니다. "신랑, 사람마다 먼저 좋은 포도주를 내고 취한 후에 낮은 것을 내는 법인데, 자네는 지금까지 마신 것도 좋았는데, 후반부에 이러한 더 좋은 것, 아니 최상급을 내놓다니, 놀라워!" 사람들이 준비하는 것은 결국 밑천이 드러나기 마련인데, 이 잔치는 대성공을 거두었습니다. 신랑은 영문도 모르고 그저 잔치가 성공하고 즐거우면 되었기에 기쁨이 가득하였습니다. 여기서 '물로 된 포도주'란 '물이었던 포도주'라는 뜻입니다. 물이 포도주로 변했다는 말입니다! H_2O가 변하여 C_2H_5OH가 되었습니다. 이것은 어떤 위대한 화학자도 할 수 없는 초자연적인 기적의 역사요, 어둠에서 빛을 창조하듯 그러한 창조의 역사입니다. 예수님은 놀랍게도 포도주가 떨어져 기쁨이 사라지게 된 잔칫집에서 돌항아리 여섯 개에 다시금 포도주를 풍족히 채워 주시며 기쁨을 풍성하게 회복시켜 주셨습니다.

🔍 하인들의 순종이 어떤 역할을 했습니까?

물이 포도주로 바뀐 이 기적을 연회장과 잔칫집 사람들, 심지어 신랑도 알지 못하였습니다. 연회장은 포도주의 맛에 감탄만 하였습니다. 신랑 신부는 잔치가 살아나는 것을 기뻐하였고, 손님들도 즐기기만 하였습니다. 그러나 물 떠 온 하인들은 알았습니다. 그들은 자신들의 순종을 통해 예수님이 이 경이로운 기적을 일으키신 것을 알았습니다. 다시 말해 하인들이 예수님을 믿고 순종했을 때, 그들은 연회장에게 맞아 죽지 않고, 오히려 잔칫집을 살리는 주역이 되었습니다. 하인은 많은 사람들이 계속해서 포도주를 마시며 기뻐하는 모습을 보았습니다. 잔칫집이 망하지 않고 살아난 것을 보았습니다. 그들은 자신들이 한 일에 큰 보람을 느졌습니다. 무엇보다 하인들은 이 기적을 만든 예수님을 인격적으로 알게 되었습니다. 하인들 외에 마리아도 예수님이 물을 포도주로 변화시키신 것을 알았습니다. 마리아가 이 상황을 주도하였습니다. 그녀의 주인 의식과 기도와 지혜로운 섬김이 예수님의 기적 역사의 핵심 중 핵심을 이룬 것입니다.

예수님이 만드신 포도주는 어떤 포도주였습니까? 10절을 NIV 영어 성경으로 보면 '좋은 포도주'를 'the best (wine)'로 기록하고 있습니다. 즉 예수님께서 우리를 위해 만들어 주신 포도주는 the best wine, 최고의 것, 최상의 것, 극상품입니다. 우리가 예수님의 명령에 순종하여 말씀의 물을 채우고, 기도의 물을 채우고, 전도의 물을 채우면, 예수님은 우리에게 가장 좋은 것을 채워 주십니다. 그러므로 예수님의 말씀을 순종할 때, 우리가 적당히, 대강대강, 마지못해서, 눈치 보며 할 것이 아니라 기쁜 마음으로, 절대적인 자세로, 아귀까지 채우는 적극적인 순종을 해야 합니다. 사람들은 어떻게 해서든지 물처럼 냉랭한 자신의 인생을 맛깔나는 인생으로, 빛깔 나는 인생으로 변화시키기 위해서 애를 씁니다. 거기에 오락의 설탕도 타 보고, 쾌락의 꿀도 타 보고, 돈과 명예의 색소도 타 보고, 연애와 미팅의 물감도 타 보고, 별의별 노력을 다 해 봅니다. 그러나 아무리 그렇게 해도 물이 포도주가 될 수는 없듯이, 무미건조한 나의 인생을 근본적으로 변화시킬 수는 없습니다. 우리가 맛있고 다른 사람들에게 기쁨을 주는 빛나는 인생을 살기 위해서는 변화의 능력자가 되시는 예수님을 만나야 합니다. 이 예수님을 만나서 믿고 그 말씀에 하인들처럼 순종할 때, 우리는 물과 같은 존재에서 향기 나는 포도주로 변화됩니다. 예수님이 부어 주시는 천국산 포도주로 영생의 기쁨을 누리며 아름답게 빛나는 인생을 살 수 있습니다.

💬 조지 뮬러라는 사람을 아십니까?

그는 어린 시절 남을 속이고 사기 치고 방탕하게 살던 망나니였습니다. 그는 어려서부터 아버지의 호주머니에서 돈을 훔치는 버릇이 있었습니다. 한번은 아버지가 소중히 보관하고 있던 금을 몰래 훔쳐서 친구들과 돌아다니며 다 허비하기도 하였습니다. 이런 그는 급기야 16세 때 사기죄로 고발되어 감옥에까지 갔다 왔습니다. 그런데도 정신을 차리지 못하고 이번에는 아버지의 편지를 위조하여 여권을 만들고, 교과서를 다 팔아서 생긴 돈으로 친구들과 스위스 여행을 떠났습니다. 처음 며칠 동안 그는 돈 쓰는 재미와 세상 돌아다니는 재미에 푹 빠져 있었습니다. 그러나 며칠이 지난 후부터 그는 알 수 없는 공허함으로 고통하기 시작하였습니다. 그러다가 스무 살이 되던 해, 어느 날 그는 친구의 전도를 받아 성경을 공부하게 되었습니다. 그는 성경 공부를 통해 예수님을 만났습니다. 예수님은 그의 공허하고 텅 빈 마음에 천국산 포도주를 아귀까지 가득히 부어 주셨습니다. 그때 그는 난생 처음으로 내면에 참 평강과 기쁨이 넘쳐 나는 것을 체험하게 되었습니다. 지금까지 즐기던 그 어떤 것과도 비교할 수 없을 만큼 정말 즐겁고 기쁘고 환상적인 것이었습니다.

이후로 그의 인생은 완전히 변화되었습니다. 거짓말 잘하고, 사기 잘치고 다른 사람 등쳐 먹기 잘하던 그가 불쌍한 고아들을 모아서 섬기기 시작하였습니다. 고아원을 세워서 운영하며 고아들을 위해 매일 눈물로 기도하였습니다. 그는 평생 5만 번이나 기도의 응답을 받았습니다. 한번은 고아원에 빵이 거의 다 떨어져서 기도하자 바로 빵 공장에서 불이 나서 팔 수가 없으니 고아원에서 공장에 있는 빵을 다 가져가라는 전화가 왔습니다. 그때의 이야기를 그림으로 그려 놓은 것이 빵 한 접시를 앞에 두고 기도하는 서양 할아버지 사진으로 많은 곳에 걸려 있습니다.

이러한 기도로 그가 일생 동안 돌본 고아들의 숫자만도 수천 명에 이르렀습니다. 뿐만 아니라 그는 70세 고령에도 불구하고 중국으로 나가 세계 선교를 섬겼습니다. 그 후 그는 20년 동안 90세가 될 때까지 세계 42개국을 돌아다니며 300만 명이 넘는 사람들에게 예수 그리스도의 사랑을 전하는 선교사가 되었습니다. 그의 이름은 조지 뮬러입니다. 완악한 사기꾼 조지 뮬러를 이렇게 변화시키신 예수님은 누구실까요? 물을 포도주로 변화시키신 예수님입니다!

💬 이 첫 표적에서 예수님은 어떤 영광(glory)을 나타내셨습니까?

예수님은 맹물을 포도주로 바꾸셨습니다. 돌항아리에 있던 물이 포도주가 될 확률이 몇 퍼센트나 될까요? 차라리 그 물을 모두 끓여서 증발시키면 그것이 구름이 되고, 빗물이 되고, 땅에 떨어져 포도 열매를 맺음으로써 포도주가 되는 데 기여할 수는 있습니다. 그런데 돌항아리 속의 물이 순간적으로 변해서 알코올이 되고, 에스테르와 색소를 포함한 400여 가지의 물질로 변화되었습니다. 그것도 최고의 배합으로 말입니다. H_2O에서 C_2H_5OH으로의 변화는 화학적으로도, 물리적으로도 설명이 안 되는 창조주의 창조 행위입니다. 이것은 텅 빈 지구에 빛과 생명체를 창조하신 창조주의 영광 한 단면이 드러난 것입니다. "하나님이 이르시되 빛이 있으라 하시니 빛이 있었고"(창 1:3). 빛과 우주와 바다와 수백만 종의 동식물이 모두 다 하나님의 말씀으로 만들어졌습니다. 그 하나님이 바로 예수님이십니다. 예수님은 능히 말씀 한마디로 최상급 포도주 600ℓ를 만드실 수 있는 분입니다.

💬 **포도주가 떨어진 잔칫집에 더 좋은 포도주가 공급되었다는 것은 무엇을 의미할까요?**

예수님은 우리의 텅 빈, 우울한 심령, 마음에 천국산 포도주를 주시는 분입니다. 그래서 기쁨과 행복을 주십니다. 우리를 포도주와 같은 존재가 되게 하십니다. 예수님을 믿을 때 우리에게 임하는 하나님 나라는 파티와 같은 것인데(The kingdom of God is a Party.), 그 파티에 필요한 포도주를 예수님이 주십니다. 물은 무색무취로, 당시 상황에서는 쓸모없는 것입니다. 그런데 포도주는 아름다운 빛깔과 향기를 지닌 것으로 잔칫집 흥을 위해서 꼭 필요한 것이었습니다. 예수님은 물과 같은 우리를 포도주와 같이 빛깔 나고, 향기로운 존재로 변화시켜 주시는 분입니다. 그래서 우리에게 하나님의 영광을 나타내 주십니다. 이때 우리는 어딜 가도 부담스러운 사람이 아니라 포도주와 같이 기쁨과 향기를 주는 사람, 포도주 같은 사람이 됩니다. 이런 의미에서 신앙생활은 예수님과의 인격적인 교제를 통해서 포도주처럼 향기롭고 아름답게 변해 가는 것입니다.

💬 **예수님의 표적에 대한 제자들의 반응이 어떠합니까?**

그들은 창조주 하나님의 영광스러운 변화 능력을 보고는 이 예수님을 창조주 하나님이요, 인생들의 어려운 문제를 해결해 주시고 어떤 상황에서도 구원해 주시는 구세주로 믿게 되었습니다.

💬 **예수님의 첫 표적과 이 표적을 행하신 예수님은 나와 무슨 관계가 있을까요?**

돈도 없고, 마음에 기쁨과 평화가 떨어져 버렸습니다. 그래서 우울하고 허무합니다. 텅 빈 마음을 채우려 게임과 미팅과 정욕에 빠져 귀한 시간과 젊음을 낭비합니다. 그 결과, 마음은 더욱 공허해집니다. 예수님은 이러한 우리에게 더 좋은 포도주를 공급해 주시는 분입니다. 예수님은 무능한 자에게는 능력을 주시고, 높은 학점을 받을 수 있는 지혜도 주십니다. 먼저 그의 나라와 그의 의를 구할 때 필요한 돈을 주시고, 우리의 마음에 열정과 사랑과 기쁨과 평화의 포도주를 아귀까지 채워 주십니다. 예수님을 통해 이러한 변화를 체험하기 위해서는 마리아처럼 기도하고 하인들처럼 순종하면 됩니다. 성경 말씀을 공부하면서 내 마음에 부딪혀 오는 예수님의 말씀은 그 말씀이 무엇이라고 하든지 그대로 해 보면 됩니다. 그때 예수님은 우리에게 더 큰 기쁨과 행복을 주시고, 우리를 빛깔나고 향기로운 천국산 포도주 같은 존재로 변화시켜 주십니다. 에덴동산을 회복시켜 주시는 것입니다.

찬송가 288 + 요한복음 3:1-21

Q 니고데모는 어떤 사람입니까?

1절을 보면, 바리새인 중에 니고데모라 하는 사람이 있었습니다. 바리새인이란 '구별된 자'라는 뜻으로 유대인들이 바벨론에 포로로 잡혀갔을 때 당시 이방화되는 것을 거부하여 일어난 경건주의 운동을 이어 간 이들이었습니다. 그들은 5살 때 모세 오경을 토씨 하나 틀리지 않고 외우게 하는 등 철저한 신앙 훈련을 받고 성경에 나오는 율법을 엄격하게 지키는 것으로 유명한 종교 엘리트들이었습니다. 처음에는 순수하였으나 몇 백 년이 흘러 예수님 당시에는 겉으로만 그런 모습을 보이고 속은 다른 위선주의자들이 되었습니다. 또한 니고데모는 유대 종교 사회의 입법권과 사법권을 가진 70인 공의회, 즉 유대 최고 의결 기관인 산헤드린 의회 의원이었습니다. 오늘날 국회 의원과 같은 높은 지위를 가진 사람입니다. 그뿐만 아니라 10절을 보면, 니고데모는 율법에 정통한 학자요, 백성들에게 하나님의 말씀을 가르치는 이스라엘의 선생으로 랍비라는 칭호를 받은 자였습니다. 요한복음 19:39을 보면, 그는 예수님의 장례를 위해 침향 섞은 몰약 100리트라(35kg)를 가져왔는데, 이것은 왕의 장례식을 치를 때 사용하는 양이었습니다. 이를 볼 때 그는 상당한 부를 축적한 사람이었습니다. '니고데모'라는 이름은 헬라식 이름인데, '니고'는 승리를 뜻하고 '데모'는 백성을 의미합니다. 즉, 백성의 정복자, 승리자라는 뜻입니다. 그는 그 이름 뜻 그대로, 가장 독보적인 입지를 다진 성공한 사람이었습니다.

💬 이런 그가 왜 예수님을 찾아왔을까요?

2절을 보십시오. 그는 산헤드린 의회 의원으로서 세례 요한에 대한 조사 위원회의 보고서를 읽어 보았을 것입니다(요 1:19-27). 그리고 요한복음 2:23을 보면, 유월절 명절 기간에 예수님께서 예루살렘에서 행하신 많은 표적을 보았습니다. 그가 보기에 그 표적들은 하나님께서 함께하시면서 신적 능력을 주시지 않고서는 행할 수 없는 것들이었습니다. 이때 그는 '성경이 예언했고, 모든 이스라엘 백성이 간절히 소망하는 메시아 왕국, 즉 하나님 나라가 드디어 도래하는 것인가'라는 생각을 해 보지 않을 수 없었습니다. 당시 이스라엘 백성들은 메시아가 오시면 이스라엘을 로마의 압제에서 구원하여 이 땅에 하나님이 다스리시는 하나님 나라를 세울 것이라 생각하였습니다. 그래서 택한 백성들을 죄악과 불행에서 구원하여 에덴동산에서와 같은 진정한 행복을 누리게 해 줄 것이라 굳게 믿었습니다. 니고데모는 조만간 펼쳐질 수도 있을 것 같은, 이 하나님 나라에 참여하기 위해서는 어떻게 해야 하는지 고민하지 않을 수 없었습니다.

아무리 성경을 뒤져 가며 고민해 봐도 스스로 명쾌한 답을 찾기는 힘들었습니다. 정답은 예수님이 가지고 있을 것 같았습니다. 니고데모는 예수님께 물어보고 싶었습니다. 그런데 당시 예수님에게는 세인의 이목이 집중되어 있었습니다(요 2:23). 거기다가 바리새인 동료들과 공의회 의원들은 대부분 예수님을 적대시하고 있었습니다. 그래서 사람들의 눈에 잘 띄지 않는 밤 시간을 택해서 예수님을 찾아갔습니다. 한편 '밤'은 칠흑같이 어두운 그의 내면 세계를 표현해 주는 말이기도 합니다. 사회 최고 원로인 그가 인간적으로 신분도 낮고 젊은 예수님을 찾아왔다는 것은 그가 겸손하다기보다는 그만큼 자신의 고민이 깊었다는 것을 보여 주기도 합니다. 그의 종교적 열심과 학식과 권력과 내력으로도 채워지지 않는 내면의 공허감과 불행이 밤만큼 어둡고 깊었다는 것입니다. 그래서 누구에게도 말할 수 없는 깊은 고민을 하다가 이제는 자야 하는 밤에 실례를 무릅쓰고라도 자기를 낮추어 절박하게 찾아갈 수밖에 없었던 것입니다.

💬 우리에게는 어떤 고민이 있습니까?

무엇이 내 마음을 밤처럼 어둡게 하고 있는가요? 불안한 장래, 취업이 고민인 분들도 있을 것입니다. 친구 관계가 어렵고 우울증이 있을 수도 있습니다. 비교 의식과 시기심, 열등감으로 마음이 괴로울 수도 있습니다. 정욕 죄나 부정한 행동을 하고 양심에 찔려 고통하거나 병으로 고통당하는 분들도 있을 수 있습니다. 게임 중독에 빠져 있는 분도 있고, 전공 공부가 적성에 맞지를 않아서 고민인 분도 있습니다. 이성 친구 사귀는 일과 실연 등으로 마음이 수없이 흔들리는 사람도 있습니다. 무엇보다 인생의 의미와 목적을 몰라 허무함 가운데 고통당하는 분들도 있습니다.

Q 예수님은 자신을 찾아온 니고데모에게 무슨 말씀을 하셨습니까?

3절을 보십시오. "예수께서 대답하여 이르시되 진실로 진실로 네게 이르노니 사람이 거듭나지 아니하면 하나님의 나라를 볼 수 없느니라." 여기서 하나님 나라는 '영토 개념'이 아니라 '통치 개념'입니다. '하나님 나라를 본다'는 말은 하나님이 다스리시는 나라에 백성으로 참여한다는 의미입니다(눅 9:27). 다시 말해 하나님의 은혜와 사랑의 통치를 체험하면서 그 나라 백성의 특권을 누린다는 뜻입니다. 예수님은 우리 인간들이 이와 같이 하나님 나라를 보기 위해서는 전제 조건이 있다고 말씀하십니다. 바로 거듭나는 것입니다. '거듭'이라는 말은 헬라어로 '위에(above)'라는 뜻을 가진 '아노'라는 단어에서 유래하였습니다. 그래서 거듭난다는 말의 정확한 의미는 '위로부터 다시 태어나다(to be born from above)', '근원적으로 처음부터 태어나다'라는 뜻입니다. 예수님은 니고데모에게 하나님 나라를 보기 위해서는 이렇게 '위에 계신 하나님으로부터, 근원적으로 처음부터 완전히 다시 태어나야 한다'고 말씀하셨습니다.

Q 우리가 다시 태어나야만 하나님 나라를 볼 수 있는 이유가 무엇입니까?

우리 인간이 인류를 대표하는 첫 사람 아담의 죄로 말미암아 타락한 본성을 지니고 있기 때문입니다. 그 마음이 심히 부패했고, 눈은 더러운 정욕으로 가득합니다. 이런 상태로는 거룩한 하나님 나라를 볼 수가 없습니다. 더구나 하나님 나라는 영원한 생명, 곧 영생을 누리는 나라입니다. 하나님 앞에서 영원한 생명을 가지고 살아 있는 자들만이 들어가서 보며 누릴 수 있는 나라입니다. 그런데 우리 인간은 첫 사람 아담의 범죄로 영원한 참 생명의 근원이신 하나님과의 관계가 끊어져 버렸습니다. 모든 인간이 태어날 때부터 나무 몸통에서 떨어져 나간 가지 같은 존재로 살아가게 되었습니다. 여전히 호흡하고 움직이지만, 자세히 보면 원래의 영광스럽던 하나님의 형상은 빛을 잃고, 온갖 죄악의 벌레들에게 물어뜯기며 병들어 시들시들 죽어 가고 있습니다. 허물과 죄로 죽은 상태입니다. 이렇게 죽어 있는 상태로는 영원한 생명의 나라인 하나님 나라에 들어갈 수가 없습니다. 하나님 나라에 들어가고 그 나라를 보기 위해서는 반드시 살아 있는 생명, 영원한 생명으로 완전히 다시 태어나야 합니다. 거듭나야 합니다.

우리 인간은 하나님의 다스림을 받을 때 진정으로 행복합니다(눅 17:21; 롬 14:17). 폭군이나 사탄이 아니라 하나님의 통치를 받을 때, 무슨 일이 있어도, 어디에 처해도 천국의 기쁨과 행복을 누릴 수 있습니다. 하나님 나라를 보는 것은 그러한 행복을 체험하고 누리는 것을 의미합니다. 이 하나님 나라를 보지 못하는 것이 니고데모의 근본 문제입니다. 니고데모는 나름 행복을 얻기 위해서 노력을 아주 많이 했습니다. 열심히 공부하고, 도덕적으로 흠 없게 살고, 종교적으로 열심을 냈고, 그래서 최고의 자리에 올라 부귀, 영화, 명예, 권력을 얻었지만, 행복하지 않았던 것입니다. 자신이 왕으로 있는 그런 나라를 보고 체험하고 있습니다. 자기가 왕이 되어 자기가 통치하는 나라, 자신의 권력, 자신의 부, 자신의 명예로 만든 나라, 이 나라가 행복할 줄 알았는데, 자기가 만든 나라에는 진정한 행복이 없었습니다. 니고데모는 그 시대 사람들이 부러워할 만한 것들을 다 얻어 보았지만, 내면에 행복이 없어 밤마다 잠을 못 이루었고, 이 근본 문제를 해결하고자 예수님께 나아온 것입니다. 예수님은 이런 그에게 거듭나야 그 모든 문제들이 해결되고 진정한 행복을 얻을 수 있는 하나님 나라에 들어가게 된다고 말씀하셨습니다. 진정한 행복은 내가 만든 나의 나라가 아니라 하나님이 통치하시는 하나님 나라에 있습니다. 하나님의 다스림을 받을 때 진정으로 행복한 믿음의 사람이 된다는 뜻입니다.

💬 **예수님께서 하나님 나라를 보려면 거듭나야 한다고 하시자 니고데모는 어떻게 반응하였습니까?**

4절을 보십시오. 니고데모는 예수님의 말씀을 육체적으로 이해하였습니다. 거듭나야 한다는 말을 육체의 재탄생으로 이해했습니다. 그래서 처음 태어났을 때처럼 모태가 필요하다고 반응하였습니다. 상식에 기초해서 이성으로만 이해하려 했던 것입니다. 이런 그는 비록 율법에 해박한 지성인이었으나 영적 통찰력과 관련해서는 구원 진리의 초보적 단계도 이해하지 못하였습니다.

💬 **예수님은 이런 '영린이', 영적 어린아이 같은 그에게 거듭남의 진리를 어떻게 설명해 주십니까?**

5절을 보십시오. "예수께서 대답하시되 진실로 진실로 네게 이르노니 사람이 물과 성령으로 나지 아니하면 하나님의 나라에 들어갈 수 없느니라." 예수님은 영적인 거듭남을 물과 성령으로 나는 것이라 말씀하십니다. 물은 깨끗하게 씻는다는 의미로, 이 말은 죄를 깨끗하게 씻는다는 것입니다. '성령으로 난다'는 말은 깨끗하게 씻긴 영혼이 성령으로 말미암아 영적인 존재로 새롭게 된다는 뜻입니다. 하나님께서 인간을 창조하실 때, 하나님은 사람 속에 생기를 불어넣어 생령으로 만드셨습니다(창 2:7). 그것과 똑같이 하나님은 성령으로 사람들을 영적 생명을 가진 존재로 새롭게 태어나게 하십니다. 성령의 역사는 우리의 육, 다시 말해 이성과 상식으로는 이해하기 어렵습니다. 8절을 보면 예수님은 이 성령의 역사를 바람에 비유하십니다. 바람이 어디서 시작되어서 어디로 가는지 알 수 없듯이 성령의 역사도 그 기원과 목적지를 알 수가 없습니다. 바람이 눈에 보이지 않으나 그 현상의 결과, 예컨대 나무가 흔들리는 모습이나 태풍에 쓰러진 나무 등을 통해서 그 존재를 인식할 수 있듯이, 성령의 역사도 그 역사를 체험한 사람들의 인격과 말과 삶에 나타나는 성령의 열매로 알 수 있습니다. 이 거듭남의 성령의 역사는 이 땅에서 일어나는 일입니다. 이것의 구원의 시작입니다. 그리고 그 구원의 궁극적 완성은 하늘나라에서 이루어집니다(12절).

성령이 지나간 사람, 즉 성령이 역사한 사람에게는 필연적으로 놀라운 변화가 나타납니다. 그것은 결코 관념이 아니라 현상(phenomenon)이며, 증거로 뒷받침됩니다. 실제로 성령이 역사할 때, 많은 사람들이 회개하고 거듭나 새사람이 된 경우가 무수히 많습니다. 강도가 변하여 천사처럼 되고, 무기력한 사람이 다스리고 정복하는 진취적인 사람이 되며, 이기적인 세리가 희생적인 사도로 변합니다. 이런 변화를 체험한 사람은 오늘날 우리 주변에도 무수히 많습니다.

💬 **그런데 니고데모는 왜 이러한 거듭남의 진리를 계속해서 이해하지 못할까요?**

9절을 보면 니고데모는 "어찌 그러한 일이 있을 수 있나이까" 하면서 이해를 하지 못합니다. 그는 육적인 세상에서 육적인 성공만을 위해 맹렬히 살아왔습니다. 그래서 지식적으로 아무리 성경을 많이 안다고 해도 영적인 생각을 하지 못합니다. 영적인 일은 신학 박사요 신학대 교수가 된다고 해도 깨닫지 못할 수 있습니다. 니고데모는 이성의 세력에 너무나 강하게 잡혀 있습니다. 자신에게 체험이 없으므로 이해를 하지 못합니다. 이것은 믿음을 가지고 영적인 사고를 해야 이해할 수 있는 것입니다.

예수님은 이런 니고데모를 어떻게 도와주셨습니까? 13절을 보면 예수님은 하늘에서 오셨고, 이 땅에 있는 사람들 중 하늘에 가 보신 유일하신 분입니다. 이 예수님은 장차 영원한 하나님 나라에서 이루어질 일을 말하러 오셨습니다. 그런데 땅에서 일어나는 기본적이며 가장 중요한 성령의 역사도 이해하지 못하는 니고데모가 안타까우셨습니다. 이런 사람이 이스라엘의 스승이라니 소경이 소경을 인도하는 이스라엘의 상황에도 마음이 아프셨습니다. 그래서 예수님은 이스라엘의 선생이라면서 이런 것도 이해하지 못하느냐고 그를 책망하셨습니다(10절). 영적 무지를 깨우치기 위해서는 때로 책망이 필요합니다. 11절을 보십시오. 예수님은 거듭남의 진리가 무엇인지를 잘 아십니다. 그리고 앞으로 사람들이 이렇게 성령으로 거듭나게 될 것을 내다보셨습니다. 그래서 예수님은 아는 것과 본 것을 말씀하고 계십니다.

💬 **우리가 거듭나기 위해서는 어떤 선결 요건(requirement)이 필요할까요?**

14절을 보십시오. 그것은 '모세가 광야에서 뱀을 든 것'같이 인자, 곧 예수님도 들려야 합니다. '모세가 광야에서 뱀을 든 사건'은 민수기 21:4-9에 나옵니다. 출애굽 당시 이스라엘 백성들은 광야에서 길이 불편하다고 모세와 하나님을 원망하고 불평하다가 불뱀에 물려 죽게 되었습니다. 이때 모세가 놋뱀을 만들어 장대 끝에 매달아 높이 들었습니다. 그러자 그것을 우러러본 사람들은 모두 나음을 받았습니다. 예수님은 왜 민수기 불뱀 사건을 말씀하실까요? 이는 이 사건이 예수님께서 십자가에 달리실 것에 대한 예표이기 때문입니다. 이것은 어떻게 우리가 구원을 받을 수 있는지, 즉 어떻게 거듭나 하나님 나라를 볼 수 있는지를 가르쳐 줍니다. 예수님은 이 예표대로 십자가에 못 박히신 채로 높이 들려

가스펠 세븐틴

야 합니다. 그래야 죄를 짓고 죽음의 독을 내뿜는 사탄에 물려 죽어 가는 사람들이 이 예수님을 믿고 구원을 얻을 수 있습니다.

💬 **예수님이 십자가에 높이 달리시는 것을 믿는 것이 나의 구원과 어떻게 관계가 있을까요?**

우리가 성령으로 거듭나기 위해서는 먼저 물로 깨끗하게 씻음을 받아야 합니다(5절). 그 물이 무엇일까요? 속죄의 피입니다. 예수님께서 십자가에 달리신 이유는 우리의 죄를 씻어 주는 물인 속죄의 피를 흘리시기 위함입니다(엡 1:7). 우리가 십자가에 달리신 예수님을 믿는다는 것은 그 피를 믿는 것입니다. 그 피를 믿는다는 것은 예수님이 흘리신 피가 원래는 내가 흘려야 했을 피임을 믿는 것입니다. 다시 말해 예수님의 피가 나의 죄를 대속하는 피임을 믿고, 나의 죄를 고백하며 눈물로 회개하는 것입니다. 이때 우리는 예수님의 피로 모든 더러운 죄를 씻음 받게 됩니다(요일 1:9). 성령은 이렇게 예수님의 피로 씻음 받은 영혼을 부활하신 예수님 안에서 영원한 생명으로 거듭나게 합니다. 그래서 영원한 생명의 나라, 하나님 나라에 들어가게 합니다(15절). 요컨대, 금욕적인 생활이나 윤리적인 삶으로써가 아니라 오직 예수님의 십자가 피의 공로를 의지함으로써 거듭나고 영생을 얻을 수 있습니다.

💬 **거듭남과 하나님 나라의 진리는 누가 왜 만들었습니까?**

하나님은 세상을 창조하신 후 심히 좋아하셨습니다(창 1:31). 특히 하나님의 형상대로 만드신 인간이 세상을 하나님처럼 다스리는 모습을 보시며 아주 큰, 우주적인 기쁨을 누리셨습니다. 그러나 인간은 하나님의 사랑의 명령을 어김으로 죄를 지었습니다. 그 결과 우리 인간 세상 곳곳에는 "곧 모든 불의, 추악, 탐욕, 악의가 가득한 자요 시기, 살인, 분쟁, 사기, 악독이 가득한 자요 수군수군하는 자요"(롬 1:29-31) 등의 갖가지 죄악들이 악취를 풍기며 거대한 쓰나미처럼 세상을 덮치고 있습니다. 매스컴에서 다루어지는 소식들 중에서 정말 이러한 죄악상들을 몇 개월 치만 모아 보아도 끔찍합니다. 이러한 죄인들이 살아가는 세상은 심판의 대상이지 사랑의 대상이 아닙니다.

💬 그러나 하나님은 이러한 세상을 어떻게 하셨습니까?

사랑하셨습니다. 사랑하시되 독생자를 주시기까지 이처럼 무한히 사랑하셨습니다. 이것이 어찌 된 일입니까? 도대체 하나님은 왜 이렇게 흉악한 죄인들까지, 이런 죄인들이 가득한 세상을 이처럼 사랑하실까요? 이는 인간들이 미우나 고우나 하나님이 창조하신 피조물로서 당신의 잃어버린 자식들이기 때문입니다. 부모는 자식이 아무리 많은 죄를 짓고 부모의 명성에 먹칠을 하여도, 언젠가는 뉘우치고 돌아오기만을 학수고대합니다. 마침내 그 자식이 잘못을 깨닫고 돌아오면, 부모는 신발도 신지 않고 달려가 다 용서하고, 뜨거운 사랑으로 끌어안습니다. 죄인인 우리 인간들을 향한 하나님의 마음이 이러합니다.

그러나 거룩하신 하나님이 죄를 지은 인간들을 죄 있는 모습 그대로 받아들이실 수는 없습니다. 이는 하나님이 당신의 의와 거룩함의 성품을 포기하시지 않는 한 있을 수 없는 일입니다. 결국 인간들의 죄를 해결하기 위해서는 반드시 누군가가 죽음으로써 그 죗값을 치러야 합니다. 이때 하나님은 당신에게 있는 외아들, 독생자 예수님을 바라보셨습니다. 외아들은 눈에 넣어도 아프지 않을 것 같은 소중한 보배입니다. 마찬가지로 하나님께 예수님은 당신의 영광이요, 영원한 기쁨의 근원이시며,

가스펠 세븐틴

당신과 한 몸이고, 당신의 생명 그 자체입니다. 그런데 하나님은 이 외아들을 죄악 된 우리 인간들을 구속하시기 위해 십자가 희생 제물로 내어 주셨습니다. 결국 예수님은 십자가에 높이 달리셨습니다. 하늘의 영광을 담아야 할 그 고귀한 몸에 잔인한 상처가 하나둘 생겨났습니다. 두 손과 두 발이 큰 대못에 뚫렸습니다. 살점이 떨어져 나가 피가 강같이 흘러내렸습니다.

💬 당신의 외아들이 험한 세상에서 고생하다가 십자가에 달려 죽는 모습을 바라보시는 하나님의 마음이 어떠하였을까요? 그 심장이 얼마나 세차게 요동치며 터져 버릴 것 같았을까요?

그러나 하나님은 독생자 예수님이 부르짖는 그 순간 침묵하셨습니다. 당신의 외아들이 너무나 고통스러워 울부짖고 '아버지! 아버지!' 하며 아버지를 애타고 찾고 있는데도, 그 소리를 들으셨지만 귀를 막으며 등을 돌리셨습니다. 그 이유가 무엇입니까? 우리를 사랑하시기 때문입니다. 하나님은 실로 그렇게 가슴 아픈 고통을 넘어서 우리를 사랑하신 것입니다. 우리 죄인들을 위해 독생자를 내어 주신 하나님의 사랑은 실로, 하늘을 두루마리 삼고 바다를 먹물 삼아도 다 쓸 수 없는 큰 사랑입니다. 우리 죄인들을 향한 하나님의 놀라운 사랑을 감사, 찬양합니다!

제 외아들은 말하는 것이나 좋아하는 음식까지 여러모로 저를 쏙 빼닮았습니다. 이 아들은 퍼즐을 잘하였고, 자기의 것을 친구들에게 잘 나누어 주는 착한 아이였습니다. 저는 이 천사 같은 아들을 볼 때마다 미소가 절로 났고, 너무나 행복했습니다. 아들이 4살 때 저는 사정상 혼자 미국 유학을 가게 되었습니다. 그래서 아들은 한동안 할아버지 집에서 자랐습니다. 저는 날마다 아들이 보고 싶어 미시간 그랜드래피즈 기숙사의 제방 책상 위 벽에 아들 사진을 많이 붙여 놓았습니다. 저는 사진으로나마 외아들에 대한 그리움을 달랬습니다. 사진으로만 보아도 외아들을 향한 제 마음은 뜨거웠습니다.

그런데 이 아들이 다섯 살이던 2004년 12월 어느 날이었습니다. 아들은 할아버지와 손을 잡고 어린이집을 가다가 교통사고로 머리와 허벅지 뼈를 크게 다쳤습니다. 저는 미국에서 전화로, 떨리는 아내의 목소리를 통해 이 소식을 들었습니다. 순간, 저는 하늘이 무너져 내리는 것 같았습니다. 반쯤 넋이 나간 상태로 급히 귀국하여 아들이 실려 간 병원으로 달려갔습니다. 침상에 누워 있던 아들은 의식이 전혀 없었습니다. 머리는 크게 부어올라 이마 위의 머리뼈가 3분의 1쯤 도려내어져 있었습니다. 허벅지는 뼈가 심각하게 부러졌음에도 수술을 시도조차 할 수 없는 상황이었습니다. 제 마음은 큰 칼에 심장이 찔린 듯 고통스러웠습니다. 정말 심장이 칼로 도려내지는 것 같은 아픔이 엄습하였습니다. 어느 순간엔 마음이 너무나 뜨겁게 타 들어가 초밀처럼 다 녹아내렸습니다. 저는 공부한다며 외아들인 그를 제대로 돌아보지 못한 제 자신이 너무나 원망스러웠습니다. 아들을 위해 할 수만 있다면, 제 심장이라도 꺼내 주고 싶었습니다. 그러나 제가 할 수 있는 일은 아무것도 없었습니다. 아들은 결국 식물인간으로 약 3개월을 병원에 누워 있다가 뇌사 상태가 되었습니다. 더 이상 아빠 얼굴 한 번 보지 못한 채로 그냥 그렇게 이 세상을 떠나갔습니다. 아들을 고향집 뒷산 차가운 산자락에 제 손으로 직접 묻었습니다. 아들을 차가운 흙속에 묻고 작은 무덤을 뒤로 하고 내려오는 제 가슴은 무너져 내렸습니다.

제가 이런 고통을 겪고 있을 때, 미국에서 함께 공부했던 한 크리스천 선배는 저를 위로하기 위해 제게 다음과 같은 메일을 보내왔습니다.

"제가 뭐라고 위로를 해야 할지 모르겠습니다. 다만, 2,000년 전에 외아들을 잃으신 그 아버지는 제 마음을 다 이해하고 위로해 줄 수 있을 것이라 믿습니다." 순간 저는 저와 같이 외아들을 잃은 분이 계시다는 것을 알게 되었습니다. 그리고 그분이 제 아픈 마음을 다 이해할 수 있다는 말에 큰 위로를 받았습니다. 기도하며 생각해 보니, 하나님은 2,000년 전 교통사고보다 더 끔찍한 십자가 고통 속에서 외아들을 잃어버리셨습니다. 이 하나님은 제 아픔을 온전히 다 이해하시고도 남는 분임을 알게 되었습니다. 또한 하나님이 독생자 예수님을 십자가에 내어 주신 것은 제 아들과 저를 죄에서 구원하시기 위한 사랑 때문임도 마음 깊이 알게 되었습니다. 그리고 그 사랑이 얼마나 가슴 아픈 고통을 넘어서 온 실로 측량할 수 없는 큰 사랑임을 알게 되었습니다. 이때 제 마음에는 이루 말할 수 없는 감동과 감격이 밀려왔습니다. 저는 무릎을 꿇고 앉아 많은 눈물을 흘리며 하나님의 사랑에 감사하고, 또 감사하였습니다.

아들의 장례식 날 저는 막상 이대로 그의 몸을 떠나보내려니 너무나 마음이 아팠습니다. 아들이 없는 내일을 상상하니 무서웠습니다. 그 순간 이대로 이렇게 아파하고 무서워하면 사탄에게 질 것 같은 생각이 들었습니다. 아들의 5년간 삶을 헛되게 할 것 같은 생각이 들었습니다. 거룩한 분노가 일어났습니다. 이어서 두 아들의 장례식 날 9가지 감사 제목을 발표한 손양원 목사님이 생각났습니다. 그래서 저는 제 아들에 대한 감사 제목을 찾아보았습니다. 열심히 적었습니다. 장례식 도중 감사 제목을 발표하려고 일어났습니다. 많은 눈물이 흘러내려 한참을 아무 말도 못했지만, 저는 힘을 다해 사랑스러운 아들을 주신 하나님께, 그리고 이렇게 특별한 뜻이 있어서 데리고 가신 하나님께 감사하며 영광을 돌렸습니다.

영어로 'Love is painful'이라는 말이 있습니다. 사랑은 아름답고 위대하고 우리를 행복하게 하는 것이지만, 그것은 또한 우리를 매우 고통스럽게 하기도 합니다. 저는 2014년 4월 세월호 사건으로 꽃다운 나이의 고등학생 자녀들을 잃고 절규하는 부모들을 매스컴을 통해 목격하게 되었습니다. 그 순간 제 가슴은 먹먹하고 숨이 멎을 것만 같았습니다. 제가 5살 된 아들을 잃은 것도 그렇게 마음이 아팠는데, 그보다 훨씬 더 오랜 기간 사랑을 주며 키워 온 자녀들을 그렇게 허무하게 잃어버린 부모들의 마음은 얼마나 더 고통스러웠을까요? 그 고통을 생각할 때, 제 마음은 터질 것만 같았습니다.

💬 **그런데 영원 전부터 무한한 사랑으로 함께하던 외아들 예수님을 십자가에서 잃은 하나님의 마음은 얼마나 더 아팠을까요?**

그 아픔은 우리 인간들이 사랑하는 외아들을 잃었을 때의 아픔과 비교할 수 없을 정도로 큰 것입니다. 사랑의 크기는 그 사랑을 잃었을 때의 아픔 크기만큼입니다. 하나님은 실로 그렇게 가슴 아픈 고통을 넘어서 우리를 사랑하신 것입니다. 바울은 로마서 5:8에서 말합니다. "우리가 아직 죄인 되었을 때에 그리스도께서 우리를 위하여 죽으심으로 하나님께서 우리에 대한 자기의 사랑을 확증하셨느니라." 십자가에 못 박히신 하나님의 독생자 예수님은 하나님이 우리를 사랑하시는 증거입니다.

💬 **그러면 하나님께서 독생자를 세상에 보내신 목적이 무엇입니까?**

16절 뒷부분을 보십시오. "이는 그를 믿는 자마다 멸망하지 않고 영생을 얻게 하려 하심이라." 하나님이 독생자를 세상에 보내신 목적은 우리 인간들이 멸망치 않고 영생을 얻게 하시기 위한 것입니다. 여기서 '멸

가스펠 세븐틴

망한다'는 말은 죄로 말미암아 심판을 받아 죽음의 고통을 겪으며 영원한 지옥 형벌을 당한다는 것입니다. 어떤 사람들은 육체가 죽으면 다 끝난다고 생각합니다. 그러나 기자는 말합니다. "한 번 죽는 것은 사람에게 정하신 것이요 그 후에는 심판이 있으리니"(히 9:27). 모든 인간은 죄로 말미암아 죽게 되고, 죽음 이후엔 사라지거나 끝나는 것이 아니라, 하나님의 심판대 앞에 서게 됩니다. 우리가 겉으로 세상의 법을 어기지는 않을지라도 하나님 앞에서 나의 모든 삶과 마음의 생각들을 비추어 보십시오. 특히 우리의 내면이 얼마나 악하고 추합니까? 마음과 생각으로는 다른 사람들을 미워하며 죽이는 일도 서슴지 않습니다. 다 하나님의 영원한 지옥 형벌을 받아 멸망하지 않을 수 없습니다. 그러나 하나님은 이러한 인간들을 위해 독생자 예수님을 십자가에 내어 주심으로 우리의 죄를 용서해 주셨습니다. 그래서 우리가 죄로 말미암아 멸망하지 않고, 영생을 얻도록 해 주셨습니다. 영생이란 죄의 형벌 없이 영원한 생명을 누리는 것입니다. 이 영생의 삶에서 단순히 시간만 영원한 것이 아닙니다. 영원한 하나님의 자녀가 되어, 영원토록 하나님 나라의 기쁨과 진정한 행복을 누리며 완전한 삶을 살아가는 것입니다.

니고데모는 당대 최고의 지성인이었습니다. 실천하는 신앙인이었습니다. 높은 지위를 가졌고, 또한 부자였습니다. 그러나 그는 세상 나라에서 진정한 행복을 얻을 수 없었습니다. 그래서 어두운 밤, 어둡고 공허한 내면을 들고 예수님을 찾아와 참된 영생의 행복의 있는 하나님 나라, 그 나라의 백성이 되는 비결을 여쭈어보았습니다. 니고데모처럼 우리가 세상에서 아무리 좋은 직장을 구해서 많은 돈을 벌고 높은 자리에 올라 명예와 권력을 얻은들, 이상향의 사람과 결혼을 한들, 그곳에는 영생의 기쁨이 없습니다. 가장 좋은 선물은 하나님 나라, 영생입니다. 영생은 실로 하나님이 당신의 독생자를 희생하시면서까지 주신 최고의 사랑 선물입니다.

💬 **그러면 우리는 어떻게 이러한 영생을 누릴 수 있습니까?**

그것은 하나님이 십자가에 대속 제물로 내어 주신 독생자 예수님을 믿음으로 누릴 수 있습니다. 십자가에 달리신 예수님을 믿을 때, 그래서 믿음으로 우리의 죄를 자백할 때, 하나님은 우리의 모든 죄를 용서해 주십니다(요일 1:9). 그리고 죽음을 이기고 부활하신 예수님을 믿고 영접할 때, 그 안에서 영원한 생명을 누리게 됩니다. '믿는다'는 동사는 현재 분사입니다. 일회적으로, 과거에 한 번 믿었으면 되는 것이 아니라, 현재에도 계속해서 믿는 것입니다. 그런 믿음 위에 영생은 언제나 그 사람의 것으로 살아 역사합니다.

💬 **사람들이 예수님을 믿지 않으면 어떻게 됩니까?**

17절을 보십시오. 하나님이 그 아들 예수님을 세상을 보내신 것은 세상을 심판하시기 위함이 아닙니다. 사람들을 구원하시기 위함입니다. 그런데 이 유일한 용서의 기회요 유일한 구원의 방법인 예수님을 믿지 않는다면, 그 사람들은 원래 정해진 심판을 받게 됩니다. 그들의 불신앙으로 자신들의 심판을 확정하는 것입니다(18절).

💬 **사람들이 예수님을 믿지 않는 이유가 무엇일까요?**

19-20절을 보십시오. 그 이유는 사람들이 참빛 되신 예수님께 나아오는 것보다 오히려 영적 어두움에 머물러 있는 것을 더 좋아하기 때문입니다. 이는 그들의 행위가 악해서 빛 앞에 나아갔다가는 자신들의 악한

행위가 드러날까 두렵기 때문입니다. 반면 진리를 사랑하는 사람은 참빛 되신 예수님께로 나아갑니다(21절). 예수님께 나아가는 자신들의 행위에 대해 어떠한 두려움도 없습니다. 올바른 일이고 하나님이 축복하시는 행위이기 때문에 그 행위가 온전히 드러나기를 바랄 뿐입니다.

💬 진정한 행복은 어디에 있습니까?

하나님 나라에서 누리게 되는 영생에 있습니다. 이 행복을 얻기 위해서는 물과 성령으로 거듭나야 합니다. 이렇게 거듭나기 위해서는 십자가에 높이 들리신 예수님을 눈을 들고 바라보아야 합니다. 그 예수님께서 우리를 위해 속죄의 피를 흘리셨음을 믿고 회개해야 합니다(엡 1:7). 우리는 성경을 통해 이 예수님을 만날 수 있습니다(벧전 1:23). 성령께서는 이 시간에도 믿는 자들을 거듭나게 하십니다. 그래서 다시 태어난 자들에게 생일선물로 영생을 주십니다. 이 거듭남의 진리는 우리 인생들에게 가장 필요하고 가장 소중한 진리입니다. 이 진리는 값싼 진리가 아닙니다. 천지를 창조하시고 온 세상을 주관하시는 하나님께서 당신의 생명과도 같은 독생자 예수님을 십자가에 못 박아 피를 흘리게 해서 만드신 너무나 귀한 사랑의 진리입니다. 하나님께서 우리에게 이 진리를 맡겨 주셨습니다. 우리는 이 진리를 썩혀 벌레가 먹게 해서는 안 됩니다. 늘 닦고 빛나게 하여 이 진리를 필요로 하는 사람들에게 전해야 합니다. 예수님을 통해 우리에게 하나님 나라와 영생의 선물을 주시는 하나님의 사랑을 찬양합니다!

영생하도록 솟아나는 샘물

찬송가 526 + 요한복음 4:3-30

Q 예수님이 사마리아 수가 한 우물가에 도착하셨을 때, 누가 나타났습니까?

3-7절을 보십시오. 사마리아 여자 한 사람이 물을 길으러 왔습니다. 그런데 이때는 물을 길으러 오지 않는 시간대입니다. 모두가 뜨거운 열사를 피해 휴식과 낮잠을 즐기는 시간입니다. 그곳 여인들은 보통 햇볕이 뜨겁지 않은 선선한 아침이나 저녁에 삼삼오오 짝을 지어 물을 길으러 왔습니다. 그러나 이 여인은 그 자리에 낄 수 없었나 봅니다. 무언가 복잡한 사연이 있는 여인이었음이 분명합니다. 동네의 수치거리로 왕따를 당하고 있던 것 같습니다.

Q 예수님은 이 여인에게 어떤 말씀을 하셨습니까?

갈증으로 목이 타 들어갔지만, 물 길을 두레박이 없었던 예수님은 물을 길으러 온 그녀에게 "물을 좀 달라"고 요청하셨습니다. 당시 예수님께서 사마리아 여인과 대화를 하시는 것은 쉬운 일이 아니었습니다. 왜냐하면 당시 유대 남자들은 밖에서는 여자들과 대화하지 않았고, 심지어 자기 아내와도 대화를 하지 않았기 때문입니다. 또한 유대인들은 사마리아인들과 상종치 않았습니다. 더구나 예수님은 거룩하신 하늘의 황태자이셨고 여인은 복잡한 과거를 지닌 비천한 죄인이었습니다. 그러나 예수님은 이 모든 장애를 사랑으로 넘고, 그 여인에게 말을 건네셨습니다.

💬 **예수님의 요청에 대한 여인의 반응은 어떠했습니까?**

예수님의 물 좀 달라는 요청에 사마리아 여자는 목이 탄다고 급히 드시면 체하신다고 나뭇잎을 하나 띄워서 공손히 드렸습니까? 아닙니다. 9절을 보십시오. 여인은 우물가에서 아무도 만나고 싶지 않았습니다. 그런데 평소 사마리아인들을 멸시하던 유대인 남자를 만나게 되자 무척 당혹스러웠을 것입니다. 게다가 자기에게 물을 달라고 하다니! 여인은 예수님께 "당신은 유대인으로서 어찌하여 사마리아 여자인 나에게 물을 달라 하나이까?" 하고 발끈하였습니다. 예수님의 요청이 매우 이례적인 일임은 분명했습니다. 당시 유대인은 사마리아인과 상종치 않았기 때문입니다.

BC 722년 북이스라엘이 앗수르(아시리아)에 멸망당했을 때, 앗수르는 혼혈 정책 및 이주 정책으로 북이스라엘의 순수 혈통과 이스라엘의 여호와 하나님에 대한 신앙을 도말하였습니다. 반면 남유다는 BC 586년 바벨론에 멸망당했지만 바벨론은 포용 정책을 써서 이스라엘의 순수 혈통과 민족 신앙을 지켜 주었습니다. 남유다는 후에 포로 귀환을 통해 이스라엘로 돌아오고 순수 혈통과 신앙을 계속 유지했습니다. 이러한 남유다는 혈통과 신앙이 불순해진 북이스라엘을 개, 돼지 취급하며 상종을 하지 않아, 둘 사이에 싸움과 살인 등의 사건이 잇따랐습니다. 그런데 3절을 보면, 예수님은 유대를 떠나서 갈릴리로 가실 때 이 사마리아를 통과하셨고, 이곳에서 사마리아 여자에게 말을 거셨습니다.

💬 예수님은 이 여인을 어떻게 하셨습니까?

10절을 보십시오. 여인이 유대인들의 문제를 지적하였지만, 실상 여인의 마음에는 다른 사람을 섬기며 불쌍히 여기는 여유가 없었습니다. 물한 잔 떠 주는 데 유대인이면 어떻고 사마리아인이면 어떻습니까? 여인의 내면은 피곤하고 지쳐 있었습니다. 예수님은 이런 여인에게 부드럽고 온유한 음성으로 하나님의 선물을 이야기하십니다. 예수님은 '하나님의 선물', 구체적으로 '생수를 가지고 있다'고 말씀하시며, 원하면 주겠다고 하십니다. 로마서 6:23을 보면, 하나님의 선물은 '예수 그리스도 안에 있는 영생'입니다.

따라서 여기서 생수, 'living water'란 '살아 있는 물이요, 그 물을 마시는 자를 살리게 하는 물'입니다. 우리의 속을 참으로 시원하게 하고 기쁨과 활력과 에너지가 솟구치게 합니다. 생명력이 충만케 합니다. 성장하게 하고, 소망을 갖게 합니다. 영생을 얻게 하는 영생수입니다. 조금 전까지만 해도 아쉬운 듯 물을 좀 달라 하시던 예수님께서 갑자기 태도를 바꾸어 영생수를 선물로 주시겠다니! 이것을 보면, 애초에 예수님이 여인에게 물을 좀 달라 하신 것은 여인에게서 우물물을 얻어 마시기 위함이 아니었습니다. 본문 어디에도 예수님이 물을 마셨다는 기록은 없습니다. 그렇다면 물을 달라고 하신 이유가 무엇일까요?

땀이 비 오듯 쏟아지는 무더위 속에서도 예수님은 불쌍한 한 영혼을 돕고자 하신 것입니다. 섬세한 여인의 자존심을 건드리지 않고 대화의 물꼬를 트고자 여인과의 접촉점으로 물을 언급하신 것입니다. 여인은 물을 길으러 왔고 예수님은 목이 마르신 상태였습니다. 예수님은 여인에게 아쉬운 소리를 하시며 그녀의 도움을 구하심으로 여인을 돕는 자의 위치, 더 높은 위치로 높여 주며 그녀를 존중해 주셨습니다. 그래서 여인이 상처 받지 않고 마음을 열고 대화할 수 있게 해 주신 것입니다.

여인은 예수님이 말하는 생수를 어떤 것으로 생각합니까?

예수님이 말씀하시는 생수는 영적인 것인데, 여인은 깊은 지하수에서 나오는 삼다수나 평창 생수 같은 물로 생각하였습니다(11절). 그래서 두레박도 없는 분이 어떻게 생수를 주시겠다고 하는지 의아하였습니다. 여인은 자기들에게 우물을 준 야곱을 자랑스러워하고 있었습니다(12절). 야곱의 우물은 역사가 오래되었습니다. 또 수원이 풍부하여 야곱과 12명의 아들들과 모든 짐승이 다 먹었습니다. 예수님 당시에도 1,500년이 넘었지만 여전히 시원한 물을 제공했습니다. 그런데 예수님이 야곱의 우물보다 더 좋은 생수를 주시겠다고 하니 예수님이 도대체 얼마나 대단한 분이시기에 그런 말씀을 하시는가 반문하였습니다.

야곱과 당신을 비교하는 여인을 예수님은 어떻게 도와주십니까?

13-14절을 보십시오. 여인은 자신을 도와주려는 예수님의 속마음도 모르고 창조주이신 예수님을 눈앞의 우물을 파서 전해 준 그녀의 한 인간 조상 야곱과 비교하며 무시해 버립니다. 예수님은 '아니 도와주려는 사람에게! 그리고 내가 뭐, 그 간교한 야곱보다 못하다고? 이렇게 사나이의 자존심까지 건드리다니!' 하며 짜증을 내실 수도 있는 상황이었습니

다. 그러나 예수님은 불쌍한 그 영혼을 깊이 이해하시며 넓은 사랑으로 품고 이렇게 대답하십니다. "예수께서 대답하여 이르시되 이 물을 마시는 자마다 다시 목마르려니와 내가 주는 물을 마시는 자는 영원히 목마르지 아니하리니 내가 주는 물은 그 속에서 영생하도록 솟아나는 샘물이 되리라."

💬 야곱의 우물의 특징은 무엇입니까?

야곱의 우물은 마셔도 다시 목마릅니다. 세상의 물이 다 그렇습니다. 그래서 사람들은 물을 마시고 나서도 또 시간이 지나면 다시 우물가로 물을 길으러 가야 합니다. 이는 물이 인체에서 사용된 후 땀이나 소변을 통해 체외로 배출되기 때문입니다. 그래서 목마름이 생기고 그 목마름을 채우기 위해서 사람들은 다시 물을 마셔야 합니다. 하루에 8잔 정도의 물을 마셔야만 목마름이 없다고 합니다. 그러나 다음 날 또 목이 마릅니다. 그래서 밖에서 계속 물이 공급되어야 합니다. 여인은 목마름을 해결하기 위해서 매일 이 우물에 물을 길으러 와야 했습니다.

💬 그러나 예수님이 주시는 물은 어떻습니까?

예수님이 주시는 물을 마시는 자는 영원히 목마르지 않습니다. 왜 그럴까요? 예수님이 주시는 물은 사람 속에 들어가 그 속에서 영생하도록 솟아나는 샘물이 되기 때문입니다. 즉 예수님이 주시는 물은 몸 밖으로 빠져나가지 않습니다. 오히려 아예 몸속에 샘이 만들어집니다. 이 샘은 마르지 않고, 그 속에서 멈춤 없이 계속해서 물이 솟아나 영원한 샘이 됩니다. 이 샘은 속에서 솟아나기 때문에 외부에서 물이 공급될 필요가 없습니다. 이런 샘을 가진 사람은 어디에서도 목마르지 않습니다. 사막에

가도 목마르지 않습니다. 그 속에 있는 그 샘에서 영생하도록 생수가 계속해서 솟아나 사막도 옥토로 바꾸고, 그 사람으로 하여금 생명력이 충만케 하며, 그 생애가 생명의 열매들로 가득하게 합니다. 이런 사람은 어디를 가든지 목마른 사람에게 생수를 나누어 줍니다. 그러한 생명력이 충만한 삶의 결과는 영생입니다. 예수님이 주시는 물은 이처럼 그 안에서 샘이 되어 그것을 마신 자의 심령에 영원한 기쁨과 만족과 생명을 줍니다.

💬 **어떻게 하면 우리의 마음에 영생수가 생길까요? 이 영생수의 정체는 무엇일까요?**

요한복음 7:37-39에 그 답이 나옵니다. "명절 끝 날 곧 큰 날에 예수께서 서서 외쳐 이르시되 누구든지 목마르거든 내게로 와서 마시라 나를 믿는 자는 성경에 이름과 같이 그 배에서 생수의 강이 흘러나오리라 하시니 이는 그를 믿는 자들이 받을 성령을 가리켜 말씀하신 것이라." 그 영생수의 정체는 성령입니다. 성령께서 시원한 생수, 흘러넘치는 생수의 강이 되셔서 우리의 모든 갈증과 불만족을 없애며 영원한 생명을 주시는 것입니다.

예수님께 영생수에 대해서 들은 여인의 반응이 어떠합니까? 15절을 보십시오. 여인은 이렇게 말하였습니다. "주님, 그런 물이 있다면 제발 제게 주십시오. 그래서 제가 다시는 목마르지 않고 또 여기 물을 길으러 다니지도 않게 해 주세요." 여인의 말을 낚시에 비유하면, 예수님의 미끼를 덥석 문 것입니다. 니고데모와 달리 그녀는 제대로 낚였습니다. 그러나 이 낚임은 잡아먹힘이 아니요 '구원을 받는 것'입니다. 여인의 말을 볼 때 그녀는 목이 말랐고, 또 매일같이 물을 길어 와야 하는 삶을 피곤해하고 있었습니다. 무엇보다 영적 생수를 마시지 못한 그녀는 영혼의 갈증과 곤고함에 시달리고 있었습니다. 예수님은 이러한 그녀의 영혼의 목마름을 정확하게 꿰뚫어 보신 것입니다.

💬 **예수님은 영생수를 달라고 하는 여인에게 무엇이라고 말씀하셨습니까?**

16절을 보십시오. "가서 네 남편을 불러오라." 이 말은 영생하도록 솟아나는 샘물에 대한 기대와 희망으로 들떠 있던 여인에게 찬물을 확 끼얹는 것이었습니다. 왜냐하면 이는 여인의 치부를 드러내는 말이었기 때문입니다(18절).

💬 **그런데 예수님은 왜 남편을 불러오라고 하셨습니까?**

생수가 너무 좋은 것이라서 그녀의 남편에게도 주고자 하심입니까? 아니면 많은 양을 줄 텐데 여인이 혼자 들고 갈 수 없기 때문이었을까요? 아닙니다. 그녀에게 남편은 지금까지 그녀가 생수를 얻고자 했던 방편이었습니다. 그녀는 남편에게서 행복을 얻고 싶었습니다. 남편의 사랑을 통해 삶의 안정과 행복과 영원한 참된 만족을 얻고자 했습니다. 한마디로 그녀는 남편을 통해 영생의 생수를 얻고자 한 것입니다. 예수님은 그녀가 이 점에서 근본적으로 잘못된 길을 걸어왔음을 가르쳐 주고자 하셨습니다. 그리고 세상적인 가치관, 곧 남편을 통해 생수를 얻고자 하였을 때 얻을 수 없었던 것을 깊이 인정하고 예수님을 통해 생수를 구하도록 돕고자 하셨습니다.

💬 **예수님의 말씀에 여인은 어떻게 반응하였습니까?**

17절을 보십시오. "여자가 대답하여 이르되 나는 남편이 없나이다." 여자는 남편이 없다고 대답했습니다. 그녀는 본능적으로 자신의 치부를 가리고자 거짓말을 했습니다. 그러나 실상 이는 그녀의 진실한 고백이었습니다. 그녀가 기대했던 남편은 그녀에게 생수를 줄 수 있는 남편이었습니다. 그러나 그녀에게는 그러한 남편이 없었습니다. 지금까지 세상에서 그러한 남편을 만나지 못하였습니다. 이 우물을 파서 후손들에게 준 위대한 야곱, 라헬을 위해 14년을 수일같이 일한 야곱 같은 남편을 만나면 모르겠지만, 5번이나 결혼에 실패한 그녀에겐 그러한 남편이 없었습니다. 야곱의 우물에서 물을 길을 때마다 그녀는 자신의 우상인 야곱을 떠올리며 그런 남편을 꿈에서나 기대했을 것입니다.

예수님은 남편이 없다며 진실을 가리는 여인을 어떻게 도우십니까?

예수님은 그녀가 다섯 남편을 가졌던 여인임을 알고 계셨습니다. 그리고 현재에도 비공식적으로 어떤 남자가 있는 여인임을 알고 계셨습니다(18절). 그럼에도 예수님은 그녀의 말이 표면적으로 맞기 때문에 옳다고 인정해 주셨습니다. 그러면서도 그녀의 치부의 진실을 적나라하게 드러내셨습니다(17-18절). 18절을 보십시오. "너에게 남편 다섯이 있었고 지금 있는 자도 네 남편이 아니니 네 말이 참되도다." 그녀는 과거 다섯 명의 남편들이 있었고, 현재도 한 남자와 동거하고 있습니다. 이 복잡하고 별난 삶은 무엇을 말해 줍니까? 당시 남성 중심의 사회에서 이혼은 대체로 남자들이 여자들을 버리면서 이루어집니다. 그러나 재혼과 동거에서는 여자의 의사가 중요합니다. 여인은 여러 남자들에게 버림받으며 많은 상처를 입고서도 계속해서 다른 남편을 찾아 자신의 몸과 마음을 바치며 영혼을 팔았습니다. 이를 통해 남편에게서 생활의 안정을 얻고, 육신의 정욕을 채우며, 참된 만족과 진정한 행복을 얻고자 하였습니다. 남편들은 이런 아내를 몹시 부담스러워 합니다. 왜냐하면 자신에게 그런 행복을 줄 능력이 없기 때문입니다. 그래서 이렇게 다가오면, 가까이 다가올 수록 남편들은 멀리 도망갑니다. 예수님께서 보실 때, 여인은 남편을 생수를 얻는 방편으로 잘못 삼는 죄를 범하였습니다.

💬 사람들은 인생의 참된 만족을 어디에서 찾습니까?

많은 사람들이 인생의 참된 만족을 육신의 정욕과 이성과의 연애에서, 혹은 사람들의 인정과 명예, 혹은 재산과 권력 등 세상 성공에서 찾습니다. 작게는 인스타그램이나 유튜브나 웹툰을 비롯한 사이버 공간에서의 잔재미나 소확행에서 찾기도 합니다. 그러나 이런 것들은 다 야곱의 우물과 같습니다. 다시 목마릅니다. 예레미야 선지자는 이런 사람들을 가리켜 이렇게 말하였습니다. "내 백성이 두 가지 악을 행하였나니 곧 생수의 근원 되는 나를 버린 것과 스스로 웅덩이를 판 것인데 그것은 물을 가두지 못할 터진 웅덩이들이니라"(렘 2:13). 우리가 병에서 나음을 받기 위해서는 환부를 드러내고 도려내야 합니다. 그래서 예수님이 여인의 치부를 드러내신 것입니다. 또한 과거의 죄와 상처를 묻어 두고 현재의 행복을 일굴 수 없고, 희망찬 미래를 기약할 수 없기 때문입니다. 그러므로 나의 삶과 내면에 죄가 있고, 나에 대한 다른 사람들의 죄 때문에 상처가 있다면 예수님 앞에 드러내야 합니다. 예수님은 이러한 죄와 상처와 병을 짊어지시고 십자가를 향해 가시고 있는 분입니다. 오늘날 우리에게는 이미 십자가에 달려 속죄의 피를 다 흘려 주신 분입니다. 이 예수님 앞에 모든 죄를 진실하게 고백할 때 깨끗하게 씻음 받습니다. 이렇게 깨끗해진 영혼에는 성령이 역사하여 그 영혼을 거듭나게 합니다. 그래서 그 거듭난 영혼을 생수의 근원이 되신 하나님과 연결합니다. 그 연결로 그 사람의 내면에서 영생하도록 솟아나는 샘물을 갖게 하여 생수의 강이 흘러

넘치게 합니다.

💬 **예수님이 여인의 죄를 드러내셨을 때 여인은 어떻게 반응했습니까?**

사마리아 여인은 처음에 예수님을 사마리아인들을 우습게 여기는 교만한 유대 남자라 생각하였습니다. 그런데 이야기를 들어보니, '영생하도록 솟아나는 샘물을 줄 수 있다니! 어쩌면 이 사람이 조상 야곱보다 더 큰 사람일 수도 있겠다' 싶었습니다. 남편을 데려오라고 하실 때는 가슴이 철렁 내려앉았습니다. 그러나 예수님은 막상 자신의 모든 죄를 다 아시고도 정죄하시거나 돌을 던지지 않으셨습니다. 오히려 자신의 가슴 아픈 사연들과 상처를 어루만져 주시며 용서해 주시는 예수님의 따뜻한 사랑에 여인은 깊은 감동을 받았습니다. 그 순간 여인은 예수님에 대해서 점점 영적인 눈이 뜨여 갔습니다. 이분이 자신의 삶과 자신의 깊은 속까지 다 꿰뚫어 보는 통찰력을 지닌 선지자가 아닌가 하는 생각이 들었습니다. 이에 여자는 예수님께 어떤 말을 합니까? 19절을 보십시오. "여자가 이르되 주여 내가 보니 선지자로소이다." 이 말은 예수님이 지적하신 모든 죄를 진실하게 인정하는, 다시 말해 죄를 고백한 것입니다.

💬 **예수님을 선지자라고 생각한 여인은 예수님께 어떤 질문을 하였습니까?**

20절을 보십시오. 여인은 대화를 할수록 예수님이 목이 말라 물을 구걸하는, 한 기분 나쁜 유대인 남자가 아님을 알게 되었습니다. 이분은 야곱보다 더 큰 분이었습니다. 말은 선지자라고 했지만, 마음속에서는 뭔지 모르겠지만, 선지자를 넘어 예배의 대상임을 느끼게 되었습니다. 그동안 여러 남자들을 바꾸어 가며 남편을 예배해 오던 여인은 이제 이 예수님을 예배하고 싶은 강한 충동을 느꼈습니다. 그러나 막상 예배를 드리려고 생각하니 성전도 아닌 이곳, 여기저기 잡초가 자라 있는 우물가에서 예배를 드려도 되는지 혼돈스러웠습니다.

예수님은 이런 그녀에게 예배는 장소가 중요한 것이 아니라, 영과 진리로 드리는 것이라 말씀하셨습니다(23절). 그리고 여인이 예배의 대상인 메시아를 언급하자, 당신이 바로 그 메시아라고 선포하셨습니다(25절). 26절을 보십시오. "예수께서 이르시되 네게 말하는 내가 그라 하시니라." 놀랍게도 여인 앞에 서 있는, 가진 것이 없어 보이는, 초라한 행색으로 비오는 추운 날 문을 똑똑 두드리며 좀 들어가게 해 달라고 구걸하는 듯한 유대인 청년이 바로 그토록 기다리던 메시아, 곧 성자 하나님이셨습니다. 요한은 이렇게 말합니다. "본래 하나님을 본 사람이 없으되 아버지 품속에 있는 독생하신 하나님이 나타내셨느니라"(요 1:18). 여인은 드디어 참된 예배의 대상을 만났습니다. 여인은 예수님이 가르쳐 주신 진리대로, 예수님 안에 있는 한량없는 성령의 도우심으로 예수님께 참된 예배를 드릴 수 있게 되었습니다. 예배 장소가 우물가면 어떻습니까? 성전의 화려한 인테리어와 웅장한 찬양대가 없으면 어떻습니까? 참된 예배의 대상이 되시는 예수님이 계시고, 그 예수님께 성령과 진리 안에서 드리는 예배라면, 그것이 참된 예배입니다. 사마리아 여인이 여기저기 잡초가 자라고 있는 우물가에서 예수님을 만나 영과 진리로 드린 그 예배가 세상 어떤 예배보다 은혜롭고 감동적으로 다가옵니다. 오히려 화려한 곳일수록 참된 예배의 알맹이는 없는 법입니다. 여인은 참된 예배를 통해 영생하도록 솟아나는 영생수를 얻게 되었습니다. 이 영생수는 천국산 포도주가 되어 여인의 죽은 영혼을 완전히 살리고, 사막처럼 황폐화된 그 여인의 삶을 황금 물결이 출렁이는 옥토로 바꾸어 줄 것입니다.

💬 예수님을 만난 여인은 어떻게 변화되었습니까?

물동이를 버렸습니다. 더 이상 야곱의 우물이 필요 없었습니다. 그동안 피해 다녔던 동네 사람들에게로 달려갔습니다(28절). 자신이 만난 예수님을 증거하기 위해서입니다. 여인은 기쁨과 감격을 주체할 수 없었습니다. "내가 행한 모든 일을 내게 말한 사람을 와서 보라 이는 그리스도가 아니냐 하니"(29절). 여인이 예수님을 그리스도라고 증거하는 근거는 예수님이 자신이 행한 일들을 다 말씀하셨다는 것입니다. 예수님은 그녀의 방황을 아셨습니다. 그 여인의 과거를 그냥 다 안다는 의미가 아니라 그 여인의 목마름과 방황의 원인이 무엇인지 다 알고 말씀해 주셨다는 것입니다. 여인의 내면에 어떤 역사가 일어나고 있습니까? 메시아를 만난 여인의 내면에 영생수가 터졌습니다. 콸콸콸! 예수님께서 그녀의 참된 남편이 되어 영생하도록 생수가 콸콸 솟는 참된 만족과 행복을 주셨습니다.

💬 오늘날 우리는 어떤 자세로 예배를 드려야 할까요?

성경 원어로 예배란 '무릎을 꿇는다'는 뜻입니다. 우리말로는 '예를 갖추어 절을 한다'는 한자어로 되어 있습니다. 다시 말해 예배란 어떤 대상을 가장 높은 분으로 인정하고 존경의 예를 갖추어 높이는 행위입니다. 곧 하나님께 모든 찬양과 영광을 돌리는 것입니다. 예배는 받는 것이 아닙니다. 바치고 드리는 것입니다. 예수님께서 베들레헴 말구유에 태어나셨을 때, 저 멀리서 산 넘고 물 건너 예수님을 예배하러 온 이들이 있었습니다. 그들은 자신들이 있는 곳에서 별을 바라보며 마음으로만 예배를 드릴 수도 있었습니다. 그러나 동방의 박사들은 편리와 세상의 유익과 기득권과 모든 안락함을 버리고, 자신들을 구원할 메시아가 나신 곳으로 떠났습니다. 그들이 마침내 예배의 대상이신 예수님을 만나게 되었을 때, 그들은 예수님 앞에 무릎을 꿇고 가장 귀한 황금과 유향과 몰약을 바치며 예수님을 예배하였습니다. 이때 그들의 심령에는 영생하도록 솟아나는 샘물이 강처럼 흘러넘쳤을 것입니다. 하나님은 이렇게 예수님을 메시아(구주)로 영접하고 예배하는 자들을 찾으십니다. 하나님은 그들에게 영생수의 기쁨을 넘치게 더하여 주십니다.

가스펠 세븐틴

gospel 12
38년 된 병자도 낫게 해 주신 예수님

찬송가 471 + 요한복음 5:1-9

💬 **예수님은 유대인의 명절날 어디로 가셨습니까?**

1절을 보십시오. 유대인의 명절이 되자 예수님은 다시 예루살렘으로 올라가셨습니다. 그런데 예수님은 다른 유대인들과는 달리 명절 제사를 드리는 성전으로 가시지 않았습니다. 축제가 벌어지고 있는 수도 한복판 광장으로도 가시지 않았습니다. 2절을 보십시오. 예수님은 양문(sheep gate) 곁 '베데스다'라고 불리는 한 못가로 가셨습니다.

💬 **베데스다는 어떤 곳입니까?**

베데스다는 '자비의 집(House of Mercy)'이라는 뜻으로 양문 곁 못을 가리킵니다. 발굴된 자료에 따르면 길이 110m, 너비 52-80m, 깊이 7-8m입니다. 두 개의 쌍둥이 연못으로 성전에 물을 공급하기 위한 목적과 종교적, 의학적 치료를 목적으로 건설되었다고 합니다. 그 둘레에는 벽은 없고, 기둥과 지붕만 있는 다섯 개의 행각들이 있었습니다. 3절을 보면, 그곳에는 맹인, 절름발이, 혈기 마른 사람 등 많은 불치병 환자들과 난치병 환자들이 있었습니다. 그들은 마치 도떼기시장처럼 무질서하게 널부러져 있었을 것입니다. 매우 불결했고, 병자들에게서는 고약한 냄새가 났을 것입니다. 사랑의 속삭임 대신 병자들의 신음 소리가 연못에 파장을 일으키고 있었습니다.

> 🗨 다들 명절 축제를 즐기는 그때, 이들은 얼마나 비참하고 처량하게 눈물을 흘리고 있었을까요?

그나마 아픈 사람들끼리 서로 이해해 주면서 위로하고 의지하고 사랑하며 살면 얼마나 좋겠습니까? 그러나 그것은 아픈 사람들의 마음을 모르는 사람들의 이야기입니다. 사람이 아프면 마음에 여유가 없습니다. 그냥 넘어가는 것이 없고 말 한마디에도 늘 상처 받을 준비가 되어 있습니다. 그래서 조금만 자신의 심기를 건드리거나 몸이 불편해져도 짜증을 내며 죽일 듯 싸웁니다. 아픈 사람들끼리 이러고 있는 것을 보노라면 생지옥이 따로 없습니다. 불치병에 걸린 사람들, 오늘날로 말하자면 암에 걸린 사람들의 심정은 사실 기가 막힙니다. 돌보는 가족들도 마찬가지입니다. 매일 아픈데, 약은 없고 죽음의 그림자는 시시각각으로 다가옵니다. 본인이나 가족 모두 점점 죽어 갑니다. 이런 사람들은 지푸라기라도 붙듭니다. 좋은 약이라면 다 써 봅니다. 이곳 베데스다 못가에 그런 사람들이 다 몰려와 있습니다.

💬 **예수님은 왜 이러한 베데스다라는 연못으로 가셨을까요?**

유대 남자들은 명절날 보통 제사를 드리기 위해 성전으로 갔고 또 명절 축제를 즐겼습니다. 그러나 예수님은 많은 사람들이 즐기는 그 시간에 소외되고 가장 외롭고 도움이 필요한 이들을 찾아가셨습니다. 그들의 친구가 되어 주시고 그들의 눈물을 닦아 주시며 치료해 주시기 위함입니다(막 1:34). 이 예수님은 선한 목자이십니다.

💬 **그런데 왜 이런 병자들이 이곳 베데스다 못가에 모여 있을까요?**

4절을 보십시오. 이는 물이 움직일 때에 제일 먼저 들어가면 어떠한 병에 걸렸던지 낫는다는 소문이 있었기 때문입니다. 물의 움직임을 천사가 일으켰는지는 확인할 길이 없습니다. 다만, 학자들에 따르면 이것은 전설이고, 사실은 그곳에 가끔씩 갑자기 물이 솟구치는 간헐천이 있었다고 합니다. 그 물은 유황이나 게르마늄 온천처럼 여러 질환에 효험이 있었다고 합니다. '베데스다'의 뜻은 '자비의 집'입니다. 그러나 치열한 경쟁을 뚫고 모든 사람을 제치거나 짓밟아 가며 제일 먼저 들어간 사람만 낫는다면, 그곳에 모인 많은 병자들을 생각할 때, 그 자비는 'savage love'입니다. 매우 잔인한 자비입니다. 마치 로또 복권을 사서 기다리는 사람들과 같습니다. 어떤 사람들은 복권을 사서 지갑에 넣고는 안수 기도를 하기도 합니다. 아주 가끔 되는 사람도 있지만, 거의 대부분은 속는 것입니다. 정상적인 삶에 희망이 없으니까 그것에라도 걸어 보고 횡재하자는 것입니다. 잘못된 환상, 허황된 꿈입니다. 베데스다 못가에 모인 병자들은 비바람만 쳐도 물이 동하는 것 같으면 다 빠져들어 갔을 것입니다. 오늘날 세상도 마찬가지입니다. 돈이 좀 벌린다 싶으면, 벌 떼처럼 몰려듭니다. 비트코인, 이더리움, 도지코인 등 가상 화폐와 주식과 부동산 등

돈만 된다 싶으면 공부하는 대학생들조차 몰빵 해서 달려듭니다. 어쨌든 어떤 병이든지 낫는다는 것은 특히 불치병으로 고생하는 사람들에게는 희소식이 아닐 수 없습니다. 그러나 본문에 나오는 베데스다는 누구나 아무 때에든지 반갑게 맞이해 주지 않았습니다. 가끔, 아주 가끔 효력을 발생시키는데 그것도 치열한 경쟁에서 이긴 딱 한 사람만 받아 주는 그런 얄궂은 못이었습니다. 병자들은 평소에는 동병상련의 정을 나누며 서로를 도왔지만, 물만 동하면 자신이 우선적으로 들어가고자 서로를 뿌리치고 매섭게 경쟁했을 것입니다. 단 한 명 승자의 환호성 뒤에는 다수 패배자들의 한숨과 절망의 소리가 교차했을 것입니다. 이런 점에서 베데스다는 1등만 기억하는 지독한 경쟁 사회의 축소판과도 같습니다. 병자들끼리 모여 서로 위로하고 사랑하며 사는 것이 아니라 남들을 제쳐 가며 1등을 해야만 원하는 행복을 얻을 수 있는 사회라면 너무나 숨 막히지 않습니까?

예수님은 어떤 사람을 주목하셨습니까?

5절을 보십시오. 예수님은 38년 된 병자를 주목하셨습니다. 예수님께서 보실 때, 그가 그곳 병자들 중에서도 가장 불쌍했던 것 같습니다. 아마도 가장 심각한 병에 걸린 사람이었을 것입니다. 그곳 병자들의 대표라도 될 것 같습니다. 그곳 병자들의 대표라면, 예수님이 이 사람을 고치실 때 모든 사람에게 희망과 믿음이 생길 것입니다. 38년 된 병자는 힘없고 뒷배 없고, 도와주는 가족도 없는 사람으로 보입니다. 이런 사람은 베데스다 행각까지는 가도 못이 잘 보이는 명당자리는 꿈도 꾸지 못합니다. 밀리고 밀려 겨우 끝자락에 비만 피할 정도로 붙어 있을 뿐입니다. 예수님은 그런 가장 연약한 사람을 찾아 주목하신 것입니다. 예수님은 베데스다 못가에 오셔서 그곳에 있는 병자들을 훑어보셨습니다. 예수님의 눈이 38년 된 병자에게 줌 인 되었습니다. 카메라 앵글이 38년 된 병자에게 맞추어진 것입니다. 그가 38년 전에 이곳에 와서 최소 일 년에 한 번은 물에 뛰어들어 보았다고 치면, 벌써 38수생이 된 것입니다. 그의 마음에 얼마나 많은 좌절과 패배감이 있었을까요? 뜻대로 되지 않는 세상, 1등만 기억하는 세상, 얼마나 저주스러웠을까요? 7절을 보면 그에겐 더 이상 가족도, 도와주는 사람도 없었습니다. 그는 버려진 사람이요 아무 짝에도 쓸모가 없는 사람이었습니다.

예수님은 이 사람에게 어떤 말씀을 하셨습니까?

그런데 예수님은 이 사람에게 관심을 가지셨습니다. 6절을 보십시오. "예수께서 그 누운 것을 보시고 병이 벌써 오래된 줄 아시고 이르시되 네가 낫고자 하느냐." 사람들은 38년 된 병자가 보이면 몰골이 흉하다고, 냄새가 난다고 눈을 돌리고 코를 막았습니다. 그러나 예수님은 38년 된 병자, 그 사람이 누워 있는 것을 보셨습니다. 대충 보신 것이 아니라, 주목하여 깊은 관심과 사랑을 가지고 보셨습니다. 그는 병으로 많은 것을 잃었습니다. 직장을 잃고 친구를 잃고 가족을 잃고 건강한 인생을 전부 잃어버렸습니다. 다 잃고 이렇게 베데스다에 버려진 채로 누워 있는 것입니다. 예수님은 이러한 그의 아픔을 깊이 들여다보셨습니다. 그리고 그 마음의 깊은 절망과 좌절과 슬픔과 고통을 읽고 공감하셨습니다. 예수님은 그를 도와주시고자 이렇게 말씀하십니다. 6절 끝부분을 보십시오. "네가 낫고자 하느냐." 낫기 싫은 병자가 어디에 있겠습니까? 38년 된 병자가 베데스다 못가에 있다는 사실은 그가 낫기를 바란다는 증거입니다. 물이 움직일 때에 한 명만 치료를 받는 이 치열한 경쟁의 전쟁터를 그가 여전히 떠나지 않고 있다는 것을 보면 그가 얼마나 낫기를 바라는 지 알 수 있습니다.

💬 **그런데도 이를 다 아실 예수님께서 왜 이런 질문을 하실까요?**

이것은 단순히 그에게 낫고자 하는 소원이 조금이라도 있는지를 물어 보시는 것이 아닙니다. 그에게는 지금까지 물이 움직일 때에 수없이 못 에 뛰어들어 보았지만 그때마다 실패한 경험이 있었습니다. 그래서 어 느덧 제대로 시도도 못하고 그냥 주저앉아 다른 사람들의 경쟁을 바라보 기만 하는 상태, 그야말로 좌절과 절망과 자포자기의 마음이 되어 버렸 습니다. 낫고는 싶으나, 점점 현실을 받아들일 수밖에 없었습니다. 더 이 상 희망이 안 보였습니다. 예수님은 이런 그의 마음을 휘저으시며, 다시 한 번 낫고자 하는 강렬한 소원으로 그 마음이 용솟음치도록 하시기 위 해 "네가 낫고자 하느냐" 하고 물으신 것입니다. 낫고자 하는 소원이 없 는 사람을 고쳐 줘 봐야 건강의 축복을 감당하지 못합니다. 어떤 사람은 왜 나를 낫게 해서, 그냥 누워 있어도 그나마 정부 보조금과 구호품으로 먹고살 수 있는 베데스다를 떠나게 만들었느냐고 항의하기도 합니다. 그 래서 예수님은 꺼져 가는 그의 소원의 불씨를 당기신 것입니다. 또한 낫 고자 하는 간절한 소원뿐만 아니라 '낫고 싶다면, 지금 너에게 말을 하고 있는, 너를 일으켜 줄 수 있고, 일으켜 주고자 하시는 예수님을 믿고 의 지'하도록 도우신 것입니다. 다시 말해 "네가 낫고자 하느냐"라는 말씀은 예수님께서 그를 고쳐 주시겠다는 말씀입니다. 그러므로 이 말씀을 듣고 영적인 눈을 떠서 예수님을 바라보며, 예수님께 대한 믿음을 가지도록 도우신 것입니다.

가스펠 세븐틴

💬 38년 된 병자는 어떻게 대답을 합니까?

7절을 보십시오. "병자가 대답하되 주여 물이 움직일 때에 나를 못에 넣어 주는 사람이 없어 내가 가는 동안에 다른 사람이 먼저 내려가나이다." "주님, 낫고 싶습니다. 주님께서 원하시면 저를 치료해 주실 수 있다고 믿습니다. 제발 저를 고쳐 주세요"라고 대답하면 예수님께서 얼마나 좋아하셨을까요? 그러나 그는 '자신이 병에서 나으려면 물이 움직일 때에 저 못 속으로 들어가야 하는데, 자신을 못에 재빨리 1등으로 넣어 주는 사람이 없다'고 대답하였습니다. 그는 자신을 치료해 주러 오셔서 바로 코앞에 서 계신 구주 예수님을 바라보지 않았습니다. 그는 여전히 베데스다 못의 물의 움직임에 미련을 두었습니다. 그 바늘구멍처럼 작은 희망에서 시선을 떼지 못하였습니다. 베데스다는 처음엔 희망을 주었고, 여전히 실낱같은 희망이 가물거리지만, 이 베데스다는 지금까지 그에게 실패와 상처만을 안겨다 준 곳입니다. 이제 심신이 늙고 지쳐 버린 자신은 젊고 혈기 왕성한 경미한 환자들에게 더 뒤쳐질 것이 분명합니다. 그럼에도 미련을 버리지 못하고 있습니다. 누군가가 자기를 조금만 도와주면 되겠는데, 도와주는 사람이 없으니 그것이 서럽다고 말합니다. 하지만 솔직히 내 코가 석 자인데 누가 도와주겠습니까?

환경과 조건이 조금만 받쳐 주면 내 문제를 해결할 수 있다는 미련을 가지고 38년간 그 자리에 누워 있는 병자는 우리의 모습입니다. 학력에 대한 열등감이 있는 사람은 재수를 해서 더 나은 대학만 들어가면 내 열등감의 문제가 해결될 텐데 부모님이 재수를 하도록 도와주지 않는 것이 문제라고 말합니다. 외모에 따른 열등감이 있는 사람은 성형 수술만 하면 되는데, 나를 성형외과 베데스다에 데려다주는 돈 많은 부모님이 없는 것이 문제라고 말합니다. 또 어떤 분은 고시만 패스하면, 좋은 직장에만 취직하면 패배주의가 해결될 것이라고 생각합니다. "네가 낫고자 하느냐" 하시는 예수님을 믿고 의지하면 지금 당장 나음을 받을 수 있습니다. 그러나 어리석게도 그는 지금까지 병에서 나음을 받지 못하는 이유를 도와주는 사람이 없어서라며 계속해서 그들을 원망의 눈으로 바라보고 있었습니다.

🗨 '도와주는 사람이 없다'라는 말은 무엇을 의미할까요?

원망과 불평의 말입니다. 이것은 신세타령입니다. 아무에게서도 도움을 받지 못하고 있는 비참한 신세라며 한탄하고 있는 것입니다. 그는 도와주지 않는 사람들과 세상을 미워하였습니다. 그에게는 믿음이 없었고 의존심과 불신과 부정적이고 암울한 생각만 가득하였습니다. 그의 병을 생각할 때, 이런 그의 상태가 이해가 안 되는 것은 아닙니다. 그러나 병이 들었다고 사람이 꼭 그렇게 살아야 하는 것은 아닙니다. 그가 병에 걸린 지 38년이나 되었지만, 예수님이 찾아오실 때까지 그렇게 살아 있는 것을 생각해 보십시오. 여러 곳에서 보내온 구호품을 비롯하여 베데스다 못가가 계속 유지 운영되도록 관계 기관의 도움이 있었을 것입니다. 우리말에 '긴 병에 효자 없다'는 말이 있습니다. 가족들과 가까운 친지 이웃들도 나름 할 수 있는 데까지 최선을 다해 도왔을 것입니다. 연약한 인간이 요양원도 없던 당시의 열악한 의료 현실에서 38년이나 계속해서 도와주는 것은 어려운 일입니다. 이를 생각하면 도와주지 않는다고 다른 사람들을 원망할 일이 아닙니다. 주변 병자들도 평소에는 돕고 살아도, 물이 동하면 다 절박하고 자기 코가 석 자입니다. 이런 현실에서 과연 누구를 원망하고 불평할 수 있겠습니까? 오히려 그간 도움 받은 것을 감사해야 합니다.

한편 나는 오래 살고 많이 시도해 봤으니, 후배들에게 양보하며 섬기는 삶을 살 수도 있습니다. 또한 38년이라는 긴 기간 동안의 투병 경험을 기초로 아파도 장수하며 사는 법, 실패해도 기죽지 않고 감사하며 사는 법 등을 공유하며 주변의 아픈 후배 병자들을 보살피고 섬기는 삶을 살 수도 있습니다. 비록 손해 보는 삶이 될지 모르지만, 천국에서 큰 상이 있는 삶이요 많은 이들의 존경과 사랑을 받는 삶이 될 것입니다. 그러나 그는 병든 육신만큼 내면도 자립적이지 못하고 의존적이 되어 심각하게 병들었습니다. 그래서 그의 육신뿐만 아니라 영혼도 사망의 그늘에 누워 죽을 날만 기다리고 있었습니다. 예수님은 그를 육신의 병뿐만 아니라 이 영혼의 질병에서 구원해 주고자 하셨습니다. 그래서 "네가 낫고자 하느냐"라는 말씀은 그의 영적 상태에 대해 영적 의사이신 예수님께서 말씀의 청진기를 들이대신 것과 같습니다. 하나님은 본래 인간을 당신의 거룩한 형상을 닮아 거룩함과 성령의 열매를 맺도록 창조하셨습니다. 그러므로 병든 채 살아가는 것은 우리를 만드신 의도가 아닙니다. 병은 하나님과 나의 관계를 단절시켰고 사람들과 나의 관계를 파괴시킵니다. 병으로 나의 인격과 내면과 정서가 왜곡됩니다. 그러므로 우리는 병에서 반드시 나아야 하고 예수님께서 "네가 낫고자 하느냐" 물으실 때 낫고 싶다며 고쳐 달라고 기도해야 합니다.

예수님은 남을 탓하는 병자를 어떻게 도와주십니까?

8절을 보십시오. 예수님은 38년 된 병자에게 '누가 너를 도와주지 않았는지 명단을 작성해서 제출하라'며 당신이 그 녀석들을 혼내 주겠다고 하시지 않았습니다. '천사에게 전화해서 언제 물이 움직일지 정보를 알아내서 너에게만 알려 주시겠다'고 하시지 않았습니다. '물이 움직일 때에 내가 너를 업어서 제일 먼저 들어가도록 해 주겠다'고 하시지도 않았습니다. 예수님은 그를 돕기 위해 긴 말을 하시지 않았습니다. 8절을 보십시오. "예수께서 이르시되 일어나 네 자리를 들고 걸어가라 하시니." 이 말씀은 육신이 병들었을 뿐만 아니라 남 탓하며 정신도 병들어 있는 그에게 꼭 필요한 구원의 복음이었습니다.

"일어나 네 자리를 들고 걸어가라." 이 말씀이 그의 영혼에 울려 퍼지자 어떤 일이 일어났습니까? 9절을 보십시오. 그에게 일어날 힘이 주어졌습니다. 그 병자는 원망만 했지 아무것도 안 했습니다. 그러나 그럼에도 예수님은 그를 찾아오셨습니다. 그리고 권능의 말씀을 주셨습니다. 이 예수님의 자비로 그에게 치유의 역사가 시작된 것입니다. 이때 "싫어요. 놔 두세요. 저는 그냥 이대로 살다가 죽을래요" 하면서 예수님께서 내미신 손을 뿌리치고 주어진 치유의 힘을 내팽개치면 정말 희망이 없습니다. 그러나 38년 된 병자는 어떻게 하였습니까? 그는 예수님 말씀의 압도적인 힘을 의지하여 일생일대의 순종을 하였습니다. 그는 다리에 힘을 주었습니다. 비틀거리며 조금씩 몸을 들었습니다. 순간 베데스다 못가에 있던 병자들의 시선이 이 38년 된 병자에게로 쏠렸습니다. 여기저기서 "어! 어! 정말로 일어나네! 우와~ 저기 봐! 저기 봐!" 하는 소리들이 들렸습니다. 마침내 그 병자가 38년 만에 두 다리로 우뚝 서자, 주변 병자들의 환호성과 박수갈채가 베데스다 못가를 뒤덮었습니다. 그들은 38년 된 병자가 일어난 것을 자신들이 일어난 것처럼 기뻐하였습니다. 38년 된 병자는 에베레스트산을 정복한 사람보다 더 벅찬 감격으로 만세를 부르고 할렐루야를 외쳤습니다. 그야말로 꿈같은 일이 벌어진 것입니다. 태초에 흑암 가운데서 빛이 창조된 것처럼, 그러한 창조의 역사가 베데스다에 일어났습니다. 베데스다에 큰 경사가 난 것입니다. 예루살렘 명절 축제 현장보다 더 기쁘고 더 놀라운 일이 병자들이 가득한 베데스다에서 일어났습니다. 38년 된 병자에게 일어난 기적은 베데스다에 모인 모든 병자에게 소망을 주었을 것입니다.

누가복음 4:40을 보면, 예수님은 해 질 무렵에 사람들이 온갖 병자들을 다 데리고 왔을 때, '일일이' 그 위에 손을 얹으셔서 고쳐 주셨습니다. 예수님은 38년 된 병자뿐만 아니라 모든 병든 인생을 치유해 주시는 우리의 진정한 영적 의사이십니다. 일어나는 기적을 체험한 그는 두 번째 명령에 도전하였습니다. 그것은 자신의 자리를 드는 것이었습니다. 38년이나 끼고 산 자리, 자신의 분신과도 같은 그 자리를 들고 가라는 말은 그 자리를 이제 치우라는 것입니다. 누워서 죽어 가던 과거와 단절하고 상처와 단절하고 불치병과 단절하고, 이제 새로운 생명의 세계로 나아가라는 말입니다. 38년 동안 누워 있던 그 자리에는 이불이며 옷가지며 밥그릇 등 뭐가 많이 있었을 것입니다. 들기에 꽤 무거웠을 것입니다. 그러나 그에게는 그 모든 것을 들 수 있는 힘이 주어졌습니다. 그는 자리를 들었습니다. 이제 마지막 세 번째 명령에 순종하여 힘 있게 걸어갔습니다. 어깨에 멘 자리와 짐이 무거웠지만 그는 춤을 추며 걸어갈 수 있었습니다. 베데스다가 주지 못한 기적을 예수님이 주셨습니다. 예수님이야말로 진정한 베데스다, 진정한 자비의 집입니다!

🗨 오늘날 사람들은 어떤 점에서 병들어 있을까요?

많은 사람들이 자기가 처한 상황이 가장 운명적이라고 생각합니다. 특히 오늘날 20대는 바늘구멍처럼 좁아진 취업의 문 때문에 숨이 막히는 삶을 살고 있습니다. 그래서 출산도 포기하고 아예 결혼도 포기합니다. 그냥 먹고살 돈만 있으면 된다는 생각에 주식, 부동산, 가상 화폐에 손을 댑니다. 명문대생들도 안정적인 공무원 자리 하나만 잡으면 된다고 생각합니다. 이들에게는 희망이 없고 내일이 없습니다. 외적인 상황뿐만 아니라 내면은 내면대로 치열한 경쟁 속에서 패배 의식과 열등감과 시기심 등으로 병들어 있습니다. 깨진 가정의 상처가 있고, 정욕으로 내면이 더럽혀져 버렸습니다. 이기심과 탐심에 기초한 여러 죄악으로 영혼을 사탄에 팔아 버렸습니다. 많은 청년들이 내가 앉은 자리가 가장 슬프고, 가장 재수 없고, 가장 운 없고, 가장 저주받은 자리라고 생각합니다. 정말 운 좋게도 어느 날 천사가 나를 위해서 내려오고, 누군가 나를 황금 침대에 뉘여서 베데스다 못에 넣어 주는 날, 그날이 오면 내 인생은 비로소 대박을 터트리게 되리라 생각합니다. 그런 환상 속에서 자기는 손 하나 까딱하지 않고 누워서 마른 하늘만 쳐다보며 병자처럼 지내는 이들이 수두룩합니다. 예수님은 이런 청년들에게 말씀하십니다. "일어나라. 슬픔과 절망과 정욕과 열등감과 실패의 자리, 운명의 자리를 들고 걸어가라." 우리가 이 말씀에 순종할 때, 우리는 일어나 오랫동안 누워 있던 슬픈 운명의 자리를 들고 걸어갈 수 있습니다. 세상을 다스리고 정복하며 과거의 나처럼 죽어 가는 많은 영혼들을 구원하는 생명의 열매를 맺는 삶을 살 수 있습니다. 죽음이 끝이 아니라 영원한 저 천성을 향해 희망찬 삶을 살아갈 수 있습니다. "죽은 자들이 하나님의 아들의 음성을 들을 때가 오나니 곧 이때라 듣는 자는 살아나리라"(요 5:25)는 말씀이 있습니다. 지금 이 순간에도 그의 말씀을 듣는 자는 살아날 것입니다. 치료될 것입니다. 이 기적의 순간, 우리가 믿음으로 그 말씀에 순종하면, 일어나 걸어가는 위대한 인생, 건강한 사명인의 인생을 살 것입니다. 우리가 낫고자 소원을 가지고 믿음으로 내게 선포하시는 말씀에 순종할 때 병이 떠나가고 일어나 걸어갈 수 있습니다.

잃은 자를 찾아 구원하러 오신 예수님

찬송가 305 + 누가복음 19: 1-10

💬 **사랑하는 사람을 잃어 본 적이 있습니까?**

본문은 잃어버린 자(the lonely and lost)를 찾아 구원하러 오신 예수님에 대한 말씀입니다. 우리 주변에는 외롭고 길을 잃은 영혼들이 많이 있습니다. 이들은 하나님 편에서 볼 때 모두 잃어버린 자들입니다. 본문에는 '삭개오'라는 잃어버린 한 영혼이 나옵니다. 그는 어떤 점에서 잃어버린 자일까요?

이런 그를 예수님은 어떻게 구원하셨을까요? 본문을 통해서 나는 어떤 점에서 잃어버린 자인지, 예수님은 이런 나를 어떻게 구원하시는지를 생각해 보기를 바랍니다. 그리고 구원을 받으면 어떻게 되는지, 얼마나 행복해지고 얼마나 새로운 삶을 살 수 있는지를 배우기를 바랍니다.

🔎 예수님께서 어디를 지나고 계셨습니까?

1-2절을 보십시오. 예수님은 여리고를 들르셨습니다. 이곳은 동방과 예루살렘을 잇는 관문으로서 교통의 요지이며, 상업, 무역의 중심지로서 예루살렘 다음으로 큰 대도시였습니다. 여리고는 '종려의 성'(신 34:3), '종려나무의 도시'로 불렸고, 과일이 많이 생산되었습니다. 외관상으로도 아름답고 향기로웠으며 부유한 상업 도시였고, 부자들의 겨울 별장이 많았다고 합니다. 그리고 도시 내의 물자 유통, 수입이 많았습니다. 그래서 이스라엘의 3대 세관들(가이사랴, 가버나움, 여리고) 중 하나가 자리 잡고 있었습니다.

🔎 삭개오는 어떤 사람이었습니까?

삭개오라는 이름은 '순결', '정의'를 뜻합니다. 그가 순결하고 정의롭게 살기를 바라는 마음으로 부모가 지어 준 이름일 것입니다. 그는 세관의 세리장이었으며 부자였습니다. 성경에서 대놓고 부자라고 소개하는 경우는 드문데, 그는 아마도 대단한 부자였던 것 같습니다. 세리는 어떤 직업이었습니까? 로마는 식민지에서 세금을 효과적으로 거두기 위해 현지인을 세금 공무원으로 고용했습니다. 공개 입찰 방식으로 세리 후보들이 징수량을 제시하게 만들었기 때문에 당연히 세금을 최대한 많이 걷겠다는 사람에게 징수권을 줄 수밖에 없었습니다. 로마 당국은 이들에게 군사들을 보디가드로 붙여 주었습니다. 세리들은 목표량을 달성하기 위해 수단 방법을 가리지 않았고 로마의 군사력도 사용할 수 있었습니다. 게다가 정한 세 외에 더 많은 세금을 부과하여 자기 배를 불릴 수도 있었습니다. 식민지 시대에 피식민지인이 부자가 될 수 있는 확실한 길이었습니다.

가스펠 세븐틴

당시 세리에 대한 사람들의 인식은 어떠했을까요?

증오와 멸시의 대상이었습니다. 공인된 죄인(7절)이었으며, 창녀의 사생아보다 천한 대우를 받았다고 합니다. 사람들은 세리들을 로마의 사냥개, 지옥의 불쏘시개라고 부르며 비하했습니다. 세리만 보면 울분을 느꼈기 때문에 세리들은 유대 사회에서 퇴출되어 회당 출입도 할 수 없었고 헌금을 해도 거부되었습니다. 그런데 삭개오는 단순한 세리가 아니라 세리장이었습니다. 그리고 부자라 합니다. 이는 그가 여느 다른 세리들보다 더 많은 부정을 저질렀다는 말이며, 그가 사람들의 눈에서 얼마나 많은 피눈물을 쏟게 했을지 짐작하게 해 줍니다.

삭개오는 왜 이런 세리가 되었을까요?

그가 세리가 되었다는 것은 그가 무엇보다 돈을 우선시하는 가치관을 가졌음을 알려 줍니다. 돈을 위해서 부모님의 기대를 저버리고 이웃과 동족을 배반하고 신앙 양심을 버린 것입니다. 남들이야 어떻든 나만 잘 살고자 착취에 앞장섰습니다. 그 결과 모두가 욕하는 세리가 되었습니다. 그는 왜 이렇게 되었을까요? 남 모르는 사연이 있었을 것입니다. 집안이 너무 가난했을 수 있습니다. 돈이 없어 아버지 수술도 못 시켜 드리고 그냥 보내서 한이 맺혔을 수 있습니다. 피 끓고 꿈이 넘치는 젊은 시절, 식민지 백성으로서 돈 없이 살아가는 것이 너무 힘들었을 수 있습니다. 이 때문에 그는 이를 악물고 젊은 시절 여러 개의 아르바이트를 해 가며 공부에 몰두하고, 친구들이 왕따를 시키든 상관없이 치열하게 공부하여 세리 고시에 합격하고, 이후에도 다른 사람들을 짓밟아 가며 최고의 자리인 세리장 위치에 올랐을 것입니다.

💬 세리, 세리장이 된 삭개오가 행복했을까요?

세리 고시의 합격도 잠시였고, 재물로 누리는 행복도 오래가지 않았을 것입니다. 세리장의 권세도 다 헛되다는 것을 얼마 안 가서 느꼈을 것입니다. 세리장 위에 로마의 권세가 있고, 더 높은 권세 앞에서 더 낮은 권세는 아무것도 아니었습니다. 이러한 재물과 권세로 잠시 안락할 수는 있었겠으나, 인간 대접도 받지 못하고 동족들의 외면과 분노와 멸시 속에서 고독하였을 것입니다. 나만 잘살면 그만일까요? 결코 그렇지 않습니다. 나를 알아주는 사람, 나와 함께해 주는 사람이 없으면 사람은 만족과 행복을 느낄 수 없습니다. 어떤 사람들은 스스로 고독을 즐기기도 합니다. 그러나 그렇게 할 수 있는 것은 고독의 시간이 끝나면 사람을 만날 수 있다는 희망이 있기 때문입니다. 그런 희망 없이 갖게 된 고독은 사람의 영혼을 죽입니다. 사람은 결코 혼자서 살아갈 수 없는 사회적 존재입니다. 희로애락을 나눌 수 있는 공동체와 사회가 반드시 있어야 합니다. 가족들만으로는 안 됩니다. 삭개오는 시도 때도 없이 세금 안 내려는 사람들과 실랑이하고 약자를 괴롭히면서 그도 실은 무척 괴롭고 죄의식에 시달렸을 것입니다. 공공 화장실 벽에는 자신에 대한 욕설이 가득했을 것입니다. 우연히 한 화장실에서 그것을 보았을 때, 얼마나 힘들었을까요? 자신 앞에서 굽신거리는 사람들이 다 거짓된 마음으로 그러는 것임을 알았을 때, 한없이 씁쓸하였을 것입니다.

💬 오늘날에도 삭개오와 같은 사람들이 있을까요?

오늘날 청년들 사이에 유행하는 '이생망'이라는 신조어가 있습니다. '이번 생애는 망했다'는 뜻입니다. 오늘날 한국 사회에서는 젊은이들이 최악의 취업난으로 미래를 불안해하고 좌절하고 있습니다. 많은 대학생들이 이러한 절망감으로 우울증과 각종 정신 질환에 시달리고 있습니다. 통계청에 따르면, 청년층 사망 원인 1위가 자살이라고 합니다. 이 시대 젊은이들이 얼마나 어둡고 절망적인 상태에 있는지를 보여 줍니다. 삭개오의 사회적 삶은 관계성 파괴라는 말로 설명될 수 있습니다. 오늘날 현대인들과 특히 젊은 청년들에게서 이러한 현상이 두드러지게 나타납니다. 오늘날 젊은이들은 '카. 페. 인'에 중독되어 있다고 합니다. 여기서 카페인은 카카오톡, 페이스북, 인스타그램의 줄임말입니다. 이런 SNS에서 활발하게 활동하면서 인간관계를 형성하고 있습니다. 하지만 오프라인에서는 제대로 된 인간관계를 형성하는 데 많은 어려움을 겪고 있습니다. 한 조사에 따르면 페이스북 친구가 100명 이상이라고 대답한 사람이 62%를 차지하였는데, 진짜 친구는 평균 4.99명에 그쳤다고 합니다. 다시 말해 속마음을 터놓을 수 있는 진짜 친구는 SNS 친구 수의 1.5%에 불과하다는 것입니다. 실제 인간관계는 형성이 잘 안 되고, 원룸에서 혼자서 살아가는 일들이 많아지고, 밥도 혼자 먹는 혼밥족들이 늘어나고 있습니다. 문제는 이렇게 인간관계가 단절되면서 혼자만의 세계에 갇혀 게임 중독이 되고, 음란물 중독이 되며, 온갖 죄에 빠지게 됩니다. 몇 년 전 한국 신용 정보원에 따르면, 대학생 1인당 부채는 4,000만원이라고 합니다. 대학생들은 대부분 빚쟁이입니다. 그러다 보니 대학생들은 생활비, 학비를 벌기 위해서 많은 아르바이트를 합니다. 이렇게 경제적인 문제들로 고통하다가 결국 세리의 길로 들어섭니다. 누가 욕하든 세리가 최고라는 생각을 하는 것입니다.

💬 **삭개오는 예수님께서 여리고에 오셨다는 소식을 들었을 때 어떤 생각을 했을까요?**
3-4절을 보십시오. 삭개오는 인생이 벼랑 끝에 선 순간 예수님에 대해

들게 되었습니다. 예수님에 대한 소식은 그에게 놀라움과 흥분을 가져다 주었을 것입니다. 예수님은 죄인을 영접하신다고 하고, 심지어 예수님의 제자들 중에는 세리(마태)도 있다는 것이었습니다. 그는 인생의 막다른 골목에서 자신에게도 희망이 있다는 생각을 하게 되었습니다. 이미 재물이 더 이상 자신에게 참된 만족을 주지 못함을 알았습니다. 부정하고 순결하지 못한 삶에 대한 후회와 절망이 가득했습니다. 그래서 예수님을 만나 구원을 얻고 싶은 강렬한 열망을 갖게 되었습니다. 그분이 여리고에 오셨다니 도대체 어떻게 생긴 분인지 한번 보고 싶었습니다. 그리고 기회가 되면 꼭 만나 대화를 해 보고, 자신을 구원해 달라고 말하고 간구하고 싶었습니다.

💬 그런데 그의 앞에 어떤 장애물이 놓여 있었습니까?

그런데 그가 예수님을 만나는 데에는 장애물이 있었습니다. 이미 예수님이 걸어가시는 길 좌우편으로 사람들이 수없이 둘러싸고 있었습니다. 사람들이 많다는 것, 이것은 삭개오에게 매우 심적 부담을 주는 일이었습니다. 공공연히 멸시를 받는 사람이 군중 속으로 선뜻 들어가기는 어렵습니다. 사람들이 밀어내고 노골적으로 내쫓을 것입니다. 이때다 싶어서 밟아 버릴지도 모릅니다. 게다가 결정적으로, 그는 키가 매우 작았습니다. 아무리 까치발을 해도 사람들의 뒤통수만 보였습니다. '아! 이러다가 예수님을 놓치는 것이 아닌가?' 그는 매우 애가 탔을 것입니다.

💬 삭개오는 이러한 어려움을 어떻게 극복했을까요?

자의식과 장애물 때문에 뒤돌아서지 않았습니다. 앞으로 달려가 예수님이 잘 보일 만한 곳을 찾았습니다. 거기 서 있는 돌무화과나무를 발견

하였습니다. 돌무화과나무는 단단하고 가지가 옆으로 퍼지고 잎이 많다고 합니다. 그는 땀을 뻘뻘 흘리며 필사적으로 나무 위에 올라갔을 것입니다. 몇 번이고 미끄러지기도 했지만, 마침내 나무 위에 올랐습니다. 이 사실은 그가 세리장으로서의 모든 체면과 자존심을 버렸음을 말해 줍니다. 오로지 예수님을 봐야겠다는 일념으로 행한 행동임을 알려 줍니다. 이를 통해 우리는 그가 얼마나 간절히 예수님을 보고자 했는지, 그의 대단한 영적 소원과 열정을 볼 수 있습니다.

💬 예수님은 돌무화과나무 위에 있는 삭개오를 어떻게 하셨습니까?

5절을 보십시오. 예수님은 지나가시다가 갑자기 삭개오가 올라가 앉은 나무 근처에 멈춰 서시더니 나무 위에 올라앉아 있는 삭개오를 쳐다보셨습니다. 째려보신 것이 아닙니다. 분노의 눈으로 보신 것도 아닙니다. 그래서 "네가 그 악명 높은 삭개오냐?", "네가 나의 백성들에게서 그렇게 피눈물을 짠 바로 그 죄인이냐?" 하고 화를 내신 것도 아닙니다. 사람들은 이때 예수님께 어떤 기대를 했을까요?

💬 삭개오를 꾸짖고 심판해 주시기를 바라지 않았을까요?

이 장면을 잘 상상해 봅시다. 예수님의 시선과 함께 사람들의 시선도 삭개오를 향하였을 것입니다. 사람들은 경악하지 않을 수 없었을 것입니다. 이내 조롱하고 야유하며 돌을 던지려는 사람들도 있었을 것입니다. 삭개오는 너무나 수치스럽고 당황스러워 어찌할 바를 몰랐을 것입니다. 그리고 예수님이 자신을 심판하시지 않을까 두려웠을 것입니다. 마치 간음하다가 현장에서 잡혀 예수님 앞에 나아온 그 여인의 심정이었을 것입니다. 예수님은 당신을 보기 위해 나온 수많은 사람들 중에서 단 한 사람

삭개오를 주목하셨습니다. 삭개오는 주님께 가까이 갈 수 없어 비록 나무 위에 올라가 먼발치에서 바라볼 수밖에 없었지만, 예수님은 이미 그 마음을 아셨습니다. 예수님은 삭개오를 정죄하는 눈으로 보지 않으셨습니다. 깊은 이해와 긍휼과 사랑의 눈으로 보셨습니다. 그의 마음의 간절함을 읽는 그런 눈으로 보셨습니다. 순간 예수님의 눈에서는 긍휼과 사랑의 레이저가 발사되었습니다. 삭개오는 나무 위에서 어찌할 바를 몰랐을 것입니다. 삭개오가 잃어버린 내 아들이라고 생각해 보십시오. 오래전에 집을 나간 아들을 오랜만에 발견했는데, 군중들에 둘러싸여 멸시와 조롱 가운데 있다면 마음이 어떻겠습니까? 같이 비웃고 조롱할 수 있을까요? 얼마나 마음이 아플까요? 그를 애처롭게 여기고 사랑의 감정이 들끓지 않겠습니까? 무리들의 눈과 예수님의 눈은 다릅니다. 모두가 정죄하는 눈으로 바라보는 사람조차 예수님은 긍휼의 눈, 사랑의 눈으로 바라보십니다. 삭개오는 예수님을 보고자 저 세관에서 달려왔지만 예수님은 삭개오를 만나고자 높은 하늘에서 별을 넘어 이 땅 여리고까지 찾아오셨습니다!

❓ 예수님은 삭개오에게 무슨 말씀을 하셨습니까?

예수님은 놀랍게도, 그의 이름을 아시고 불러 주셨습니다. "삭개오야." 예수님이 초면에 어떻게 그의 이름을 아셨을까요? 예수님이 양의 이름을 아시고 불러내시는 선한 목자이시기 때문입니다(요 10:3). 아니면 기록되어 있지는 않지만 주변 사람들이 "저기 삭개오다. 삭개오가 나무 위에 있어"라고 하는 말을 통해 예수님이 그의 이름을 아셨을 수도 있습니다. 그러나 사람들이 삭개오라는 이름을 가르쳐 주었다고 보기도 쉽지 않습니다. 그리고 사람들이 과연 그를 삭개오라고 불렀을까요?

사람들은 그를 '로마의 개', '매국노', '인간 쓰레기', '지옥의 불쏘시개' 등으로 불렀습니다. 결코 세리의 이름을 부르지 않았습니다. 더구나 예수님은 비단 삭개오의 이름뿐만 아니라 그의 악행을 모두 다 알고 계십니다. 그리고 그의 비행도 알았지만 무엇보다 예수님은 그의 아픔과 아무에게도 말할 수 없는 슬픔과 고민까지 헤아리셨습니다. 마치 니고데모의 고민을 아시고, 남편을 다섯이나 두었던 사마리아 여인의 처지를 다 아신 것처럼 말입니다. 삭개오는 얼마 만에 자기 이름을 들어보는 것이었을까요?

예수님은 삭개오의 인격을 존중하시고 그의 아름다웠던 본래 이름을 불러 주셨습니다. 인자한 눈빛으로, 사랑이 가득한 다정한 음성으로 이름을 불러 주심으로 그와 인격적인 관계성을 맺고자 하셨습니다.

예수님은 삭개오에게 즉시 내려오라고 말씀하셨습니다. "Zacchaeus, come down immediately. I must stay at your house today." 삭개오가 부담스러운 세리라는 것을 생각할 때 마음을 좀 추스르고 조금 뜸을 드릴 만도 한데, 예수님은 그에게 즉시 내려오라고 말씀하십니다. 당신께로 다가오라고 하시는 것입니다. 그에게 "매우 환영해"라고 말씀하시는 것입니다. 영어로 보면 'must', 즉 '반드시'라는 조동사를 사용합니다. 다시 말해 may, 혹은 can이 아니라 'must'라고 하셨습니다. 이는 예수님이 그동안 삭개오를 간절히 찾고 계셨음을 가르쳐 줍니다. 부자인 삭개오의 집은 으리으리했을 것입니다. 그러나 사람 냄새가 안 나고 썰렁하기만 했을 것입니다. 그에게 관심을 갖고 집에 오고자 하는 친구가 단 한 명도 없었을 것입니다. 예수님은 특별히 이런 그의 고독 문제를 도와주고자 하셨습니다. 예수님은 죄인을 영접하시고 둘도 없는 친구가 되어 주십니다.

💬 **예수님이 내려오라고 하시자 삭개오는 어떻게 하였습니까?**

6-7절을 보십시오 삭개오로서는 정말로 믿기지 않는 일이 일어났습니다. 돌을 던지거나 분노하거나 정죄하는 대신 자신을 초청해 주시다니! 더구나 자신의 집에 오시겠다는 것은 자신의 죄를 다 용서해 주고 구원해 주시겠다는 음성이 아니겠습니까? 사실 삭개오는 예수님의 눈과 마주치고, 예수님의 말씀을 들었을 때 "주여 나를 떠나소서 나는 죄인이로소이다"(눅 5:8)라고 말한 베드로의 심정이었을 것입니다. 그러나 사랑에 주려 있었던 그로서는 예수님의 초청이 너무나 반가웠습니다. 기쁘고 흥분하였습니다. 그는 번개처럼 나무에서 내려와 예수님을 모시고 덩실덩실 춤을 추면서 즐거이 자기 집으로 갔을 것입니다. 이때 사람들이 수군거렸지만, 그는 더 이상 사람들이 의식되지 않고, 사람들이 보이지도 않았습니다. 사도 요한은 이렇게 말합니다. "볼지어다 내가 문 밖에 서서 두드리노니 누구든지 내 음성을 듣고 문을 열면 내가 그에게로 들어가 그와 더불어 먹고 그는 나와 더불어 먹으리라"(계 3:20). 예수님이 삭개오의 집 문 밖에 서서 두드리셨을 때, 삭개오가 그 음성을 듣고 자신의 집 문을 열었습니다. 이때 예수님은 그의 집에 들어가셔서 그가 대접하는 음식을 더불어 잡수셨습니다. 삭개오가 예수님을 자기 집에 영접한 것은 자기 마음에 영접한 것입니다. 사도는 이렇게 말합니다. "영접하는 자 곧 그 이름을 믿는 자들에게는 하나님의 자녀가 되는 권세를 주셨으니"(요 1:12). 삭개오는 예수님을 영접함으로 하나님의 자녀가 된 것입니다. 구원을 받은 것입니다.

💬 **예수님께서 삭개오 집에 들어가는 것을 본 사람들의 반응이 어떠하였습니까?**

여리고에는 구경할 곳도 많고, 예수님을 영접하고자 하는 사람들도 얼마나 많았겠습니까? 그런데 하필 죄인의 집으로 들어가고자 하시는 예수님의 파격적인 결정에 사람들은 놀라고 수군거렸습니다(7절). 그러나 예수님은 비난과 오해를 무릅쓰고라도 그곳에 머물며 함께하고자 하셨습니다. 그의 영혼을 외로움과 기가 막힌 죄의 세력에서 구원하시고 그와 전인격적인 사귐을 갖고자 하셨습니다.

💬 삭개오는 어떤 결단을 하였습니까?

8절을 보십시오. 자신의 소유 절반을 가난한 자들에게 주고 누구의 것을 속여 빼앗은 일이 있으면 네 배로 갚겠다고 하였습니다. 세리장인 그는 속여서 빼앗은 일이 부지기수로 많았습니다. 그의 입에서 이런 말이 나오다니 천지가 개벽할 일입니다. 그의 소유 절반은 아주 큰 돈입니다. 더구나 속여 빼앗은 금액의 4배를 배상하면 삭개오에게 남는 것이 있을까요? 재산이 다 거덜 날 것입니다. 어떻게 보면, 자신의 전 재산을 다 포기하겠다는 말입니다.

💬 삭개오가 어떻게 이런 결심을 하게 되었을까요?

예수님을 영접하고 나니간 마음이 너무나 기뻤습니다. 이 예수님이 삭개오의 기쁨의 대상이 되었습니다. 이 예수님만 생각하면 미소가 지어지고, 행복했습니다. 그 따뜻한 사랑이 느껴지고 너무나 황홀했습니다. 절로 사랑 고백이 나왔습니다. "예수님, 사랑해요." 예수님은 삭개오의 전부가 되셨습니다. 삭개오가 돈으로 얻고자 했던 그 행복을 예수님이 주셨습니다. 이런 삭개오에겐 더 이상 재물이 필요 없어졌습니다. 그의 마음에 큰 행복이 임한 것입니다. 돈으로, 출세로 채워지지 않던 그의 영혼이 예수님이 주시는 영생수로 흘러넘치게 된 것입니다. 맹물 같던 삭개오가 향기 나는 포도주같이 변했습니다. 예수님이 그의 마음에 들어오시자 그는 구원을 얻고 변하여 새사람이 된 것입니다. 물이 포도주로 바뀐 것입니다. 이는 그가 잘못된 인생 목표를 세우고 살아온 것을 깨닫고 회개했다는 뜻입니다. 속여 빼앗아도 행복할 줄 알았는데, 그렇지 않았습니다. 죄의식이 가득했고 외로웠고 불행했습니다. 돈이 없어도 예수님이 있으면 행복하고, 오히려 베풀고 돕는 삶이 물질적으로 가난해도 더 행복하다는 것을 깨달았습니다. 그의 가치관이 180도 변했습니다. 돈보다 더 큰 가치, 가장 중요한 가치를 소유하게 되었습니다. 그것은 바로 예수님이었습니다. 많은 사람의 비난에도 불구하고 자기를 알아주시고 친구가 되어 주시고 자기 집에 와 주신 예수님, 자신을 깊이 이해해 주신 예수님, 그리고 구원하러 오신 예수님을 만나 그 사랑을 인격적으로 체험했습니다. 이제는 예수님이 전부가 되었고, 돈이 아니라 예수님을 자기 집에, 그리고 자기 마음 중심에 모시게 되었습니다. 예수님을 알게 된 그는 세상에 부러울 것이 없었고 최고의 기쁨을 소유하게 되었습니다. 그리고 그 사랑을 나누고 베푸는 삶을 살고자 결심한 것입니다. 순결하고 정의로운 사람으로 완전히 변화되었습니다. 삭개오는 분명하게 변화된 모습으로 회개의 열매를 맺었습니다. 진심으로 과거를 뉘우치고 새사람이 된 것입니다. 그 이름으로 돌아온 순결해진 순간입니다. 돈이 없어진다 해도 마냥 행복했습니다.

💬 예수님은 삭개오에게 무엇을 선포하셨습니까?

9절을 보십시오. "오늘 구원이 이 집에 이르렀으니." '오늘' 삭개오가 예수님을 영접한 순간 구원이 이른 것이고, 이때는 그의 가치관이 변화된 순간으로, 그 순간 임하는 구원의 현재성을 나타냅니다. "이 사람도 아브라함의 자손임이로다"라는 말씀에서 아브라함의 자손은 구원받은 하나님의 자녀라는 뜻입니다. 당시 유대인들은 자신들이 아브라함의 자손이라고 생각했습니다. 삭개오 같은 공인된 죄인들은 아브라함의 자손으로 취급하지 않았습니다. 예수님이 '이 사람도'라고 말씀하신 것도 본래는 아니라고 여기는 사회적 통념이 있었기 때문입니다. 모두가 이 사람만은 아니라고 하는 사람에 대해서 예수님은 '이 사람도'라고 하시는 것입니다. 그러나 예수님은 어떠한 자가 진정한 아브라함의 자손인지 가르쳐 주십니다. 구원은 행적으로 받는 것이 아니요, 자신의 죄를 회개하고 예수님을 영접하는 믿음으로 받는 것입니다(롬 4:11-12). 이 구원의 성격은 참으로 놀랍습니다. 삭개오만큼은 절대 구원받을 수 없으리라는 것이 기존의 통념이었는데, 예수님은 그 통념을 완전히 뒤집으셨습니다. 예수님의 선언은 삭개오의 구원을 확증하시는 것으로 그 누구도 뒤집을 수 없습니다. 예수님의 말씀으로 볼 때, 이 세상에 구원받지 못할 사람은 없습니다.

💬 예수님이 이 세상에 오신 목적은 무엇입니까?

10절을 보십시오. "인자가 온 것은 잃어버린 자를 찾아 구원하려 함이니라"라는 말씀에서 '잃어버렸다'는 말에는 잃어버린 주체와 대상이 있으며 원래 있어야 할 자리가 존재함을 알려 줍니다. 잃어버린 자는 누구를 지칭할까요? 하나님의 품을 떠난 인간의 실존을 말합니다. 이는 하나님 편에서 인간을 보시고 하시는 말씀입니다. 삭개오는 자기편에서 볼 때에는 성공적인 삶을 살았지만, 실상은 돈을 찾아 하나님의 품을 떠나간 잃어버린 자였습니다. 부모의 품을 떠난 미아의 형편을 생각해 보십시오. 오늘날 젊은이들은 성공, 출세를 위해 달립니다. 이성 친구를 위해, 돈과 쾌락을 위해, 캠퍼스에서, 혹은 사이버 공간 게임 속에서 달리고 있습니다. 그들은 다 삭개오처럼 잘못된 방향을 향해 달려가다가, 그리고 달리다가 길을 잃어버린 사람들입니다. 그와 같이 하나님과 분리된 인간은 빗나간 인생을 살며 고통할 수밖에 없습니다. 그 내면에 참된 만족과 안식, 구원이 없습니다. 나 자신은 잃어버린 자일까요? 아닐까요?

🗨 잃어버린 자라면, 어떤 점에서 잃어버린 자입니까?

하나님을 떠나 있지 않은지, 하나님과 분리되어 있지 않은지 살펴보기를 바랍니다. 그래서 인생의 의미와 목적도 모르고 하나님의 말씀과 진리도 모르고 살아가고 있지 않은지 살펴보기를 바랍니다.

🗨 잃어버린 자를 향한 예수님의 마음은 어떠할까요?

아이를 잃어버린 부모는 지구 끝까지 가서라도 찾을 것입니다. 되찾지 않으면 아무것도 손에 잡히지 않고, 되찾을 때까지는 슬픔과 상실감에서 벗어나지 못할 것입니다. 예수님의 마음도 이와 같습니다. 우리를 되찾기 위해 하늘 보좌를 버리시고 이 땅에까지 내려오셨습니다. 본문은 삭개오가 예수님을 찾는 것으로 시작됩니다. 그러나 실은 예수님이 삭개오를 찾아 오신 것입니다. 더 간절히 찾고, 보고, 구원하기 원하셨습니다. 때로는 우리가 예수님을 만나러 온 것 같지만, 실은 예수님이 우리를 구원하러 찾아오신 것입니다. 예수님은 삭개오와 같이 잘못된 인생 방향과 죄로 말미암아 고통당하는 잃어버린 우리를 찾아 회복시키러 오셨습니다.

예수님은 잃어버린 자를 찾아 구원하러 오신 분입니다. 사람들이 다 나를 버리고 무시해도 예수님은 나에게 관심을 가지시고, 아무도 오지 않는 우리 집에, 그리고 나의 마음에 오셔서 나와 함께 먹고 마시십니다. 점심시간에 혼자서 외롭게 식당에서 밥 먹고 있을 때 예수님은 찾아오셔서 같이 먹어 주십니다. 내 마음에 들어와 구원의 큰 은혜를 주십니다. 이 예수님이 내 마음에 들어오실 때 내 영혼이 구원을 얻고 변하여 새사람이 됩니다. 순결하고 정의로운 사람이 됩니다. 더 이상은 이기적인 삶이 아니라 나누어 주고 베푸는, 그러면서도 행복한 인생을 살게 됩니다.

3부

복음과 구원

gospel 14
십자가에 못 박히신 예수님

찬송가 150 + 요한복음 19:1–30

Q 기독교를 상징하는 십자가에는 어떤 의미가 있을까요?

하나님께서 우리를 구원하시기 위해 당신의 외아들 예수님을 이 땅에 보내셨는데, 예수님은 십자가에 못 박혀 돌아가셨습니다. 우리를 구원하러 오신 예수님이 왜 십자가에 못 박혀 돌아가셨을까요? 여기에 구원의 비밀이 있습니다. 그리고 우리 인생들을 향한 하나님의 놀라운 사랑이 새겨져 있습니다. 그렇다면 십자가에 못 박히신 예수님은 나에게 어떤 의미가 있고 나와 무슨 상관이 있을까요?

Q 빌라도는 예수님을 데리고 가서 어떤 형벌을 가했습니까?

1절을 보십시오. "이에 빌라도가 예수를 데려다가 채찍질하더라." 빌라도는 군인들이 예수님을 형장으로 끌고 가서 채찍질을 하게 하였습니다. 당시 채찍에는 열 갈래로 나누어진 가죽 끝에 납덩어리나 뾰족한 동물의 뼈가 달려 있었습니다. 빌라도의 명령을 받은 군인들은 형 집행장 한쪽 기둥에 예수님을 매달아 놓고, 이런 채찍으로 예수님을 때렸습니다. 한 번 후려칠 때마다 채찍이 살에 박혔다가 살점을 뜯어내었습니다. 채찍이 핏줄을 건드렸을 때는 붉은 피가 솟구쳤습니다. 몸이 갈기갈기 찢기고, 차마 볼 수 없을 만큼 피투성이가 되셨습니다.

그러나 군인들은 여기서 멈추지 않았습니다. 2-3절을 보십시오. 길고 뾰족한 가시들이 가득한 가시나무 관을 예수님의 머리에 꽉 눌러 씌웠습니다. 머리에 극심한 통증이 오고, 가시에 찔린 머리에서 피가 뿜어져 나와 예수님의 얼굴 위를 여러 갈래로 타고 흘러내렸습니다. 군병들은 이런 예수님께 왕들의 옷 색깔인 자색 옷을 입혔습니다. 그러고는 엎드려 "유대인의 왕이여 평안할지어다" 하며 조롱하였습니다. 그리고 손으로 뺨을 때렸습니다.

💬 채찍에 맞은 예수님을 본 유대인들의 반응이 어떠합니까?

빌라도가 예수님을 채찍질한 이유는 예수님을 풀어 주기 위함이었습니다. 그가 아무리 봐도 예수님은 죄가 없었습니다. 그래서 아무 죄도 없는 예수님을 이렇게까지 벌했으니, 유대인들도 이 모습을 보면, 이제는 풀어 주자고 할 것 같았습니다. 그러나 유대인들은 그 불쌍한 모습을 보고도 어떻게 하였습니까? 6절을 보십시오. "십자가에 못 박으소서 십자가에 못 박으소서"라고 외쳤습니다. 유대인들은 만신창이가 된 예수님을 전혀 긍휼히 여기지 않았습니다. 오히려 무기력한 모습에 분노하며 십자가에 못 박으라고 소리 질렀습니다.

💬 결국 빌라도는 예수님을 어떻게 하였습니까?

빌라도는 어처구니가 없었습니다. 이들이 왜 이렇게 무죄한 자를 죽이려고 하는지! 더구나 빌라도는 예수님이 심문받는 자리에서 "나는 왕이니라"라고 선언하셨을 때(요 18:37), 예수님에게서 신적 권능을 느꼈습니다. 거기다가 유대인들의 말을 들어보니, 예수님이 직접 "하나님의 아들이라"고까지 했다니(요 19:7), 정말 이분은 만왕의 왕일 수도 있겠다는 생각이 들었습니다. 빌라도는 두려워졌습니다. 그래서 12절을 보면, 빌라도는 예수님을 어찌하든지 풀어 주려고 힘썼습니다. 우리는 여기서 빌라도가 예수님을 죽이는 것이 정말 큰 죄임을 너무나도 분명하게 인식하고 있었음을 알 수 있습니다. 그러나 빌라도는 결국 어떻게 하였습니까? 유대인들은 예수님을 죽이지 않으면, 가이사(시저)에 대한 반역죄로 고소하겠다고 하였습니다(12b절). 이에 빌라도는 자신이 살기 위해서는 어쩔 수 없다며 예수님을 그 잔인한 십자가 죽음에 내어 주고 말았습니다(16절).

💬 군인들은 예수님을 어떻게 하였습니까?

17-18절을 보십시오. 군인들은 예수님을 데려다가 십자가를 지우고 '해골'이라는 언덕, 즉 '골고다 언덕'을 오르게 하였습니다. 예수님은 밤새 심문을 당하고 채찍에 맞으셨기 때문에 쓰러지고, 또 쓰러지셨습니다. 그러면 여지없이 군인들은 채찍을 내리쳤습니다. 예수님의 얼마 남지 않은 살점이 계속 떨어져 나가고 뼈가 보이기 시작하였습니다. 피는 사정없이 온 몸을 휘감았습니다. 멀리서 울면서 예수님을 따라가던 백성들과 여인들이 예수님을 보호하려고 달려들었습니다(눅 23:27). 그러자 말을 탄 로마 군병들이 채찍을 휘두르며 말발굽으로 여인들을 짓밟았습니다. 여인들은 너무나 아프고 무서워 피투성이가 된 다리를 끌고 물러설

수밖에 없었습니다. 그때 예수님의 남성 제자들은 다 도망을 갔습니다. 예수님은 구레네에서 온 낯선 사람 시몬의 도움으로 겨우 발걸음을 옮기셨습니다(눅 23:26).

마침내 십자가 형장인 골고다 언덕에 도착했습니다. 로마 군병들은 예수님의 옷을 하나도 남김없이 발가벗겼습니다. 예수님은 당신이 만드신 작은 피조물들에게서 수치와 치욕을 당하셨습니다. 드디어 군인들은 십자가에 예수님의 손과 발을 묶고 굵은 대못을 박았습니다. 쾅! 쾅! 쾅! 망치 소리와 함께 못은 예수님의 두 손과 두 발을 뚫고 나무에 박혔습니다. 예수님의 사지가 뒤틀렸습니다. 검붉은 피가 거친 나무를 적셨습니다. 군인들은 이후 십자가를 두 강도들 사이에 높이 세웠습니다. 가운데는 행악자들의 두목, 가장 극악무도한 죄인이 달리는 자리였습니다. 예수님은 죄인들 중의 죄인으로 취급을 당하셨습니다.

🔍 십자가 형벌은 구체적으로 어땠습니까?

십자가 형벌은 원래 동양에서 만들어졌습니다. 이것이 페르시아를 통해 알렉산더에게 전해졌고, 이후 카르타고, 즉 페니키아인들을 통해 로마에 수입되었습니다. 십자가는 고문 용도로 쓰이기도 했는데, 결국은 사형을 집행하는 방법으로 사용되었습니다. 십자가는 수직 버팀목과 가로 횡대로 구성되어 있습니다. 처형 과정을 보면 횡대를 매고 처형지까지 이동합니다. 이때 죄수는 자신의 죄명을 기록한 판을 목에 걸고 갑니다. 처형지에서는 옷을 막무가내로 벗겨 극도의 수치심을 느끼게 합니다. 그러고는 양손과 발을 십자가의 횡대와 수직 버팀목에 매달았습니다.

💬 십자가에 못 박히신 예수님은 얼마나 아프셨을까요?

손과 발에 못이 박혀 나무에 수직으로 매달리면, 손과 발을 관통하는 신경 다발을 자극하게 됩니다. 이때 마치 전기 고문과 같은 충격으로 까무러칩니다. 이러한 몸을 향해 하늘의 뜨거운 태양이 강하게 내리쬡니다. 그러면 그 상처에 열기가 더해집니다. 이 과정에서 혈압이 감소하고 맥박 수가 증가하고, 뇌와 심장에 혈액 공급이 불충분해집니다. 그러면서 고열, 발작, 시력 장애, 호흡 곤란, 탈수증, 심부전증 등의 증상이 나타나고, 의자나 발 디딤대의 유무에 따라 이틀 내지 사흘 안에 사망합니다. 빨리 죽게 만드는 방법은 다리를 곤봉으로 부스러뜨리는 것입니다. 그래서 체중을 더 이상 지탱할 수 없게 되어 곧 호흡 곤란과 심부전증 등으로 사망합니다. 이러한 잔혹한 고통이 죽어 중단되기 전까지 짧게는 수 시간, 길게는 며칠까지 이어진다는 점에서 십자가는 인류가 고안해 낸 가장 잔인한 형벌입니다. 시편 기자는 예수님의 고통을 이렇게 표현했습니다. "나는 물같이 쏟아졌으며 내 모든 뼈는 어그러졌으며 … 주께서 또 나를 죽음의 진토 속에 두셨나이다"(시 22:14-15). 얼마나 고통스러우면 마음이 녹아내리는 것 같다고 표현했을까요? 힘이 말라서 질그릇처럼 금방 깨어질 듯 하였습니다.

그런데 전후좌우를 살펴보아도 예수님을 도와주거나 그 아픔을 나눌 수 있는 사람은 없었습니다. 사랑으로 섬겼던 백성들은 일제히 등을 돌렸고 제자들은 진작에 도망갔습니다. 마가는 이렇게 말합니다. "제육 시가 되매 온 땅에 어둠이 임하여 제구 시까지 계속하더니 제구 시에 예수께서 크게 소리 지르시되 엘리 엘리 라마 사박다니 하시니 이를 번역하면 나의 하나님, 나의 하나님 어찌하여 나를 버리셨나이까 하는 뜻이라"(막 15:33-34). 예수님은 급기야 하나님께도 버림받은 것입니다. 예수님이 모든 인류의 죄를 담당하고 있는 이 순간만큼은 하나님께서도 조금의 미련이나 아쉬움의 여지도 없이 철저히 예수님을 버리셨습니다. 예수님은 늘 하나님과 연합되어 사랑의 관계 속에 있었습니다. 그러나 이때 하나님과의 단절을 느끼는 순간 예수님은 너무 고통스러워 울부짖으셨습니다. 어찌하여 나를 버리셨냐고 부르짖으시는 예수님은 가장 고통스러운 순간 철저히 혼자셨습니다. 23-24절을 보십시오. 오히려 십자가 밑에서는 예수님을 채찍질하고 못 박은 네 명의 군인들이 예수님의 고통은 아랑곳하지 않고 예수님의 속옷을 서로 차지하고자 제비뽑기를 하고 있었습니다. 어떻게 사람이 죽어 나가는데, 이럴 수가 있을까요?

💬 **우리가 본문 속의 현장에 있었다면 어떤 모습으로 있었을까요?**

그런데 우리의 과거와 나의 내면의 깊은 곳을 들여다보면 우리도 사람들에게 겉으로 보이는 모습과는 달리 얼마든지 이들처럼 악마가 될 가능성이 있는 죄인들입니다. 칠흑 같은 무지 속에서 다른 사람보다 하나라도 더 가지려는 물욕에 사로잡혀 자신의 이익에만 몰두한 군병들의 모습에서 숨겨진 나의 모습이 오버랩되지 않습니까? 시기심에 사로잡혀 자신들의 기득권을 되찾기 위해 예수님을 잔인하게 죽인 대제사장들과 종교 지도자들, 자기 욕심대로 안 되면 돌변하는 어리석은 백성들, 그리고 자기가 살기 위해서는 어쩔 수 없다는 빌라도에게서도 우리의 진정한 모습이 보이지 않습니까? 이들은 모두 결국은 자기의 유익을 위해, 자기가 살기 위해서 예수님을 죽인 자들입니다. 우리가 본문 속의 현장에 있다면, 우리의 모습도 이들 중 하나였을지 모릅니다.

예수님은 모진 고난을 어떤 자세로 감당하셨습니까?

28절을 보십시오. 피는 쉴 새 없이 흘러내리고, 심장은 더욱 빨리 뛰었습니다. 피는 더 빠져나가 심한 탈수 현상이 생겼습니다. 결국 숨을 쉬기 힘들어지고, 혀가 입천장에 붙을 정도로 목이 마르게 되었습니다. 이때 예수님은 무슨 말씀을 하셨습니까? "내가 목마르다." 예수님은 얼마나 목이 마르셨을까요? 그런데 예수님이 십자가에서 당하신 고난은 목마름뿐만이 아닙니다. 손이 아프고, 발이 부서지고, 극심한 두통에다가 온 몸이 쑤시고, 몸서리쳐지고, 심장이 터질 듯했습니다. 그런데 예수님은 그 모든 고통에 대해 아무런 표현도 하지 않으시다가, 아주 절제된 목소리로 짧게 "내가 목마르다"라고만 하셨습니다. 예수님은 그 모진 십자가 고난을 능동적으로 받고 계셨던 것입니다. 십자가 고난을 어쩔 수 없이 수동적으로 받는 것이 아니라 적극적으로 받으시며, 그 고통을 속으로 다 삼키고 흡수하고 계셨던 것입니다.

도대체 예수님의 마음속에는 무엇이 있었길래 이러한 고난을 묵묵히 감내하실까요?

예수님의 마음속에는 십자가의 고통보다 더 강한 무엇인가가 있었습니다. 그것은 우리 죄인들을 향한 불굴의 사랑입니다. 예수님은 당신이 십자가의 고난을 끝까지 다 감당해서 죽어야 우리 죄인들을 구원하실 수 있음을 아셨습니다. 그래서 우리를 살리기 위해 자신을 죽이셨습니다. 하나님은 세상의 죄인들을 구원하시기 위해서 독생자를 내어 주시기까지 사랑하십니다(요 3:16). 그러나 동시에 거룩하신 당신의 독생자를 버리고 죽게 하실 만큼 죄를 미워하시고 철저하게 심판하시는 분입니다. 이 십자가 형벌은 죄를 범한 인간이 받아야 할 고통과 저주, 수치가 얼마나 크고 심각한 것인가를 나타내 줍니다. 동시에 이 십자가 형벌은 하나님의 사랑과 공의를 동시에 충족시키는 방법입니다(롬 3:25-26). 그래서 십자가 위에 높이 들리심으로 모든 사람으로 보고 믿어 구원을 받도록 하셨습니다(요 3:14-15). 예수님은 이를 위해 죄인들의 고통과 저주, 수치를 대속하시고자 십자가를 택하셨습니다. 여기에 바로 하나님의 놀라운 사랑이 새겨져 있습니다.

💬 이 예수님의 사랑은 구체적으로 어떤 사랑일까요?

1951년 1.4후퇴 때 피난을 가던 한 만삭의 여인이 다리 밑으로 가서 혼자서 해산한 일이 있었습니다. 추격해 오는 중공군의 총소리가 가까워 왔습니다. 그녀는 자기가 살기 위해서는 낳은 아이를 버리고 얼른 남쪽으로 달려야 했습니다. 그런데 태어난 아이가 한겨울 강원도 날씨에 부들부들 떠는 것이었습니다. 그녀는 자신의 겉옷을 벗어서 감싸고, 그래도 아기가 추워하자 속옷까지 하나도 남김없이 벗어서 아기를 덮어 주었습니다. 그러고는 맨몸으로 아이를 가슴에 끌어안았습니다. 그녀는 그렇게 아이를 살리려다가 자신은 추위를 견디지 못하고 죽었습니다. 그때 급히 그 다리 위로 피난을 가던 미국인 부부가 아이 울음소리를 듣고는 다리 밑으로 내려가 봤습니다. 지체할 시간이 없어서 산모는 급하게 묻어 주고, 그 아이는 미국으로 데려가 입양해서 훌륭한 청년으로 키웠습니다. 이 아이가 20살이 되었을 때, 미국인 아버지에게 자신은 왜 백인이 아닌지 물었습니다. 아버지는 '네가 이 질문을 할 날을 기다려 왔다'며, 그날의 진실을 알려 주었습니다. 청년은 생모의 사랑에 감격하여 얼마나 울었는지 모릅니다. 그는 1.4후퇴의 그날만큼 추운 겨울날을 택해 미국인 아버지와 함께 생모가 죽은 그 자리를 찾아갔습니다. 그는 갑자기 자신의 모든 옷을 벗어서 땅에 덮으며 어머니의 사랑에 눈물로 감사 고백

가스펠 세븐틴

을 하였습니다.

우리 예수님의 사랑이 바로 이러한 희생의 사랑입니다. 예수님은 우리를 구원하시기 위해 자신을 구원하시지 않았습니다. 벌거벗은 채 그 참혹한 모든 고통을 견디시며 마침내 죽음으로써 그 사랑을 완성하셨습니다. 이런 점에서 예수님을 십자가에 매달고 있었던 것은 네 개의 철 못이 아니었습니다. 우리 죄인들을 향한 예수님의 강철보다 강한 사랑이었습니다!

송명희 시인은 이 예수님의 사랑을 이렇게 표현했습니다. "내가 너를 사랑하노라. 내가 너를 인하여 흘린 눈물이 바다의 모든 눈물보다 많으니, 내가 너로 미칠 듯하여 견딜 수가 없어서 내가 죄 많은 너의 죄를 나의 육체에 묻혀서 내가 나의 몸을 때렸노라. 나는 모든 피조물의 하나님이나 너를 인하여 사람이 되었노라. 너를 징벌하기가 싫어서 나의 몸에 상처를 내고 나의 손과 발에 못 박았으며 내 옆구리를 찔렀노라. 나의 영원한 생명을 너에게 주기를 원하여서 나의 삶을 버리고 죽었노라." 예수님은 이러한 사랑으로 십자가 고난을 감당하고 계셨습니다.

🗨 누가는 이 예수님의 사랑을 어떻게 기록하고 있을까요?

누가복음 23:34을 보면, 예수님은 당신을 십자가에 못 박고 그 아래에서 제비뽑기 하는 이들과 "네가 하나님의 아들이어든 너 자신을 구원해 보라"고 조롱하는 이들을 위해서도 다음과 같은 기도를 하셨습니다. "아버지 저들을 사하여 주옵소서 자기들이 하는 것을 알지 못함이니이다." 사람들은 예수님의 죽음에 무관심했고, 그분을 조롱하였으며, 자기 유익을 위해 예수님의 옷을 제비뽑았지만, 예수님은 적이 되지 않고 그들을 바라보며 일방적인 용서의 기도를 하셨습니다. 당신의 대속 희생을 알아

주지도 않는 자들을 위해 입을 떼기 어려운 상황에서도 힘을 다해 기도하셨습니다. 죄인들을 자신의 십자가 그늘 밑에 숨기시고 변호해 주셨습니다. 그들이 알지 못해서 그런 것이라고 하셨습니다. 죽음의 순간 그 사람의 진실과 본질이 드러난다고 할 수 있는데, 예수님은 이토록 죄인들 편에 서서 죄인들을 사랑하신 것을 알 수 있습니다. 죄인 된 우리가 이러한 예수님의 용서의 사랑을 덧입게 될 때, 미움과 증오와 분노와 복수심으로 끓어오르던 내면을 용서받고 다른 사람을 용서할 힘이 생깁니다. 나 자신이 예수님 앞에서 용서의 은혜를 먼저 받을 때, 내게 무례한 자, 괴롭히는 자, 부당하게 대우한 자, 손해를 입힌 자들을 위해 예수님의 마음으로 품고 기도할 수 있습니다.

💬 **십자가에서 예수님의 마지막 순간은 어떤 모습이었습니까?**

29절을 보십시오. 예수님께서 목마르다고 하시자, 사람들은 신 포도주를 스펀지 같은 해면에 적셔서 긴 장대 같은 우슬초에 매어 입에 대어 주었습니다. 30절을 보십시오. "예수께서 신 포도주를 받으신 후에 이르시되 다 이루었다 하시고 머리를 숙이니 영혼이 떠나가시니라." 마가복음 15:23을 보면, 예수님은 당시 마취제로 제공된 몰약을 탄 포도주는 거부하셨습니다. 여기서 신 포도주는 마취제가 아닙니다. 쓰디쓴 고통의 포도주입니다. 예수님은 이 신 포도주를 마신 후 입천장에 붙은 혀를 풀고 마지막 호흡을 가다듬어 온 힘을 다해 외치셨습니다. "다 이루었다." 이후 예수님은 숨을 거두셨습니다. 고개가 숙여졌고, 영혼이 떠나갔습니다.

💬 **"다 이루었다." 이 말씀이 의미하는 바가 무엇일까요?**

헬라어로는 'Τετέλεσται'(테텔레스타이)입니다. 당시 종들은 주인이 하라고 한 일을 다 했을 때 이렇게 보고했다고 합니다. "주인님, 테텔레스타이." 그 뜻은 '주인님, 시키신 일 빠짐없이 다 했습니다'입니다. 예수님은 근본 하나님의 본체셨으나 종의 모습으로 이 땅에 오셔서(빌 2:6-8) 하나님이 하라고 하신 일을 마지막 십자가 희생까지 다 이루어 하나님을 영화롭게 하셨습니다(요 17:4). 이에 예수님은 '테텔레스타이'(다 이루었습니다)라고 보고하셨습니다. 이 보고와 함께 모든 미션이 종료되었습니다.

인류 구속 사역은 창세기 3:15에서 처음으로 약속되었습니다. 하나님께서 당신의 아들을 여자의 후손으로 보내셔서 사탄의 머리를 박살 내시고, 사탄에 사로잡힌 우리 인생들을 구원해 내겠다고 하셨습니다. 그 메시아는 아브라함의 후손으로 오실 것이라 하셨습니다(창 12:3; 22:18). 예수님은 또한 다윗의 자손으로(렘 23:5) 처녀의 몸에서 나시고(사 7:14), 마침내 세상 죄를 지고 하나님의 어린양으로 십자가 고난을 받을 것이라고 예언되었습니다(사 53:7-8). 예수님이 십자가에 달리실 때 그 밑에서는 사람들이 제비를 뽑을 것이라는 구체적인 예언도 있습니다(시 22:18). 예수님은 목마르다고 하실 것이고 사람들이 신 포도주를 마시게 할 것입니다(시 69:21). 구약 성경에는 메시아 예수님에 대한 이러한 약속과 예언이 약 300개나 됩니다. 서로 다른 시대를 산 수많은 선지자들이 이 예수님의 메시아 사역을 일관되게 예언하였고, 그것은 완벽하게 다 성취되었습니다.

약속과 예언 외에 예수님은 또 무엇을 성취하셨습니까?

십자가에서 성취된 구속 사역은 약속과 예언만이 아닙니다. 출애굽 당시 문설주에 발라진 유월절 어린양의 피와 성막과 성막 지성소 안의 언약궤 덮개 위 그룹들 사이에 발라진 피는 메시아로 오셔서 피를 흘리며 죽으실 예수님의 예표입니다. 성막 안에 있는 제단과 그 속에서 수행된 제사들과 그 제사 제물들이 모두 다 오실 예수님의 속죄 사역을 가리킵니다. 예수님은 이 모든 것들을 성취하셨습니다.

예수님께서 이 땅에 오셨을 때도 해마다 유월절에 예루살렘 요단강이 피로 붉게 물들 정도로 수많은 양들이 제물로 바쳐졌습니다. 그럼에도 인류의 죄는 다 씻기지 않았습니다. 죄는 계속해서 생겨났습니다. 그런데 예수님께서 벌거벗겨지신 채로 제단 앞으로 끌려가 희생 제물로 바쳐지게 되셨습니다. 그러나 실상 이는 스스로 자기 몸을 대속(속죄) 제물로 바치신 것입니다. 다시 말해 예수님이 바로 구약의 수많은 제물들이 예표한 바로 그 완전한 제물입니다. 예수님은 이렇게 당신의 몸을 십자가에 제물로 바치시고, 그 피를 흘리심으로 하나님의 위대한 구속 역사를 다 이루신 것입니다. 그래서 "다 이루었다"라고 말씀하셨습니다.

이사야 선지자는 예수님이 이루신 사역을 이렇게 말했습니다. "그는 실로 우리의 질고를 지고 우리의 슬픔을 당하였거늘 … 그가 찔림은 우리의 허물 때문이요 그가 상함은 우리의 죄악 때문이라 그가 징계를 받으므로 우리가 평화를 누리고 그가 채찍에 맞으므로 우리가 나음을 받았도다"(사53:4-5). 예수님은 우리의 허물과 나의 죄악 때문에 무서운 십자가 형벌을 받으셨습니다. 나의 죄로 말미암아 생겨난 질병 때문에, 그리고 죄 때문에 겪게 된 슬픔과 인생의 저주를 가져가시기 위해 채찍에 맞으시고 가시관에 찔리시며 십자가에 못 박히셨습니다. 그러므로 "다 이루었다"는 말씀 안에는 이러한 구원의 미션을 다 성취했다는 의미가 있습니다. 그 구원에는 죄 사함(용서함)과 치유가 있고, 평화가 있습니다.

💬 '대속'이라는 말을 아십니까?

대나무 속이 아니라 '속량'이라고도 하는, 고대 노예 시장에서 유통되었던 말입니다. "다 이루었다"라는 말에는 대속을 다 이루었다는 뜻이 있습니다. '대속'이란 빚을 져서 남의 집에 종살이를 하게 된 사람이 풀려나거나 그 사람의 가족이 그 사람을 되찾기 위해서 '빚을 다 갚았다', '빚진 금액이 다 지불되었다'라는 의미입니다. 첫 사람 아담의 허리 안에 있던 우리는 아담의 죄로 하나님께 큰 빚을 지게 되었습니다. 이런 우리를 '속량(redemption)', 즉 다시 사오기 위해서는 죽음이라는 대가를 지불해야 합니다. 그런데 예수님이 십자가에서 그 대가를 다 지불하셨습니다. 일부만 갚아 주신 것이 아닙니다. 과거에 지은 죄와 현재 짓고 있는 죄, 그리고 미래에 지을 죄까지 십자가에서 다 그 값을 치르시며 용서해 주신 것입니다. 우리가 우리 죄의 빚을 갚기 위해서 할 일은 1%도 없습니다. 예수님은 이렇게 해서 사탄에게 팔린 우리를 다시 사 오셨습니다. 우리는 그저 믿음으로 있는 그대로 예수님의 십자가 앞에 나아가 나의 죄 짐을 내려놓고 "다 이루었다" 하시는 예수님 말씀을 믿으면 됩니다. 그리고 예수님 손을 잡고 따라가면 됩니다. 그러면 더 이상 죄의식으로 고통하지 않아도 됩니다. 심판에 대한 두려움으로 괴로워하지 않아도 됩니다.

우리 인간은 현재 어떤 상태입니까?

바울은 말합니다. "모든 사람이 죄를 범하였으매 하나님의 영광에 이르지 못하더니"(롬 3:23). 이 말은 인간이 죄를 지음으로 하나님이 원래 우리에게 주셨던 그 영광을 잃어버렸다는 의미입니다. 우리 인간은 원래 날마다 에덴동산에서 거룩하신 하나님과 거닐며 창조적인 지성과 풍성한 감정과 자유로운 의지에 기초한 사랑으로 즐거운 교제를 하였습니다. 세계적인 학자나 유명 인사 정도가 아니라 온 우주를 창조하시고 다스리시는 그분과 날마다 카페라떼를 마시면서 듣고 말하고 그 존귀한 분과 기쁨을 나누고 행복을 누리는 것이 얼마나 큰 영광이었겠습니까? 하나님은 또한 피조 세계를 다스리는 우주적인 통치권을 우리에게 나누어 주시고, 온 세상을 대표하여 하나님을 찬송하는 영광을 우리 인간에게 주셨습니다.

그런데 죄를 지은 인간은 이 모든 영광을 잃어버렸습니다. 하나님과 교제하는 특권을 잃었습니다. 내면의 빛나는 형상은 망가지고 더럽혀져 만물보다 부패하고 추악한 욕망으로 변질되었습니다. 그래서 하수구같이 더럽고 불의한 세상을 만들어 그 속에서 뒹굴고 있습니다. 하나님을 알되 영화롭게도 아니하고 감사하지 않는 것이, 그래서 하나님을 더 이상 예배하지 않는 것이 자연스러운 본성이 되었습니다. 그뿐만 아니라 온 우주 만물을 통치할 수 있는 통치권자로서의 위신이 완전히 무너져 내렸습니다. 그 결과 자연 만물이 우리를 대적하게 되었습니다. 멧돼지와 독사와 사자를 비롯한 각종 짐승이 우리를 향해 달려들고 지진이나 산불 같은 천재지변이 일어나 우리 인간을 삼켜 버리고 가뭄이 우리 인간을 굶어 죽게 합니다. 온 우주 만물이 통치권을 상실한 우리 인간을 대적합니다. 하나님이 주신 영광이 얼마나 심각하게 손상되었는지 하나님의 영광에 이를 수가 없게 되었습니다.

"죄의 삯(대가)은 사망"(롬 5:23)입니다. 이 사망은 단순히 육체의 죽음을 가리키는 것이 아닙니다. 하나님의 영광을 완전히 상실한 채 지옥 불 못에 들어가 영원히 죽음의 고통을 겪는 것입니다. 그곳에서는 너무 고통스러워 자살하고 싶어도 할 수 없습니다. 죄를 범한 인간은 이러한 지옥의 죽음으로써 그 대가를 반드시 지불해야 합니다. 하나님은 이런 우리 인간이 너무나 불쌍하여 속이 타셨습니다. 이들의 죄를 생각하면 진노가 일어나지만 너무나 불쌍해서 마음이 아파 견디실 수가 없었습니다. 그렇다고 그들의 불의를 그냥 눈감아 주실 수도 없습니다. 그렇게 불의를 용납하는 신이라면 하나님을 의로운 신이라고 할 수 있겠습니까? 하나님께서 거룩한 의를 포기하셔서는 진정한 하나님이 되실 수 없는 것입니다. 그래서 하나님은 수많은 밤을 고민하고 또 고민하며 괴로워하셨습니다.

💬 우리는 어떻게 하면 잃어버린 하나님의 형상을 회복할 수 있습니까?

바울은 말합니다. "그리스도 예수 안에 있는 속량으로 말미암아 하나님의 은혜로 값없이 의롭다 하심을 얻은 자 되었느니라"(롬 3:24). 하나님은 우리 인간을 구원해 원래의 영광을 회복시켜 주시기 위해서 당신의 외아들, 예수 그리스도를 속량물로 사용하기로 결심하셨습니다. '속량'이란 노예 시장에서 몸값을 지불하고 노예를 해방시키는 권리를 사는 것입니다.

노예 한 명의 생명을 건지는 데도 많은 돈이 듭니다. 우리가 운전하다 신호 위반, 속도위반의 죄만 범해도 과태료를 지불해야 합니다. 사기를 치다가 걸리거나 성범죄 같은 경우엔 감옥살이를 해야 합니다. 그 죗값만 지불하려고 해도 속이 쓰리고 밤에 잠이 잘 오지 않습니다. 하물며 우리가 평생 동안 하나님 앞에 지은 죄를 다 합하면 얼마나 많은 대가를 지불해야 하겠습니까? 우리는 자신이 지은 헤아릴 수 없는 죄 때문에 엄청난 고난을 받으며 피를 토하고 죽어야 했습니다. 그런데 예수님이 우리 대신 십자가에서 죽음의 형벌을 당하심으로 우리의 죗값을 다 치르셨습니다. 그 죽음은 참으로 수치스럽고 저주스러운 죽음입니다.

예수님은 십자가에 달리시기 전날 밤 겟세마네 동산에서 이 지옥의 잔을 할 수만 있다면 자신에게서 옮겨 달라고 땀방울이 핏방울이 되기까지 심히 통곡하며 많은 눈물로 애원하셨습니다(눅 22:43-44; 히 5:7). 예수님에게조차 지옥의 형벌은 참으로 무섭고 두려운 것이었습니다. 그럼에도 예수님은 결국 당신 자신을 부인하고 하나님의 뜻에 순종하셨습니다. 거친 십자가에서 우리가, 바로 내가 받아야 영원한 지옥 형벌의 쓴 잔을 다 받으셨습니다. 하나님의 영광을 받아야 할 그 귀하신 몸에 지옥의 불덩이가 주는 고통과 상처를 다 받아 내신 것입니다. 이로써 예수님은 하나님의 진노를 유발한 우리 인간의 모든 죄를 속하셨습니다. 하나님과 우리 인간 사이의 화목 제물이 되셨습니다(롬 3:25). 하나님은 예수님께서 이렇게 속량물이자 화목 제물이 되신 것을 보시고, 그 진노와 노여움을 푸셨습니다. 로마서 3:26을 보면, 하나님은 이 예수님이 속량 곧 희생 제물이 되심을 보시고, 우리 인간을 의롭다고 해 주셨습니다. 어떤 사람이 어떠한 죄를 지었든 법정에서 판사가 무죄라고 하면 무죄인 것입니다.

우리는 우리의 구원을 위해서 어떤 대가도 지불하지 않았습니다. 고행을 한 것도 아닙니다. 예수님과 같이 십자가를 지고 몇 발자국 따라간 것도 아닙니다. 채찍에 한 대도 맞지 않았습니다. 침 뱉음을 받은 적도 없습니다. 우리는 아무것도 하지 않았습니다. 다만 예수님의 십자가 속량의 은혜를 믿음으로 받아들이기만 했을 뿐, 값없이, 공짜로 구원을 얻은 것입니다. 우리 편에서 보면, 단지 믿기만 하면 되니 구원이 참 쉽습니다. 그러나 우리의 구원이 하나님 편에서는 참으로 어려운 일이었습니다. 죄 없는 독생자요, 당신의 생명과도 같은 아들을 십자가에 속량물로 내놓는 것이 어찌 쉬운 일이겠습니까? 아들이 죽는 것을 지켜보는 아버지의 마음이 어떤 줄 아십니까? 함께 죽는 것입니다. 외아들 독생자 예수 그리스도를 십자가 죽음에 내어 주시며 하나님은 그 꺼져 가는 생명과 함께 당신 자신을 죽이셨습니다. 우리의 구원은 그러한 하나님의 희생의 사랑으로 만들어졌습니다.

십자가의 속량물이 되신 예수님은 죄악의 물결에 휩쓸려 멸망의 낭떠러지로 끌려가는 우리에게 하나님이 던져 주신 구원의 밧줄입니다. 나의 구원을 위해 내가 할 것은 따로 없습니다. 그냥 하나님이 튼튼하게 다 만들어 주신 줄을 믿음으로 확 잡을 때 하나님은 우리를 의롭다 해 주시며 구원해 주십니다. 우리가 이 구원의 밧줄을 확, 꽉 붙잡기를 바랍니다.

💬 '다 이루었다'라는 뜻의 '테텔레스타이'라는 단어는 당시 예술가들도 즐겨 사용했는데, 그들에게는 어떤 의미가 있었을까요?

예술가들은 작품을 다 완성한 후 작품이 다 되었는지 점검해 봅니다. 가까이에서 다양한 각도에서 살펴보기도 하고 몇 발짝 뒤로 떨어져서 전체적으로 조화롭게 흠 없이 되었는지를 봅니다. 보면서 '만족한다. 이제는 완성되었다. 끝났다'라고 말하고 싶을 때, 그들은 '테텔레스타이', '다 이루었다'라고 하였다고 합니다. 예수님은 역사 속에서 그 어떤 예술품보다 아름답고 환상적인 인류 구속 사역을 감당하셨습니다. 십자가에서 모진 고통을 뚫고 마침내 그 구속 사역을 다 이루고 나신 후 예수님은 '테텔레스타이', '다 이루었다'라고 하셨습니다.

💬 죄로 말미암아 심판을 받아야 할 우리에게 예수님의 십자가는 무엇과 같을까요?

찰스 스펄전은 예수님의 십자가를 '피뢰침'이라고 했습니다. 죄악을 향한 하나님의 무서운 진노의 번개를 다 받아 내어 우리를 보호해 주기 때문입니다. 예수님이 채찍에 맞으심으로 우리가 맞을 채찍질이 하나도 없게 되었습니다. 예수님이 가시관에 찔리시고 십자가에 못 박히심으로 우리가 받을 고난이 하나도 없습니다. 그래서 예수님의 십자가는 우리에게 피뢰침이 됩니다.

💬 '다 이루었다'라는 말에는 어떤 감정이 들어 있을까요?

이 말은 놀라운 성취를 이룬 것에 대한 기쁨의 외침입니다. 지금 예수님의 마음에는 놀라운 기쁨이 솟구치고 있습니다. 그 기쁨은 하나님의 뜻을 다 행하신, 다 이루신 기쁨입니다. 당신의 피 흘림과 고난을 통해 저 불쌍한 인생들, 사랑하는 우리 인간들이 구원받고 나음을 얻고, 하나님의 사랑을 받고 평화를 누릴 수 있는 은총의 문이 이제 열리게 된 것에 대한 기쁨입니다. 이런 의미에서 '다 이루었다'는 말은 마침내 그 거친 길에서 우리를 향한 사랑의 레이스를, 마라톤을 완주하고 두 손을 모아 사랑의 하트를 표시하며 보내는 최고의 사랑 고백인 것입니다. 세상에서 아무것도 가진 것이 없고 실패뿐인 것 같은 인생을 살아도 십자가에서 다 이루신 예수님을 믿으면, 그 사람은 모든 것을 가진 자의 기쁨과 만족과 사랑과 비전을 가지고 살아갈 수 있습니다. 이런 사람들은 예수님이 다 이루어 놓으신 것 위에서 승리를 체험하며 하나님께서 자신에게 하라고 주신 모든 사명을 다 이루어 갈 수 있습니다.

💬 우리는 이제 예수님의 십자가를 어떻게 해야 할까요?

아우구스티누스는 이와 관련하여 우물 두레박 속의 나무 조각 비유를 들었습니다. 깊은 우물물을 길을 때는 두레박에 나무 조각을 하나 넣는 이치를 말하는 것입니다. 그래야 물을 길어 올릴 때, 물이 요동하지 않고 흘러넘치지 않습니다. 우리의 마음은 흔들리는 두레박과 많이 닮았다고 볼 수 있습니다. 두려움, 고통, 절망으로 부서지는 마음, 이러한 마음에 십자가 나무 조각을 넣을 때, 그 십자가 나무가 우리의 흔들리는 마음을 잡아 준다는 것입니다. 예수님은 십자가에서 고통을 겪으셨기에 우리가 육체적으로 정신적으로 겪는 모든 아픔을 이해해 주시고 위로해 주십니다. 뿐만 아니라 더한 고통도 이기신 예수님이 우리가 모든 환난에서 이기고 승리하게 해 주십니다. 우리가 마음에 십자가를 넣고, 그리고 십자가에서 "다 이루었다" 하신 예수님을 굳게 믿고 살기를 바랍니다. 그래서 우리도 이 세상을 떠날 때, 예수님처럼 "다 이루었다"라고 고백할 수 있기를 바랍니다.

💬 누가복음 23장에서는 예수님의 마지막을 어떻게 기술해 놓았을까요?

누가복음 23:45을 보면, 예수님이 숨지시기 직전 성소의 휘장이 위로부터 아래로 찢어졌습니다. 히브리서 기자는 이렇게 말합니다. "그러므로 형제들아 우리가 예수의 피를 힘입어 성소에 들어갈 담력을 얻었나니 그 길은 우리를 위하여 휘장 가운데로 열어 놓으신 새로운 살 길이요 휘장은 곧 그의 육체니라"(히 10:19-20). 휘장은 예수님의 몸입니다. 십자가에 달리셔서 몸을 찢으신 예수님께서 살 길, 하나님께 가는 길을 활짝 여셨습니다. 예수님의 사형 집행 과정을 친히 주관하면서 지켜본 백부장은 하나님께 영광을 돌리며 이렇게 말했습니다. "이 사람은 정녕 의인이었도다"(눅 23:46-49). 예수님은 죄가 없다는 것입니다. 단지 우리 인간들의 죄를 대신해서 십자가에 달려 죽으신 것입니다.

부활하신 예수님

찬송가 165 + 요한복음 20:1-17

💬 **우리의 죄를 대속하시기 위하여 십자가에 달리신 예수님은 그 후 어떻게 되셨을까요?**

　1절을 보십시오. 십자가에서 돌아가신 예수님은 안식일이 되기 전에 급히 십자가에서 내려져 장사되셨습니다. 유대인들은 안식일에 장례식을 포함하여 어떤 일도 할 수 없었기 때문입니다. 마리아는 (누가복음 24장에 따르면, 다른 몇 명의 여인들과) 유대 전통 장례식에 따라 예수님의 시체에 향유를 바르고 싶어서 안식일이 끝나기를 기다렸습니다. 오로지 향품을 바르려는 일념으로 안식일(토요일)이 지난 첫 새벽(일요일 새벽)부터 무작정 무덤을 향해 달려갔습니다. 예수님을 향한 사랑과 예수님을 잃은 아픔, 여러 가슴 아픈 감정들이 그 여인의 가슴을 휘젓고 있었습니다. 그런데 무덤에 도착한 마리아는 무덤을 막고 있던 큰 돌이 옮겨진 것을 보았습니다. 유대 지방의 무덤은 우리나라의 무덤과는 달리 (바위) 벽을 파서 동굴을 만들었습니다. 그리고 그곳을 묘실로 삼아 시체를 뉘어 놓았습니다. 입구는 큰 돌로 막았습니다. 이 돌은 한두 사람이 옮길 수 없을 정도로 큰 돌이었습니다. 그런데 그렇게나 큰 돌이 옮겨진 것을 보고 마리아는 놀랐습니다. 이때 마리아는 시몬 베드로와 다른 한 제자에게 달려가서 이 사실을 알렸습니다. 마리아는 "사람들이 주님을 무덤에서 가져다가 어디 두었는지 알지 못하겠다"고 말했습니다. 이 말을 볼 때 마리아는 누군가가 큰 돌을 굴려 놓고 예수님의 시신을 다른 곳으로 옮겨갔다고 생각하고 있습니다.

💬 베드로와 다른 한 제자는 마리아의 말을 듣고 어떻게 했습니까?

3-8절을 보십시오. 두 제자는 마리아의 말을 듣고 무덤으로 달려갔습니다. 그들은 도대체 누가 예수님 시신을 훔쳐 간 것이지 하며 급하게 달려갔습니다. 요한은 허리를 구부려 무덤 안을 자세히 살펴보았습니다. 그때 세마포가 놓인 것을 보았습니다. '세마포'란 삼 껍질에서 뽑은 실로 짠 고급 삼베를 가리킵니다. 히브리인들은 이것으로 성막의 휘장이나 고관의 옷을 만들곤 하였습니다. 여기서는 아리마대 요셉이 예수님의 시신을 쌌던 시체 처리용 고급 천을 가리킵니다(요 19:40; 마 27:59). 예수님의 몸이 채찍에 맞고 두 손목과 두 발목이 대못에 찔리고 옆구리에 창 자국이 있었던 것을 생각하면, 세마포는 예수님의 온 몸에서 나온 피와 엉겨 붙어 있었을 것입니다. 뒤따라온 시몬 베드로도 무덤 속에 들어가 보았더니 그곳에 세마포가 놓여 있었고, 머리를 쌌던 수건은 다른 곳에 쌌던 대로 놓여 있었습니다. 저자는 무덤 속 상황을 매우 상세하게 기록하여 신빙성을 더해 주고 있습니다. 누군가가 예수님의 시신을 훔쳐 갔다면, 정

황상 지키는 자들도 있었기 때문에 급박한 상황에서 굳이 수의를 벗겨 놓고 갈 이유는 없었을 것입니다. 또 머리에 쌌던 수건이 세마포와 함께 있지 않고, 다른 곳에 싸여 있던 그대로 유지한 채 놓여 있었던 정황은 결코 누군가 시체를 급하게 가져간 것이 아님을 보여 줍니다. 마치 예수 님이 살아나셔서 머리에 쌌던 것들을 옆에 놓은 것 같은 정돈된 상황이 었음을 보여 주고 있습니다.

💬 제자들은 빈 무덤과 놓여 있는 세마포와 수건을 보고 무엇을 믿게 되었습니까?

제자들은 예수님의 부활을 믿는 믿음을 가지지는 못했습니다. 8절에서 야 그들은 예수님의 시신이 없어졌다는 마리아의 말을 비로소 믿게 되었 습니다.

💬 제자들은 왜 예수님의 부활을 믿지 못했을까요?

그들 또한 예수님의 죽음으로 매우 큰 충격을 받았습니다. 예수님의 죽음은 피와 비명으로 얼룩진 처절한 죽음이었습니다. 예수님의 십자가 에 대한 기억이 눈에 선하여 부활을 쉽게 받아들일 수 없었습니다. 예수 님의 부활은 인간의 이성으로는 결코 이해할 수 없는 일이었습니다. 제 자들은 성경에 기록된 "그리스도가 죽은 자 가운데서 다시 살아나야 하 리라"라는 말씀을 기억하지 못했습니다. '그리스도가 다시 살아나야' 한 다는 말씀은 '여자의 후손이 뱀의 머리를 상하게 한다'(창 3:15)는 것에 담 겨 있습니다. 이 말씀은 의미상으로 부활과 승천, 그리고 그리스도의 승 리를 말하고 있습니다. 이사야 9장에서도 그리스도는 영존하시는 왕임 을 말했습니다. 이사야 53장을 보면 그리스도가 부자의 묘실에 묻혔다가 자기가 수고한 것으로 말미암아 기뻐하신다고 말했고, 시편 16편에서는 예수님이 썩음을 당치 않게 하시며 그에게 생명의 길을 보여 주시고, 그 영혼이 지옥에 버려지지 않으며 멸망하지 않는다고 되어 있습니다. 그리고 시편 49:15에는 하나님이 예수님의 영혼을 지옥의 권세에서 건져 내실 것이라고 되어 있습니다. 그래서 구약 시대부터 사람들은 의인의 부활을 믿어 왔습니다. 시편 89:4과 110:4에서 그리스도는 '영원한 왕'이며 '영원한 제사장'이라고 말하고 있는데, 그렇다면 그리스도는 결코 죽음으로 끝나 버리면 안 될 것입니다. 영원한 왕이 되시려면 처음부터 죽지 않든지, 만약 죽었다면 부활하든지 해야 합니다. "죽은 자 가운데서 다시 살아나야 하리라"는 말씀을 알지 못한 두 제자는 예수님의 시신이 없는 것을 미처 구약 성경에 나타난 그리스도의 영원성과 그리스도의 부활로 연관시키지 못했습니다. 심지어 예수님께서 공생애 기간 여러 차례 당신의 십자가 죽음과 부활을 예언하셨음에도 그 사실을 기억하지 못하고, 부활의 증거를 보고도 예수님의 부활을 믿지 못하였습니다. 제자들은 나중에 부활하신 예수님의 가르침을 받고(눅 24:44-47), 오순절 성령 강림 후 말씀을 바로 깨닫게 되었을 때에야 비로소 구약에 예언된 메시아의 부활 사실과 그 의미를 진정으로 깨닫게 되었습니다(행 2:27; 13:35).

🔍 흰옷 입은 두 천사들은 마리아에게 무슨 말을 하였습니까?

11-14절을 보십시오. 제자들이 돌아간 후 마리아는 무덤 밖에 서서 울고 있다가 울면서 구부려 무덤 안을 들여다보았습니다. 시신이 있어야 슬픔을 토로할 수 있는데, 시신이 없으니 슬픔을 정리할 수가 없고 죽음에 대한 생각을 매듭지을 수가 없었습니다. 그런데 시신을 뉘었던 곳에 흰옷 입은 두 천사가 있었습니다. 한 천사는 머리 편에 있었고, 다른 한 천사는 발 편에 있었습니다. 그 두 명의 천사는 마리아에게 "어찌하여 우

느냐"라고 물어보았습니다. 이는 이유를 물어보는 것이 아니라 울 필요가 없다는 말이었습니다. 왜냐하면 예수님께서 부활하셨기 때문입니다. 그러나 마리아는 그 의미를 알지 못하고, 사람들이 내 주님을 옮겨다가 어디에 두었는지 알지 못하기 때문에 운다고 대답했습니다.

🗨 마리아의 뒤편에 누가 서 계셨습니까?

14절을 보십시오. 그 말을 한 후 인기척을 느끼고 뒤를 돌아보았는데 예수님이 서 계셨습니다. 그런데 마리아는 예수님이 서 계시는데도 그분이 예수님이신 줄 알지 못했습니다. 우리가 너무나 큰 슬픔에 잠겨 있거나 자기 생각에 빠져 있을 때 가까이 계신 예수님을 보지 못하기도 합니다. 슬픔의 눈물이 눈을 가립니다. 그리고 부활은 상상을 초월하는 일이기 때문에, 예수님이 부활하셔서 옆에 오셔도, 생전 예수님의 모습과 똑같아도 '아닐 거야, 쌍둥이일 거야'라고 생각합니다. 예수님은 이런 마리아에게 무슨 말씀을 하셨습니까? 예수님은 마리아에게 "여자여 어찌하여 울며 누구를 찾느냐"(15절)고 물으셨습니다. 마리아는 예수님을 묘지 관리인으로 알고 "당신이 옮겼거든 어디 두었는지 내게 이르소서 그리하면 내가 가져가리이다"(15절)라고 말했습니다.

🗨 예수님은 이런 마리아에게 무슨 말씀을 하셨습니까?

16-17절을 보십시오. 예수님은 마리아의 이름을 부르셨습니다. "마리아야" 하실 때 그 음성은 평소에 많이 듣던 너무나도 분명한 예수님의 음성이었습니다. 이 말씀 한마디에 마리아의 눈을 가리던 모든 불신의 안개가 걷혔습니다. 이 친숙한 음성에 마리아는 마침내 지금껏 동산 지기인 줄 알았던 자가 바로 예수님이심을 깨닫게 되었습니다. 그녀의 심령

에는 슬픔 대신 기쁨으로 가득해졌습니다. 죽음 대신 생명력이 넘쳤습니다. 이때 예수님은 부활한 당신을 알아본 마리아에게 무슨 말씀을 하셨습니까?

17a절을 보십시오. "예수께서 이르시되 나를 붙들지 말라 내가 아직 아버지께로 올라가지 아니하였노라." 마리아는 예수님께서 정말로 살아 계시다는 사실이 기쁘고 놀라워 예수님을 끌어안았습니다. 마리아는 다시는 이 예수님과 헤어지고 싶지 않았습니다. 마리아는 예수님을 죽으시기 이전의 모습대로 이해하여 다시금 주님과의 관계가 이전과 같이 이 지상에서 지속되리라 생각하였습니다. 그러나 예수님은 이제는 부활하신 주님으로서 하늘에 계신 하나님 아버지께로 올라가셔서 하나님의 영광에 참여하셔야 합니다. 하나님의 영광의 자리로 돌아가셔야 합니다. 그래서 마리아에게 "나를 붙들지 말라"고 말씀하셨습니다.

🗨 대신 예수님은 마리아에게 어떤 사명을 주셨습니까?

17b절을 보십시오. "너는 내 형제들에게 가서 이르되 내가 내 아버지 곧 너희 아버지, 내 하나님 곧 너희 하나님께로 올라간다 하라 하시니." 예수님은 마리아에게 당신은 부활해서 하나님 아버지께로 올라간다고 말하라고 하셨습니다. 이에 마리아는 제자들에게 달려가서 '주님을 보았다'고 하며 예수님의 말씀을 전합니다(18절). 주저앉아 있던 마리아가 힘차게 달려가 예수님의 부활을 큰 기쁨과 감격 가운데 전하고 있는 것입니다. 마가복음 16:8-11과 누가복음 24:8-11을 보면, 제자들은 여전히 마리아의 말을 믿으려 하지 않았습니다. 과거 일곱 귀신 들린 적이 있던 마리아(막 16:9)를 생각할 때, 제자들은 그녀가 다시 귀신 들린 것 같다고 생각하였을 것입니다.

💬 예수님은 제자들에게 나타나셔서 어떻게 하셨습니까?

19절을 보십시오. 안식 후 첫날 저녁 예수님이 이미 부활하셨음에도, 일부 제자들은 그 증거를 보았음에도 제자들은 여전히 예수님을 죽인 유대인들이 자신들을 죽이지 않을까 생각하며 두려워 떨고 있었습니다. 뿐만 아니라 장래에 대한 두려움과 핍박에 대한 두려움, 또 인도자와 목자를 잃은 두려움 가운데 있었습니다. 그래서 그들은 모처에 모여 문을 굳게 잠그고 있었습니다. 이때 예수님께서 (닫힌 문을 열고) 그곳에 오셨습니다. 예수님은 제자들에게 "너희에게 평강이 있을지어다"라고 말씀하시며 제자들의 마음에 평화를 주셨습니다. 부활하신 예수님을 만난 제자들은 어떻게 되었습니까? 그들은 더 이상 두려워하지 않고 마음에 평강을 누리게 되었습니다. 예수님이 제자들에게 평강을 주시고 나서 손과 옆구리를 보이시자 제자들은 기뻐하였습니다.

💬 제자들이 부활하신 예수님을 만나고 나서 기뻐한 이유가 무엇입니까?

제자들이 만난 예수님이 유령이 아니라 십자가에 죽으셨던 바로 그 예수님이 살아나신 것을 의미했기 때문입니다. 세상에서 가장 슬픈 일은 사랑하는 사람이 죽는 것입니다. 이 경우 이 슬픔을 겪는 사람에게 가장 기쁜 일은 가능하다면, 그 사람이 다시 살아나는 것입니다. 그래서 누가복음 15장을 보면, 탕자가 돌아왔을 때 아버지는 그 기쁨을 죽은 아들이 다시 살아난 것과 같다고 하였습니다. 우리 인간에게 가장 큰 두려움의 대상은 죽음입니다. 그런데 예수님이 그 죽음을 이기고 부활하셨다니, 그 부활은 제자들이 죽음에 대한 두려움을 이기고 영생을 바라보게 하였을 것입니다. 그리고 다시 살아나신 예수님을 본 순간 예수님의 십자가 죽음에 대한 생각으로 죽은 자같이 되었던 제자들의 영혼도 다시 살아나

가스펠 세븐틴

게 되었습니다. 예수님의 부활로 그들 역시 부활하게 된 것입니다. 이때 그들은 더 이상 죽음을 두려워하며 떠는 자들이 아니라 생명의 기쁨으로 충만한 자들이 되었습니다. 죽음으로 말미암은 아픔과 두려움, 그리고 슬픔에 잠겨 있던 마리아도 기쁨과 생명의 마리아로 다시 살아났습니다. 이것이 예수님의 부활이 그것을 믿는 자들에게 주는 은혜입니다. 더 나아가 예수님은 부활의 첫 열매이십니다. 그러므로 예수님의 부활은 나의 부활이 됩니다. 나의 죄를 위해 죽으신 예수님은 나의 부활을 위해 부활하셨습니다.

❓ 그렇다면 예수님의 부활은 우리에게 구체적으로 어떤 의미와 은혜를 줍니까?

첫째로 예수님은 부활하셔서 모든 사람들을 죄와 죽음에서 구원하여 주십니다. 바울은 말합니다. "그리스도께서 다시 살아나신 일이 없으면 너희의 믿음도 헛되고 너희가 여전히 죄 가운데 있을 것이요"(고전 15:17). 바울은 또한 이렇게 말합니다. "또 하나님께서 그를 죽은 자 가운데서 살리신 것을 네 마음에 믿으면 구원을 받으리라"(롬 10:96). 둘째로 예수님의 부활은 새 생명을 줍니다. 우리 인생은 죽으면 모든 것이 끝이 납니다. 예수님도 십자가에서 죽으신 것으로 끝나면 구원 사역도 죽음으로 끝나는 것입니다. 그러나 예수님은 부활하셨습니다. 우리에게 새 생명을 주십니다(롬 6:3-11; 갈 2:20).

예수님께서 십자가에 달려 죽으셨을 때 그 죽음은 나를 대신한 죽음으로, 사실은 그 예수님의 죽음 안에서 내가 죽은 것입니다. 죄를 지은 내가 죽은 것이고, 그 예수님 안에서 나도 죽은 것입니다. 우리는 이것을 믿음으로서 죽음의 형벌이 없는 것처럼 보이지만 실제로는 죽음의 형벌을 받은 것이 됩니다. 그런데 십자가는 단순히 형벌을 대신하는 것만

이 아닙니다. 현재의 죄악 된 나를 제거하는 역할도 합니다. 그래서 죄짓는 과거의 나, 즉 옛 자아가 죽어 더 이상 죄의 세계에 살지 않게 됩니다. 이 일은 우리가 믿을 때 성령께서 그렇게 되도록 역사하십니다. 그래서 성령을 위대한 '장의사'라고 부릅니다. 그래서 우리가 십자가를 영접할 때 내 속에 있는 죄의 세력이 소멸되고 끊어집니다. 그러면 우리의 생명은 어디에 있습니까? 예수님의 부활에 있습니다. 예수님의 십자가가 나를 대신한 것과 마찬가지로 예수님의 부활도 나를 대신한 것입니다. 그런 점에서 십자가에서 내 영혼이 죽은 것처럼, 예수님의 부활 안에서 내 영혼이 믿음으로 예수님의 부활에 참여할 수 있습니다. 이렇게 해서 과거의 나는 죽고 예수님의 부활 안에서 나는 새 생명을 누리게 됩니다. 이 생명은 부활하신 예수 그리스도의 생명입니다. 그래서 바울은 이제 내 안에 (부활하신) 그리스도 예수께서 사신다고 한 것입니다(갈 2:20).

우리가 예수님의 부활에 대해 그 부활 생명이 나의 것임을 믿고 살아가면, 우리는 정말 부활의 새 인생을 현실의 삶에서 살아갈 수 있습니다. 이러한 새 삶은 나의 공로로, 내가 잘나서 누리는 것이 아닙니다. 다시 말해 그리스도인이란 선한 사람이 아니라 하나님의 선하심을 받아서 맛보고 누리는 사람입니다.

💬 **그러면 우리는 어떻게 예수님의 부활의 은혜를 누릴 수 있습니까?**

로마서 10:9-10을 보십시오. "네가 만일 네 입으로 예수를 주로 시인하며 또 하나님께서 그를 죽은 자 가운데서 살리신 것을 네 마음에 믿으면 구원을 받으리라 사람이 마음으로 믿어 의에 이르고 입으로 시인하여 구원에 이르느니라." 골로새서 2:12을 보십시오. "너희가 세례로 그리스도와 함께 장사되고 또 죽은 자들 가운데서 그를 일으키신 하나님의 역사를 믿음으로 말미암아 그 안에서 함께 일으키심을 받았느니라." 예수님을 십자가와 부활을 통해서 구원을 완성하신 주로 시인하고 마음으로 믿을 때 가능합니다. 마가복음 8:29을 보면, 예수님은 제자들에게 "너희는 나를 누구라 하느냐" 하고 질문하십니다. 이때 베드로는 "주는 그리스도시니이다"라고 대답하였습니다. 그리스도란 하나님께서 성령의 기름을 부어서 세우신 나의 구원자요 나의 왕이요 나의 모든 것이라는 뜻입니다. 예수님을 이런 그리스도로 고백하고 영접하는 사람은 구원을 받습니다.

영접 기도문

사랑의 하나님 아버지, 제가 지금까지 하나님을 떠나 죄에 빠져 살아왔습니다. 내 인생의 주인이 나라고 생각하였습니다. 그래서 내 생각대로, 내 마음대로 살았습니다. 육신의 정욕과 타락한 본성을 좇아 많은 죄를 지었습니다. 이런 죄인도 사랑하셔서 예수 그리스도를 제 죄를 대속하는 희생 제물로 십자가에 내어 주시고, 삼일 만에 다시 살아나게 하셔서 제 모든 죄를 용서해 주시고 저에게 영원한 새 생명을 주심을 감사드립니다. 이 시간 이 예수님을 나의 구주로 영접합니다. 이제 제 마음속에 (성령으로) 들어오셔서 제 죄를 십자가의 피로 씻어 주시고 거룩한 하나님의 자녀로 살아가도록 도와주시기를 기도합니다. 예수님의 이름으로 기도합니다. 아멘.

17

4부

그러면 우리는
어떻게 살 것인가?

숯불처럼 뜨거운 사랑

찬송가 315 + 요한복음 21:1-17

💬 **우리를 향한 예수님의 사랑은 어떠합니까?**

본문은 우리를 죄에서 구원하여 영생을 주시고자 십자가에 달려 죽으시고 부활하신 예수님이 디베랴 호숫가에 있는 제자들을 찾아가셔서 그들과 사랑의 대화를 나누는 내용입니다. 이 대화 내용을 잘 살펴보면, 성경 66권의 결론을 예수님과 베드로 두 사람의 대화로 풀어낸 것입니다. 그 대화의 핵심은 사랑입니다! 제자들을 위해서 생명을 내어 주신 예수님은 사랑하는 제자들에게 사랑 고백을 받기 원하십니다. 이 예수님은 나에게서도 사랑 고백을 받기 원하십니다. 예수님께 나의 사랑을 고백하실 수 있기를 바랍니다. 그리고 이 예수님은 나에게 진정 어떤 분이 되시는지 생각해 보고, 예수님을 나의 구주로 진실하게 신앙을 고백하여 마음 깊이 영접하기를 바랍니다.

💬 제자들은 현재 어디에 있습니까?

1-2절을 보십시오. 얼마 전까지만 해도 제자들은 예루살렘에 있었습니다. 예수님은 잡히시기 전날 밤 제자들에게 "내가 살아난 후에 너희보다 먼저 갈릴리로 가리라"(막 14:28)라고 약속하셨습니다. 부활하신 후에도 막달라 마리아에게 제자들에게 가서 이 말을 전해 주라고 말씀하셨습니다(마 28:10). 그러나 예수님의 부활을 믿지 못한 제자들은 종교 지도자들이 무서워서 예루살렘 모처에 문을 걸어 잠근 채 숨어 있었습니다(요 20:19). 예수님은 이런 그들을 찾아가 두 번이나 만나 주셨습니다. 사랑하는 예수님의 부활을 두 눈으로 생생하게 목격한 제자들은 얼마나 기뻤는지 모릅니다(요 20:20). 제자들은 이때서야 기쁨으로 갈릴리로 돌아갈 수 있었습니다. 그런데 갈릴리에 온 지 여러 날이 지났지만, 아직 예수님이 나타나시지 않았습니다. 수중의 돈은 떨어지고 배가 고파 왔습니다. 이에 베드로는 물고기라도 잡아서 먹겠다며 디베랴 호수로 갔습니다(3a절). 달리 방법이 없었던 6명의 다른 제자들도 따라 나섰습니다. 제자들은 디베랴 호수에서 무엇을 하고 있었습니까? 그들은 어선을 하나 빌려 호수 깊은 곳에 그물을 던졌습니다. 그 결과가 어떠하였습니까? 3절 끝부분을 보십시오. "그날 밤에 아무것도 잡지 못하였더니." 밤새도록 그물을 던졌는데, 물고기를 한 마리도 잡지 못하였습니다. 그때 기분이 얼마나 참담하였을까요? 아침이면 만선의 깃발을 펄럭이며 항구로 돌아가리라고 기대하고 배에 올랐을 것입니다. 그러나 먼동이 터오지만, 그 기대는 물품이 되어 갔습니다.

💬 예수님은 제자들에게 무슨 말씀을 하셨습니까?

날이 새어 갈 때였습니다. 바닷가에 누가 서 있었습니까? 4절을 보십시오. 예수님이 서 계셨습니다. 아직 날이 다 밝지 않았기 때문에 저 멀리 떨어져 서 있던 예수님을 제자들은 알아보지 못하였습니다. 바로 그 순간 예수님은 제자들에게 무슨 말씀을 하셨습니까? 5절을 보십시오. "얘들아 너희에게 고기가 있느냐." 예수님은 어머니가 사랑하는 자녀를 부르듯 다정한 목소리로 "얘들아" 하며 제자들을 부르셨습니다. 그리시고는 물고기를 잡았냐고 물어보셨습니다. 제자들은 한 마리도 못 잡았다고 풀 죽은 소리로 대답하였습니다. 이때 예수님은 어떤 말씀을 하셨습니까? 6a절을 보십시오. 예수님은 제자들에게 "그물을 배 오른편에 던지라"고 하셨습니다. 제자들이 이 말씀에 순종하였을 때, 어떤 놀라운 일이 일어났습니까? 6b절을 보십시오. "물고기가 많아 그물을 들 수 없더라." 밤새도록 잡히지 않던 물고기가 갑자기 그물을 들 수 없을 정도로 많이 잡혔습니다. 제자들은 그물을 잡아당겼습니다. 제자들의 팔뚝에 전해져 오는 물고기들의 엄청난 무게감과 그것들의 팔딱거리는 움직임이 제자들의 죽은 마음을 완전히 다시 살려 놓았습니다. 수없이 그물을 던져도 아무것도 잡지 못하면서 겹겹이 쌓였던 내면의 실패감이 다 사라졌습니다. 그들은 만선의 기쁨을 누렸습니다.

❓ 이때 제자들은 무슨 생각을 하게 되었습니까?

제자들은 이렇게 물고기를 많이 잡게 해 준 해안가에 서 계신 분에게 너무나 감사하였습니다. 그런데 저분은 저 멀리서 물고기가 배 오른편에 있는 것을 어떻게 아셨을까요? 요한은 순간 3년 전에 있었던 비슷한 사건을 떠올리며, 저분이 부활하신 예수님임을 알아차렸습니다(눅 5:4-7). 요한복음 21:7을 보십시오. 이에 요한은 저 멀리 예수님을 가리키며 "주님이시라" 하고 소리쳤습니다.

💬 베드로는 예수님을 알아보자 어떻게 행동하였습니까?

7절을 보십시오. "시몬 베드로가 벗고 있다가 주님이라 하는 말을 듣고 겉옷을 두른 후에 바다로 뛰어내리더라." 베드로는 주님이라는 말에 즉시 존경을 표하기 위해 겉옷을 두르고는 바다로 뛰어내렸습니다. 그는 잡은 물고기들과 동료들을 뒤로하고, 있는 힘을 다해 예수님께로 헤엄쳐 갔습니다. 조금이라도 더 빨리 예수님을 뵙고자 사력을 다해 바다를 가르며 역영하는 모습은, 그가 다른 어떤 제자들보다도 예수님을 더 열렬히 사랑하고 있음을 보여 줍니다. 다른 제자들은 잡은 물고기를 챙겨서 최대한 빨리 배를 돌려 예수님이 계신 육지로 왔습니다(8절). 도대체 예수님은 언제부터 그 자리에 와 계셨을까요? 9절을 보면, 예수님은 진작에 물고기를 잡아서 요리까지 해 놓으셨습니다. 아마도 예수님은 제자들이 땀을 흘리며 그물을 던지던 밤 시간 내내 이미 그곳에 와 계셨던 것 같습니다.

💬 부활하신 예수님이 지금은 어디에 서 계실까요?

예수님이 호숫가에서 요리까지 다 해 놓고 지켜보시며 서 계신데도 이 예수님을 보지 못한 제자들은 밤새도록 자신들의 힘만으로 그물을 던졌습니다. 그 결과는 아무것도 잡지 못하는 빈 그물이었습니다. 이처럼 부활하신 예수님이 바로 근처에 와 계시는데도 그것을 모를 때, 우리의 인생도 우리의 힘만으로 발버둥치다가 빈 그물이 되고 맙니다. 그러나 부활하셔서 도와주시고자 와 계시는 예수님의 말씀에 순종하여 그물을 내리는 사람에게는 그 인생의 그물이 하나님의 기적과 축복과 보물로 가득 채워집니다. 이렇게 부활하신 예수님을 믿고 의지하는 사람들은 어느 날 직장도 잃고 건강도 잃고 사랑하는 사람을 잃고 모든 것을 잃은 완전 빈 그물이 된다 해도 그 빈 그물은 부활하신 예수님의 능력을 체험하고 부활하신 예수님을 만날 수 있는 절호의 기회가 됩니다. 재기 불가능한 실패자가 된 것이 아니라 더 나은 삶, 새로운 인생을 출발할 수 있는 기회입니다. 예수님은 십자가에 달려 죽으신 후 사라진 존재가 아닙니다. 분명하게 부활하셔서 승천하셨고, 지금은 우리를 돕기 위해 보혜사 성령을 보내 주셨습니다. 예수님은 이 성령을 통해 우리의 인생 호숫가에 서 계십니다. 이 예수님은 우리의 빈 그물을 채워 주시기 위해 "그물을 배 오른편에 던지라"고 말씀하십니다.

💬 육지로 올라온 제자들을 예수님은 어떻게 섬기셨습니까?

제자들이 육지에 올라와 보니 이글이글 타는 숯불 위에 떡과 생선이 향긋한 냄새를 내며 익어 가고 있었습니다(9절). 10절을 보십시오. 예수님은 제자들이 잡은 물고기도 가지고 오라고 하십니다. 그들의 수고도 귀히 여겨 주십니다. 사실 예수님은 이미 물고기를 잡아 놓으셨기 때문에 제자들이 물고기를 잡게 해 주시기보다 이미 내가 다 잡아서 요리까지 해 놓았으니 헛수고 그만하고 빨리 뭍으로 나오라고 하실 수도 있었습니다. 그러나 예수님은 제자들이 실패감과 밥 먹을 자격도 없다는 자괴감을 극복하고, 첫 사랑의 추억(눅 5장)을 기억하며 기쁘고 평안한 마음으로 와서 사랑을 나눌 수 있는 분위기를 만들어 주셨습니다.

12절을 보십시오. 마침내 아침 식사 준비를 다 끝내신 예수님은 제자들에게 "와서 조반을 먹으라"라고 말씀하셨습니다. 13절을 보십시오. 부활하셔서 하늘과 땅의 모든 권세를 가지시고 호수 속의 물고기까지도 주관하시는 전능하신 성자 하나님이신 예수님께서 일곱 명의 냄새나는 촌놈들을 앞에 두시고 무엇을 하고 계십니까? 예수님은 차려 주었으니 알아서 먹으라고 말씀만 하시지 않았습니다. 빨간 숯불에서 따끈따끈한 떡을 가져다가 베드로에게 주시고 요한에게 주시고, 또 도마에게도 주셨습니다. 다시 숯불 있는 데로 가셔서 노릇노릇 참 잘 구워진 생선을 하나씩 꺼내 야고보에게도 주시고, 나다나엘에게도 주시고 잘 먹도록 옆에서 생선의 뼈도 발라 주셨습니다. 마치 어린아이를 옆에 앉혀 놓고 다정한 눈초리로 바라보면서 먹이는 어머니의 모습이었습니다. 지치고 배고프고 한기를 느끼는 제자들에게 이것만큼 사랑스러운 일이 어디에 있겠습니까?

아침 해가 두둥실 떠오르는 아름다운 바닷가에서 따뜻한 떡과 생선으로 배를 채우자 밤새 고기를 못 잡아서 굳어 있던 그들의 얼굴이 펴지기 시작했습니다. 마음에는 고요한 평안이 찾아왔습니다. 예수님을 향한 애정이 다시 샘솟았습니다. 만약 예수님이 밤새도록 자지도 못하고 녹초가 되어 올라온 제자들을 심각한 눈으로 노려보면서 "너희들 지금 배고픈 것이 문제가 아니다. 밤새도록 그물을 던졌어도 한 마리도 못 잡은 것은 다 믿음이 부족해서 그런 거야. 일단 오늘 아침은 금식하고 회개 좀 하자. 내가 죽던 그날 밤만 생각하면 솔직히 내가 참 서운하고 지금도 손이 떨리는데, 아니면 이참에 다들 웃통 벗고 구르며 해안가에서 특별 회개 훈련 좀 하자"라고 하셨다면, 어땠을까요? 부활하신 예수님이 참 멀고 무섭게 느껴졌을 것입니다. 그러나 부활하신 예수님은 제자들의 굶주린 배를 먼저 채워 주시고 떨고 있는 제자들의 몸을 따뜻하게 데워 주시고 마음의 긴장을 풀어 주셨습니다. 그래서 서로가 은근한 사랑을 나눌 수 있는 분위기를 만들어 주셨습니다. 앞치마를 두르고 열심히 수고하시는 부활하신 주님은 너무나도 다정하시고 좋으신 사랑의 목자이십니다!

가스펠 세븐틴

💬 **예수님은 베드로에게 무슨 질문을 하셨습니까? 그리고 베드로는 어떻게 대답했습니까?**

이제 아침 식사가 끝났습니다. 15절을 보십시오. 예수님은 갑자기 베드로의 두 눈을 응시하시며 그의 이름을 아주 구체적으로 부르셨습니다. "요한의 아들 시몬아." 순간 베드로는 '드디어 올 것이 왔구나' 싶었을 것입니다. 그때 예수님을 부인했던 죄를 추궁하실 것만 같아서 가슴이 콩닥콩닥 뛰고 간이 콩알만해졌습니다. 그런데 예수님은 무엇이라고 말씀하셨습니까? "네가 이 사람들보다 나를 더 사랑하느냐?" 예수님은 베드로가 당신을 사랑하는지 물어보셨습니다. 베드로는 순간 당황하면서도 자신의 죄를 추궁하시지 않은 것에 안심하였습니다. 그러고는 자신이 예수님을 완전하게 사랑하는 것은 아니지만, 다른 제자들보다는 여전히 더 사랑한다고 생각하였습니다. 그래서 "주님 그러하나이다 내가 주님을 사랑하는 줄 주님께서 아시나이다"라고 대답하였습니다. 그러자 예수님은 그의 사랑 고백을 받아 주시며 "내 어린양을 먹이라"라고 말씀하셨습니다.

베드로가 '휴, 다행이다'라고 생각하며 "알겠습니다. 분부 받잡겠습니다"라고 말하려는데, 예수님은 한 번 더 질문하십니다. "요한의 아들 시몬아 네가 나를 사랑하느냐"(16절). 이 질문은 다른 사람들과 비교하지 않고 베드로에게 정면으로 물으시는 것입니다. 순간 디베랴 해변가에는 예수님과 베드로 두 사람만이 존재하는 것 같았습니다. 베드로는 지금 이 시간 예수님이 자신의 마음을 강하게 잡아당기시는 것을 느꼈습니다. 예수님은 과거 비천한 어부였던 자신을 구원하시고 지난 3년 동안 친자식처럼 사랑해 주셨습니다. 부활하신 후에도 예루살렘에서 두 번, 그리고 지금까지 합쳐 세 번이나 찾아와 주셨습니다. 특히 이번에는 빈 그물에 채워 주시고, 생선과 떡까지 구워 주셨습니다. 이 예수님께서 "네가 나를 사랑하느냐" 물으시는데, 베드로는 자신을 향한 예수님의 깊은 사랑을 느끼지 않을 수 없었습니다. 이때 그의 마음에서도 예수님을 향한 사랑이 강하게 샘솟았습니다. 그래서 베드로는 대답하였습니다. "주님 그러하나이다 내가 주님을 사랑하는 줄 주님께서 아시나이다"(16절). 예수님은 이런 베드로에게 어린양뿐만 아니라 당신의 모든 양들을 치라고 말씀하셨습니다. 베드로는 예수님에게 두 번이나 사랑한다고 했고, 반복해서 사명을 받았습니다. 그래서 이제 더 이상 자신에게 질문을 안 하실 줄 알았습니다. 그런데 17절을 보면, 예수님은 한 번 더, 그래서 총 세 번이나 동일한 질문을 하십니다.

세 번째 질문에 베드로는 어떻게 대답하였습니까?

17절을 보십시오. "세 번째 이르시되 요한의 아들 시몬아 네가 나를 사랑하느냐 하시니 주께서 세 번째 네가 나를 사랑하느냐 하시므로 베드로가 근심하여." 예수님이 세 번이나 당신을 사랑하느냐고 물으시자, 베드로는 근심하게 되었습니다. '근심하였다'는 말은 영어로 '(he) was hurt', 마음이 비수에 찔린 듯 고통스러웠다는 것입니다. 왜 그랬을까요?

예수님이 세 번이나 사랑에 대해서 질문하시자, 베드로는 예수님을 세 번이나 부인한 것이 생각났을 것입니다(요 18:25-27). 과거 베드로는 자신이 다른 제자들보다 예수님을 더 사랑한다고 자신하였습니다. 그래서 "모두 주를 버릴지라도 나는 결코 버리지 않을 것"이라며 자신의 목숨까지 바치겠다고 큰 소리쳤습니다(마 26:33; 요 13:37). 그러나 결정적인 순간이 오자 자기가 한 말을 지키지 않았습니다. 자신이 살아남기 위해 예수님을 부인하고 심지어 예수님은 죽어야 한다고 저주하였습니다. 자신의 생존 본능이 예수님을 사랑하는 마음을 압도했습니다. 베드로는 그런 자신을 생각할 때 예수님을 사랑한다고 말할 수 없었습니다.

이때 베드로는 예수님이 피워 놓으신 숯불이 더 이상 따뜻한 사랑의 기운으로 느껴지지 않았습니다. 그 숯불은 바로 베드로가 대제사장 안나스의 집에서 추위에 떨며 말고의 친척과 함께 쬐던 그 잔인한 숯불이었습니다(요 18:18, 25-27). 숯불의 붉은 빛이 자신을 정죄하는 것 같았습니다. 베드로의 가슴은 숯불에 대인 듯 타들어 갔습니다. 베드로는 예수님이 의도적으로 자신을 아픈 기억 속으로 데리고 가시는 것을 느꼈습니다. "네가 나를 사랑하느냐" 하시는 예수님의 질문은 자신의 가슴을 후벼 파는 너무나 '잔인한 사랑' 같았습니다.

그러나 베드로는 이내 예수님의 사랑 가득한 눈을 보며, 이러한 세 번의 질문이야말로 자신의 마음속 깊이 파인 상처를 온전히 치유해 주시기 위해 하시는 것임을 알았습니다. 순간 베드로는 자신이 얼마나 큰 죄인인지를 깊이 깨닫게 되었습니다. 누가복음 24:45-47을 보면, 부활하신 예수님은 예루살렘 모처에 숨어 있던 제자들에게 찾아가셔서 그들의 마음을 열어 당신의 십자가 죽음의 의미와 이를 믿고 회개할 때 죄 사함을 받을 수 있는 복음을 가르쳐 주셨습니다. 베드로는 그때만 해도 그 의미를 제대로 알지 못했습니다. 그런데 자신이 얼마나 큰 죄인인지를 알게 된 이 순간, 베드로는 이런 자신을 위해 십자가에 달려 대속의 피를 흘리시며 다 이루어 주신 예수님의 사랑이 얼마나 위대한지를 가슴 깊이 알게 되었습니다. 예수님은 그에게 단순한 사람의 사랑을 베푸신 것이 아니었습니다. 무조건적이고 신적인 아가페의 사랑을 베푸신 것이었습니다. 그리고 예수님이 지금 베드로에게 묻는 질문 속 사랑은 단순히 인간적인 '필레오'의 사랑이 아닙니다. 목숨이 위협을 받는 고난과 핍박의 한복판에서도, 주님이 나를 사랑하시는지 알 수 없는 그 산산이 쪼개지고 무너지는 아픔의 상황 속에서도 예수님을 사랑하는지, 진정 생명까지도 바쳐서 사랑할 수 있는지를 묻는 것이었습니다.

이를 깨달았을 때 잔인한 숯불이 이제는 뜨거운 사랑의 숯불로 변했습니다. 그 뜨거운 사랑이 자신을 휘감는 것을 느꼈습니다. 아, 예수님은 나를 이토록 사랑하시는데, 나는 그날, 예수님 곁을 지켜야 할 결정적인 순간에 무슨 짓을 하였던 것인가! 예수님이 홀로 잡혀 가시게 내버려 두고, 예수님을 모른다고 비겁하게 세 번이나 부인하지 않았던가! 예수님께서 채찍에 맞으시고 십자가를 지고 골고다 언덕을 오르시며 쓰러지고 군병들의 발길질에 차이실 때, 연약한 여제자들은 예수님을 둘러싸며 예수님을 구해 주려다가 로마 군병들의 말발굽에 짓밟히고 그들의 주먹과 채찍에 맞고 그들의 발길질에 상처투성이가 되는데도 그 예수님을 지키고자 십자가 못 박히시는 자리까지 갔을 때, 나는 이 예수님을 버리고 아주 멀리 도망가 있지 않았던가! 산이 쩡쩡 울리게 예수님의 두 손과 두 발이 못 박히고 나무에 높이 달려 머리와 손과 다리에 피가 줄줄 흘러 골고다 언덕을 붉게 물들이고 있었을 때, 나는 그 예수님을 지켜드리지 못하고 무엇을 하고 있었다는 말인가! 베드로는 이런 자신을 도저히, 도저히, 용서할 수가 없었습니다. 그는 통곡하며 뜨거운 회개의 눈물을 흘렸습니다. 그의 울음소리는 호수 저 멀리까지 메아리쳤습니다. 다른 제자들도 베드로와 함께 울었습니다. 그물에 잡힌 153마리의 물고기도 울고 하늘을 나는 갈매기들도 울고 초목과 호수와 하늘이 다 울었습니다. 디베랴 호숫가는 울음소리로 가득하였습니다.

한참을 운 후에 베드로는 자신의 마음을 진실하게 살펴보았습니다. 정말 자신의 마음속에는 예수님보다 자신을 더 사랑하는 이기적이고 너무나도 저주스러운 악이 있었습니다. 그러나 그럼에도 결코 부인할 수 없는, 예수님을 향한 사랑도 강하게 있었습니다. 비록 볼품없이 찢어지고 나누어진 마음이지만, 그런 마음으로라도 자신은 예수님을 사랑하고 있었습니다. 너무나 부끄럽지만, 그래도 예수님을 향한 사랑을 부인할 수 없었습니다. 그는 예수님의 자애로운 눈빛에서 예수님은 이 모든 것을 다 아시면서도 자신에게 사랑을 물어보고 계심을 알아차렸습니다. "네가 나를 사랑하느냐." 이 질문은 나의 모든 것을 다 아시면서도 나를 사랑하신다는 말이었습니다. 그는 이 예수님의 사랑에 감격하며 그 사랑에 의지하여 울먹이며 고백하였습니다. "주님 모든 것을 아시오매 내가 주님을 사랑하는 줄을 주님께서 아시나이다"(17절).

💬 예수님과 시몬 베드로의 대화에서 핵심 주제는 무엇입니까?

15-17절의 대화는 예수님과 수제자 베드로의 지상에서의 마지막 개인적인 대화입니다. 예수님께서 수제자에게 앞으로 세워질 교회를 맡기시고 승천하시기 직전의 대화입니다. 이 순간 예수님은 수제자에게 하실 말이 많았습니다. 메시지를 어떻게 전해야 하는지, 양을 잘 치고 교회를 잘 섬기는 팁 등에 대해서 말해 주시고 싶었습니다. 그러나 예수님은 이 모든 것을 뒤로하고, 베드로의 사랑에 대해서 질문하셨습니다. 예수님이 우리 인간을 보실 때, 가장 핵심은 사랑입니다. 사람은 사랑하기 때문에 그것을 좇아갑니다. 사람이 누군가를 사랑한다면, 그를 위해서는 무엇이든 즐겁게 할 수 있습니다. 목숨까지도 내놓을 수 있습니다.

14과 '십자가에 못 박히신 예수님'에서 1.4후퇴 때 피난을 가던 한 30대 여성이 다리 밑에서 아이를 낳고 자신의 속옷까지도 벗어 그 아이를 말고 체온을 주기 위해 가슴에 안고 덜덜 떨면서 추위에 죽어 간 이야기를 했었습니다. 그 여성이 왜 그렇게 하였을까요? 그렇게 안 하면 공산당이나 총칼을 든 다른 군인들이 죽이겠다고 협박한 것이 아닙니다. 그렇게 한 것은 사랑 때문입니다. 해산의 고통도 괴로운데, 발가벗은 채 어린아이를 가슴에 안고 덜덜 떨면서 추위 속에서 죽어 가는 그 고통은 얼마나 괴로울까요? 그러나 그 무시무시한 고통도 사랑보다 강하지 못했습니다. 사랑은 추위보다 강했고, 죽음보다 강했습니다. 예수님은 지금 베드로의 마음에 그보다 큰 사랑을 흘려보내 주고 계십니다. 예수님을 향한 진실한 사랑이 없을 때, 예수님만 생각하면 마음속에서 피어나는 사랑이 없을 때에는 신앙생활이 시간이 갈수록 버겁습니다. 그래서 끊임없이 버거운 것을 견딜 수 있는 외부로부터의 대가를 바라면서, 자기 의를 드러내는 방식으로 하나님의 일을 합니다. 많은 사람들이 예수님 제자의 첫 번째 조건은 온유하고 겸손한 인격과 메시지(설교)를 잘 전하고 교회를 잘 이끄는 능력이라고 생각합니다. 그러나 예수님이 보실 때 가장 중요한 것은 '예수님을 진심으로 사랑하는가'입니다. 예수님을 진심으로 사랑하는 사람이 예수님의 양을 가장 섬길 수 있습니다. 예수님을 진심으로 사랑하는 사람은 예수님의 양들을 위해서 목숨도 버릴 수 있습니다.

💬 **그러면 이제 우리는 어떻게 살아야 할까요?**

예수님은 진실한 사랑을 고백한 베드로에게 "내 양을 먹이라"(17절)고 하셨습니다. 이는 어린 자녀들을 둔 엄마가 죽게 되었을 때, 죽기 직전 자신의 가장 귀한 보화와 같은 자녀들을 가장 믿을 만한 사람에게 부탁하는 것과 같은 신뢰의 말입니다. 베드로는 이 말씀에 순종함으로 예수님이 자신을 사랑했듯이 그렇게 예수님을 사랑하며 살 수 있게 되었습니다. 우리가 일생동안 나를 사랑하시는 예수님의 양들을 먹이며 사람을 낚는 어부의 삶을 살기를 바랍니다.

찬송가 92 + 요한복음 15:1-16

지금까지 16개의 성경 본문을 살펴보았습니다. 이제 우리는 어떤 결론을 내려야 할까요? 본문은 예수님과 우리의 관계를 '포도나무와 가지'에 비유합니다(요 15:1, 5). 다시 말해 예수님이 포도나무이고 우리는 가지입니다. 포도나무는 좋은 과실나무, 즉 풍성한 열매를 맺는 나무입니다. 이 포도나무 가지의 존재 목적은 열매를 맺는 데 있습니다. 예수님의 가지인 우리는 어떻게 해야 많은 열매를 맺을 수 있을까요?

농부이신 하나님은 우리가 풍성한 열매를 맺도록 하시기 위해 어떻게 하십니까?

2절을 보십시오. "무릇 내게 붙어 있어 열매를 맺지 아니하는 가지는 아버지께서 그것을 제거해 버리시고 무릇 열매를 맺는 가지는 더 열매를 맺게 하려 하여 그것을 깨끗하게 하시느니라." 포도나무는 야생 상태로 내버려 두면 가지와 가지에서 나오는 덩굴이 헝클어진 머리처럼 사방팔

방 흩어져 엉망진창이 됩니다. 이런 상태로는 수확의 계절이 와도 작고 쓴, 먹지 못하는 들 포도 열매밖에 맺지 못합니다. 그러나 농부의 손길이 닿으면 결과는 180도 달라집니다. 농부는 매년 수확하기 위해서 포도나무에 가지치기를 합니다. 먼저 열매를 맺지 아니하는 가지는 제거해 버립니다. '제거해 버린다'는 말은 '완전히 베어 내어 없애 버린다'는 의미입니다. 열매를 맺지 아니하는 가지는 죽은 가지일 가능성이 많습니다. 죽은 가지에는 병균이 득실대고 가지를 갉아먹는 벌레들이 우글거립니다. 이 죽은 가지를 제거하지 않으면, 병균과 벌레들이 열매를 맺는 싱싱한 가지로도 옮겨 가 그 싱싱한 가지마저 전염시켜 죽게 만듭니다. 심지어 벌레들과 병균이 나무 몸통까지 파고듭니다. 그래서 농부는 죽은 가지는 잘라 버립니다.

겉은 얼굴도 잘생겼고 말도 번지르하게 잘하는데, 그 내면을 잘 보면 병들어 죽은 가지가 있습니다. 예수님의 제자들 중 가룟 유다는 예수님의 제자 공동체에 속하여 예수님께 붙어 있는 것처럼 보였습니다. 그러나 그는 속으로는 예수님을 배우지 않았고 거듭나지 못했습니다. 인간적인 생각과 자기 욕심으로 예수님을 배반했고, 결국 하나님이 주고자 하시는 생명의 축복에서 제거되었습니다. 농부는 이러한 가지들은 제거해 버립니다. 그런데 포도나무를 키워 보면, 어떤 가지는 죽은 것처럼 아래로 축 쳐져 있고 병균과 벌레가 가득하지만 죽지 않은 것도 있습니다. 아직 생명이 있음을 알아본 농부는 그 가지를 깨끗하게 씻은 다음에 집어서 들어 올려 버팀목을 대어 매달아 줍니다. 그러면 얼마 안 가 열매를 맺는 건강한 가지가 됩니다.

'제거해 버리다'라는 동사에 해당하는 헬라어 '아이로'에는 '완전히 베어 버린다'는 의미 외에 '집어 올리다', '들어 올리다'는 의미도 있습니다.

하나님은 우리가 죄로 병들어 죽어 갈 때, 이런 우리를 예수님의 피로 씻어 주시고, 보혜사 성령을 통해 들어 올려 주시며 열매를 맺기까지 기다려 주십니다. 그래서 우리 중에도 과거엔 정말 죽은 자와 방불한 인생을 살았는데, 지금은 놀랍게도 풍성한 열매를 맺고 있는 분들이 있습니다. 하나님은 참으로 소망과 사랑의 주님이십니다.

💬 하나님은 열매를 맺는 가지는 어떻게 하십니까?

깨끗하게 해 주십니다. 열매를 맺을 지점에 수액과 영양분이 집중되지 못하게 하는 '잔가지들과 어지럽게 자라는 덩굴과 순을 쳐서 깨끗하게 손질해 주는 전정 작업'을 가리킵니다. 포도나무는 다른 나무와 다르게 잔가지들이 많이 솟아납니다. 이런 잔가지들을 그냥 내버려 두면 포도나무의 양분과 수분이 분산됩니다. 포도나무에는 적당한 수형(나무 형태)을 만들기 위한 전정 작업이 필수적입니다. 포도 농사의 80%를 좌우합니다. 그래서 포도나무를 사랑하는 부지런한 농부일수록 전정 작업에 심혈을 기울입니다. 그렇다면 열매 맺는 가지란 누구를 가리킵니까? 예수님을 구주로 영접하고, 예수님께 순종하여 영적으로 자라 가는 예수님의 제자가 된 사람들입니다. 하나님은 이런 사람들에게서 예수님을 열심히 배우는 것만 남겨 놓고 다른 잔가지들은 과감하게 잘라 내십니다. 최선의 길을 제외하곤 과감히 잘라 버리십니다.

💬 깨끗해진 가지는 어떻게 해야 열매를 맺을 수 있습니까?

4절을 보십시오. "내 안에 거하라 나도 너희 안에 거하리라 가지가 포도나무에 붙어 있지 아니하면 스스로 열매를 맺을 수 없음같이 너희도 내 안에 있지 아니하면 그러하리라." 가지는 스스로 열매를 맺을 수 없습니다. 가지가 열매를 맺기 위해서는 뿌리가 땅속에서 자양분과 수액을 빨아들여야 합니다. 그리고 뿌리는 그것을 몸통에 전달해 주고 몸통은 그것을 가지에게로 보내야 합니다. 가지는 이것을 잘 받아먹어야 열매를 맺는데, 그러기 위해서는 가지가 몸통에 잘 붙어 있어야 합니다. 이처럼 예수님의 가지 된 우리도 예수님께 잘 붙어 있어야 합니다. 즉 예수님 안에 거해야 합니다.

💬 예수님 안에 거하는 삶이란 어떤 것일까요?

요한은 이렇게 말합니다. "볼지어다 내가 문 밖에 서서 두드리노니 누구든지 내 음성을 듣고 문을 열면 내가 그에게로 들어가 그와 더불어 먹고 그는 나와 더불어 먹으리라"(계 3:20). '예수님 안에 거하는 삶'은 내 마음 문을 열고 예수님을 적극 모셔 들여 그분과 더불어서 먹고 마시며 아름다운 교제를 나누는 삶입니다. 유대 나라는 손님을 함부로 식탁에 초대하지 않습니다. 그러므로 누구든지 식탁에 초청받으면 굉장한 영광이라 생각합니다. 식탁은 단지 배를 채우는 장소가 아닙니다. 존경하는 사람, 사랑하는 사람을 가까이 모시고 먹고 마시면서 사랑과 존경을 듬뿍 담아서 표현하는 장소입니다. 이 식탁에서 우리는 마음을 터놓고 사랑과 존경을 드리면서 즐거워하고, 예수님의 사랑을 받아 누릴 수 있습니다. 이렇게 예수님 안에 거할 때 우리는 풍성한 열매를 맺을 수 있습니다(5절).

예수님 안에 '거한다'고 할 때 거한다는 표현을 쓸 수 있는 것은 가지가 나무에 딱 붙어 있을 때입니다. 나무와 가지 사이의 유대가 클수록 수액도 그만큼 더 많이 흐르는데, 수액이 넘쳐흐르는 나무와 그 나무에 붙어 있는 가지, 그 둘이 만나는 지점에서는 보이지 않는 생명의 강이 흐릅니다. 우리가 예수님 안에 거하면 예수님은 당신의 생명수를, 영생하도록 솟아나는 샘물을 우리에게 흘려 주십니다. 그러므로 우리는 무엇보다 예수님과 연합하고 그 안에 거하는 일에 우리의 열정과 에너지를 쏟아 부어야 합니다. 열매를 맺을 때까지 인내심 있게 거해야 합니다. 예수님 안에 거한다는 것은 마라톤 경주와 같습니다. 보통 마라톤 완주를 할 때 처음 한 번과 마지막 한 번, 두 번의 큰 고비가 있다고 합니다. 그 고비를 넘지 못하면 그는 완주 테이프를 끊을 수가 없습니다. 한계를 인내해야 합니다. 이렇게 우리가 고비와 한계를 뛰어넘어 인내하며 예수님 안에 거할 때 예수님이 우리 안에 거하십니다. 그리고 과실을 많이 맺게 해 주십니다.

💬 우리는 구체적으로 어떤 방식으로 열매를 맺을까요?

7절을 보십시오. "너희가 내 안에 거하고 내 말이 너희 안에 거하면 무엇이든지 원하는 대로 구하라 그리하면 이루리라." 여기서 "너희가 내 안에 거하고 내 말이 너희 안에 거하면"이라는 말을 "내 안에 거하라 나도 너희 안에 거하리라"(4절) 말씀과 "그가 내 안에, 내가 그 안에 거하면"(5절) 말씀과 비교해 보면, '예수님이 내 안에 거하는 것'이 곧 '예수님의 말씀이 내 안에 거하는 것'임을 알 수 있습니다. 보이지 않는 예수님 안에 거한다는 것이 막연할 때가 많습니다. 매우 추상적이고 형이상학적인 이야기이기도 합니다. 하지만 우리가 예수님의 말씀을 우리의 마음 가운데 담아서 묵상하고 그 말씀에 순종하는 생활을 할 때, 구체적으로 예수님 안에 거할 수 있습니다.

그런데 성경을 펴 놓고 예수님의 말씀을 마음에 담아 놓고 묵상하면서 순종하다 보면, 자연스럽게 뒤따라오는 일이 있습니다. 기도의 말문이 열립니다. 무엇이든지 말할 수 있고 무엇이든지 구할 수 있습니다. 내 마음대로 욕심대로 자기중심적으로 하는 그런 기도가 아닙니다. 말씀을 묵상하고 예수님과 대화를 나누면서 예수님의 마음을 읽고, 나를 사랑하셔서 나를 위해 죽으신 그 사랑에 흠뻑 젖으면 나도 모르게 무엇이든지 예수님께 부담 없이 아뢰고, 무엇이든지 예수님께 꺼내 놓고 대화하며 교제하는 관계로 발전합니다.

💬 **이렇게 예수님의 말씀이 그 사람 안에 거하여 무엇이든 구할 수 있는 사람은 어떤 놀라운 축복을 받게 될까요?**

7b절을 보십시오. "무엇이든지 원하는 대로 구하라 그리하면 이루리라." 그 사람은 무엇을 구하든 그가 원하는 것을 다 응답받습니다. 하나님은 그 사람이 기도하는 것은 무엇이든 응답하셔서 그 사람에게 풍성한 열매가 맺히게 하십니다. 이렇게 볼 때, 열매를 맺는 구체적인 방식이자 비결은 바로 기도에 있습니다. 하나님은 많은 축복을 쌓아 놓고 우리가 기도하기만 하면 쏟아부어 주고자 하십니다(약 1:5). 그러므로 우리는 기도하면 됩니다. 다만 기도에 전제 조건이 있습니다. 바로 예수님의 말씀이 그 사람 안에 거하는 것입니다. 요한은 이렇게 말합니다. "무엇이든지 구하는 바를 그에게서 받나니 이는 우리가 그의 계명을 지키고 그 앞에서 기뻐하시는 것을 행함이라"(요일 3:22). 기도하는 사람은 성경 말씀을 읽는 사람입니다. 그리고 그 말씀을 지키고 행하는 사람입니다.

💬 **그러면 이제 우리는 어떻게 살아야 할까요?**

8절을 보십시오. "너희가 열매를 많이 맺으면 내 아버지께서 영광을 받으실 것이요 너희는 내 제자가 되리라." 우리가 열매를 많이 맺으면 하나님 아버지께서 영광을 받으십니다. 그리고 그 인생에서 많은 열매를 맺으신 예수님을 닮은 자, 그분의 제자가 됩니다. 우리는 참포도나무이신 예수님을 떠나서는 아무것도 할 수 없는 가지입니다. 오직 예수님 안에 거할 때 풍성한 열매를 맺는 삶을 살 수 있습니다. 예수님은 우리가 예수님 안에 거함으로 많은 열매를 맺기 원하십니다. 우리가 예수님 안에 지속적으로 거함으로 많은 열매를 맺고 하나님의 영광을 드러내는 제자의 삶을 살기를 바랍니다.